遗产保护性利用与旅游规划研究

国家社会科学基金重点项目（14AZD107）
国家自然科学基金项目（51278347）
国家旅游局重点课题基金项目（12TABK004）
教育部人文社会科学青年基金项目（17YJCZH8165）
国家自然科学青年基金项目（51708351）

吴承照　王婧｜著

Study on Protective Use
and Tourism Planning of Heritage

中国建筑工业出版社

图书在版编目（CIP）数据

遗产保护性利用与旅游规划研究 / 吴承照，王婧著.
北京：中国建筑工业出版社，2019.2
ISBN 978-7-112-22755-6

Ⅰ.①遗⋯ Ⅱ.①吴⋯②王⋯ Ⅲ.①文化遗产—旅游规划—研究—中国 Ⅳ.① F592

中国版本图书馆CIP数据核字（2018）第224905号

责任编辑：刘爱灵
责任校对：芦欣甜

遗产保护性利用与旅游规划研究
吴承照 王婧 著

*

中国建筑工业出版社出版、发行（北京海淀三里河路9号）
各地新华书店、建筑书店经销
北京点击世代文化传媒有限公司制版
天津图文方嘉印刷有限公司印刷

*

开本：880×1230毫米 1/16 印张：14¾ 字数：400千字
2019年5月第一版 2019年5月第一次印刷
定价：148.00元
ISBN 978-7-112-22755-6
（32857）

版权所有 翻印必究
如有印装质量问题，可寄本社退换
（邮政编码 100037）

前　言

《世界文化旅游宪章》对遗产与旅游的关系阐述得比较透彻，立场也很明朗。"国内和国际旅游继续作为文化交流最重要的工具之一，也提供了历经沧桑的人生经历和不同社会当代生活的体验，它正日益成为自然和文化保护的积极力量。旅游可以为文化遗产创造经济利益，并通过创造资金、教育社区和影响政策来实现以保护为目的的管理。它是许多国家和地区经济的主要部分，如果成功管理，可以成为发展中的一个重要因素。"同时宪章也明确规定遗产旅游的六项原则：鼓励公众意识，管理动态关系，确保带给游客一段有价值的经历，让东道主和原住民社区一起参与，为东道主社区提供利益，负责任的推广计划。只有坚持这些原则，才能实现遗产旅游的期待目标。

遗产是地球与人类在历史变迁过程中留下的一段特殊记忆与印迹，保护与发展是围绕遗产的永恒话题，遗产保护性利用是化解遗产保护与发展这对矛盾的焦点，既是一种保护策略，也是一种发展策略，既是一种思想，更是一种技术，强调保护前提下的一种科学合理的资源有限利用方式即保护性利用，是同遗产保护目标一致并能促进遗产保护的一种利用方式，是可持续利用的一种重要形态，体现传统与现代、历史与未来、地方与世界的对话与和谐，具有三个特性：同质性、同步性、同量性。同质性是指遗产利用方式同遗产属性一致，是遗产功能的再生、延伸和拓展；同步性是指遗产利用方式同时代需求一致，适应时代对文化体验的精神需求；同量性是指遗产利用强度、规模同遗产承载力一致，不过度利用，不超载利用，不毁灭性利用。旅游是遗产利用的一种方式，是遗产价值实现的一种途径，旅游业是遗产地社区积极支持、参与遗产保护的动力产业，是国际上世界遗产比较普遍的一种发展方式。

遗产旅游是一把双刃剑，用得好就能够积极促进遗产保护，用得不好就会对遗产带来负面影响，不利于遗产保护，甚至破坏遗产。如何把握好遗产保护与旅游发展之间的平衡是遗产保护性利用策略的关键，本书结合多年实践思考提出保护性利用、旅游发展与遗产保护的关系理论及其规划方法。

遗产旅游是世界遗产保护领域的一个重要内容，本书在探讨遗产旅游发展的基本规律基础上提出遗产旅游规划的特殊性、原则、内容、方法及技术路线，并以若干不同案例进行了实证，取得了良好的社会效益与学术效益。这本书的理论体系能够解释遗产旅游现实中很多矛盾与争论以及一些犹豫不决、模糊不清的问题，容易在不同学科之间统一思想达成共识。

首先，本书总结了不同类型遗产保护性利用与旅游发展的模式特点，在此基础上提出遗产旅游规划的基本内容和技术路线。内容包括 7 大方面：现状调查研究、市场分析预测、规划原则与指导思想、旅游发展定位与目标、功能分区与规划结构、旅游容量、专项规划等，专项规划包括生态保护、道路交通、旅游产品、服务设施、解说系统、基础设施、区域整合、社区发展、土地利用协调、旅游综合影响评价、分期发展、规划实施对策等 12 项。遗产旅游规划的核心是遗产体验规划及其相关配套服务产业规划，是以社会需求为导向多方案优化的技术过程，适应性、创意与标准化、体验性是遗产旅游规划的基本特性。

其次，本书尝试总结、提炼遗产旅游规划的理论与方法。

遗产价值是遗产保护性利用的基础，存在价值与依附价值是遗产价值的两种基本形态，遗产信息是遗产价值实现的主要媒介，遗产真实性感知通过遗产信息的传递来完成；信息交互服务设计是阐释和展示遗产内涵和价值的重要途径，通过信息准确、生动的表达，使得遗产的保护、认知和体验得到统一。遗产容量是遗产地生态安全、遗产安全、游客安全与体验质量的限量，分极限容量和舒适容量，极限容量是遗产地高峰日、高峰时的最大接待量，是保障游客安全的红线，舒适容量是在遗产地生态安全、遗产安全、游客安全的前提下得到高质量体验的游客量，客流调控预警体系，为景区客流调控管理提供指导。基于遗产势力圈理论的区域协调机制、基于现代信息技术的客流时空分流系统的建立是缓解遗产空间的有限性与社会需求的无限性之间矛盾的有效途径，也是保护遗产、区域联动发展的基本保障。

基于遗产价值的遗产资源保护是遗产旅游的重要前提，资源价值的科学评价、客流规模的准确预测都是遗产旅游规划的基本方法和关键技术。社会需求是遗产旅游的直接动力，游憩适宜性评价是遗产属性与社会需求之间合理匹配选择的技术性过程；视觉质量评价是遗产地分区规划管理、游赏活动规划、游线组织的重要依据；解说系统规划则是连接游客的情感、兴趣和遗产内在价值的有效过程；遗产社区可持续性是资源保护和人地关系实践的和谐程度的重要表征。

第三，本书选取若干案例对不同类型遗产保护与旅游规划的关键问题进行了探讨。分别是历史街区可持续利用——以上海新天地、田子坊、多伦路为例；历史城镇旅游规划——以寿县古城、平遥古城、高迁古村落为例；风景遗产旅游规划方法——以蜀冈-瘦西湖国家风景名胜区为例；基于社区共管的自然遗产可持续规划——以江西资溪马头山国家自然保护区为例；以世界遗产为依托的非物质文化遗产体验规划方法——以石林世界遗产彝族文化园规划设计为例。未来还将进一步深入研究各类遗产保护与旅游发展的实例，总结其成功与失败的经验与教训，充实遗产旅游规划理论与方法，提高旅游规划解决现实问题的能力，寻求提升适应中国国情的遗产可持续性的途径。

最后，感谢团队成员精诚合作、勤奋探索，高效团队是科技进步的重要前提。全书是研究团队集体智慧的结晶，由吴承照总体设计和撰写，王婧负责编辑统稿，参加课题研究并做出知识贡献的课题成员有王婧、贺翔宇、翟宝华、王欣歆、李可欣、康文晔、马林志、卢慧敏、王峨嵋、沈禾薇、杨戈骏、许郡君、沈海琴、钱伊玲、仇夏宁、刘广宁、潘金瓶、张娜、徐杰等。

感谢国家自然基金委、国家社会科学基金办公室、国家文化和旅游部（原国家旅游局）、中国旅游研究院以及全国各地政府、企业的项目支持，感谢各位兄弟院校、同仁的大力帮助与支持，一路相伴走来，时时刻刻都会受到各类思想的启迪和鞭策。

人类从远古走来，与自然伴生，凭智慧发展，对食物的依赖与对精神文化和健康的追求，始终是人类发展的两大制约因素，也是两大激励因素，遗产是这一过程中生存、生活、生产的智慧结晶体，在其中发挥着重要作用，遗产旅游是人类获取生存与发展智慧的重要研习过程，如同水源一样，遗产是人类的智慧源，实现其可持续利用需要我们持续地上下求索。

吴承照

2018年1月

图索引

图 1-1	遗产旅游研究主要学科分布	3
图 1-2	现代旅游规划的技术路线	5
图 1-3	遗产旅游规划的技术路线	5
图 1-4	体验规划的规划师角色	7
图 2-1	不同层面真实性结构图	13
图 2-2	旅游真实性理论体系框架	14
图 2-3	诸葛村价值传承程度	22
图 2-4	信息交互服务的多边构成	23
图 2-5	九宫格解说产品体系图	26
图 2-6	面向不同体验的解说产品类型	27
图 2-7	风景名胜区边界概念阐释	31
图 2-8	风景名胜区边界、边缘地带、势力圈关系	31
图 2-9	家园价值的四维分项状态图	35
图 2-10	家园价值和物质增长的对比图	37
图 3-1	风景资源价值体系	39
图 3-2	人文风景本底价值评价体系图	46
图 3-3	蜀冈–瘦西湖风景区人文资源本底价值评价图	46
图 3-4	自然风景本底价值评价体系图	47
图 3-5	蜀冈–瘦西湖风景区自然资源本底价值评价图	47
图 3-6	蜀冈–瘦西湖风景区人文景源游憩价值评价图	50
图 3-7	蜀冈–瘦西湖风景区自然景源游憩价值评价图	51
图 3-8	旅游规划中市场需求预测的逻辑框架图	52
图 3-9	旅游市场空间结构 RDS 层次分析图	53
图 3-10	陕西省海外游客在各省间流动情况	54
图 3-11	旅游市场需求预测中常用预测方法	56
图 3-12	风景区游憩适宜度评价技术路线	61
图 3-13	本溪水洞风景区区位图	70
图 3-14	本溪水洞风景区规划范围图	70
图 3-15	本溪水洞风景区原始扫描地形图	70
图 3-16	本溪水洞风景区 GIS 等高线图	70

图 3-17	露营活动物理环境适宜度分布图	71
图 3-18	游憩生态适宜度分布图	71
图 3-19	游憩景观适宜度分布图	71
图 3-20	游憩人文社会环境适宜度分布图	72
图 3-21	游憩适宜度综合评价分布图	72
图 3-22	本溪水洞风景区游憩活动规划图	72
图 3-23	蜀冈–瘦西湖风景区视觉质量评价流程图	73
图 3-24	蜀冈–瘦西湖风景区 TIN 图	73
图 3-25	地貌多样性评价	74
图 3-26	蜀冈–瘦西湖风景区主要视点分布	74
图 3-27	视距测定–随机抽取照片	75
图 3-28	视距测定–划分近、中、远区域	75
图 3-29	视域分析和评价	76
图 3-30	土地类型多样性评价	76
图 3-31	辅助性指标评价结果	77
图 3-32	修正性指标评价结果	78
图 3-33	综合风景视觉质量评价结果	79
图 3-34	蜀冈–瘦西湖风景区视觉质量评价图	80
图 3-35	视觉资源管理结构图	81
图 3-36	选择最佳路径两个目标点	82
图 3-37	生成的成本图层	82
图 3-38	协助选择游线最佳路径图	82
图 3-39	瘦西湖景区客流条件分场地图	83
图 3-40	瘦西湖景区游客游憩活动类型	84
图 3-41	瘦西湖景区游客对景区的整体感受	84
图 3-42	游客对不同客流条件场地的游憩感受	85
图 3-43	游客到达各场地比率分析	87
图 3-44	游客在Ⅰ级各场地的最大相遇概率及对应时段	87
图 3-45	游客在景点停留记录图	88
图 3-46	游客在景点停留时间叠加分析图	88
图 3-47	游人通行速度分析图	89
图 3-48	游客的游线选择分析图	89
图 3-49	游客对客流调控措施的偏好	92
图 3-50	解说连接指数与解说有效性分析图	96
图 3-51	解说规划的流程图	96
图 3-52	瘦西湖景区解说地图	99
图 3-53	解说的系统性问题	101

图 3-54　解说趣味性和可读性问题 ……………………………………… 102
图 3-55　解说信息盲区问题 ……………………………………………… 102
图 3-56　解说形象不统一问题 …………………………………………… 102
图 3-57　总体规划图 ……………………………………………………… 107
图 3-58　游赏规划图 ……………………………………………………… 113
图 4-1 　新天地相关文献分类与统计 …………………………………… 121
图 4-2 　新天地区位图 …………………………………………………… 122
图 4-3 　太平桥地区功能分布图 ………………………………………… 123
图 4-4 　新天地 2009 年与 2011 年业态比较 …………………………… 124
图 4-5 　新天地改造前空间布局 ………………………………………… 125
图 4-6 　新天地改造后空间布局 ………………………………………… 125
图 4-7 　新天地服务设施分布图 ………………………………………… 126
图 4-8 　田子坊区位图 …………………………………………………… 127
图 4-9 　田子坊创意园区租金水平 ……………………………………… 128
图 4-10　业态结构与资源特征关系图 …………………………………… 128
图 4-11　田子坊各种业态变化趋势（2004～2011年）………………… 128
图 4-12　田子坊的保护和利用模式 ……………………………………… 131
图 4-13　多伦路文化名人街商业网点类型分析 ………………………… 132
图 4-14　多伦路商业网点空间分布图 …………………………………… 133
图 4-15　多伦路游客实际消费 …………………………………………… 133
图 4-16　多伦路游客实际逗留时间 ……………………………………… 133
图 4-17　多伦路线性布局及点状绿地 …………………………………… 134
图 5-1 　历史城镇基本要素及衍生功能 ………………………………… 140
图 5-2 　寿县古城文化之树 ……………………………………………… 141
图 5-3 　寿县古城文化再生策略框架 …………………………………… 141
图 5-4 　寿县古城城址变迁图 …………………………………………… 142
图 5-5 　寿县古城山水城格局图 ………………………………………… 142
图 5-6 　寿县古城与新城空间关系图 …………………………………… 142
图 5-7 　八公山景观与功能结构图 ……………………………………… 142
图 5-8 　寿县古城保护利用规划总图 …………………………………… 142
图 5-9 　寿县古城环城公园结构图 ……………………………………… 142
图 5-10　古城墙上游线规划 ……………………………………………… 143
图 5-11　古城内游线规划 ………………………………………………… 143
图 5-12　城外时间游线规划 ……………………………………………… 144
图 5-13　城外专题游线规划 ……………………………………………… 144
图 5-14　体验活动规划的三向度模式 …………………………………… 144
图 5-15　高迁古村落规划总平面 ………………………………………… 151

图 5-16	高迁古村落游憩项目策划	151
图 6-1	自然遗产地梯度利用模式	154
图 6-2	自然遗产地可持续利用分区模式	154
图 6-3	崂山西麓棉花沟生态村规划	155
图 6-4	原住民乡土村体验	155
图 6-5	螺髻山风景游赏规划结构图	156
图 6-6	螺髻山鹿厂沟景区游赏规划结构	156
图 6-7	自然遗产可持续利用规划方法	156
图 6-8	自然遗产地的系统结构	157
图 6-9	居民未来发展政策认知分析图	159
图 6-10	社区共管重点发展项目认知分析图	160
图 6-11	社区共管重点扶助项目认知分析图	161
图 6-12	居民生活发展政策认知分析图	161
图 6-13	参与旅游开发的态度分析图	162
图 6-14	有机分区的弹性理论基础	165
图 6-15	有机分区系统评价指标	166
图 6-16	有机分区模型	167
图 6-17	马头山自然保护区生态系统稳定性判断流程	168
图 6-18	马头山自然保护区内土地单元生态属性空间分布图	168
图 6-19	马头山自然保护区土地单元生态价值等级划分图	168
图 6-20	马头山自然保护区有机分区模式图	169
图 6-21	风景社区基因外显特征与内部因子	172
图 6-22	风景社区可持续性概念模型	174
图 6-23	风景社区可持续性评价指标逻辑模型	174
图 6-24	风景社区可持续性评价结果显化模型	175
图 6-25	下张风景社区可持续性晴雨表	177
图 6-26	马头山保护地传统民居建筑特征	181
图 6-27	马头山保护地村落景观风貌	182
图 6-28	马头山风景社区可持续性晴雨表	183
图 6-29	马头山保护地居民点分布	184
图 6-30	马头山保护地风景社区评价认定	184
图 6-31	马头山保护地居民社会体系重构	190
图 6-32	马头山保护地风景社区职能定位	190
图 6-33	马头山生态旅游区区位图	192
图 6-34	马头山生态旅游区三维地形图	192
图 6-35	马头山生态旅游区植被分析图	192
图 6-36	马头山生态旅游区视觉敏感度评价图	193

图 6-37 马头山生态旅游区资源评价图 ······ 194
图 6-38 马头山生态旅游区空间结构图 ······ 196
图 6-39 马头山生态旅游区功能分区图 ······ 196
图 6-40 马头山生态旅游区主题游线规划图 ······ 198
图 6-41 家庭养生游线游程 ······ 199
图 6-42 科研教育游线游程 ······ 199
图 6-43 野外探险游线游程 ······ 199
图 6-44 马头山生态旅游区服务体系规划图 ······ 200
图 6-45 石林民俗文化主题园总体鸟瞰图 ······ 203
图 6-46 石林民俗文化主题园总平面图 ······ 204
图 6-47 科技手段展示非遗文化特色 ······ 204

表索引

表 2-1	旅游中三种体验的真实性	12
表 2-2	国际和国内法律文件对文化遗产价值认知	16
表 2-3	文物古迹的价值和表现形式	18
表 2-4	国内法规关于非物质文化遗产定义与内涵	18
表 2-5	我国非物质文化遗产价值表现形式	19
表 2-6	非物质文化遗产价值分类一览表	19
表 2-7	物质文化遗产价值传承度评价标准	20
表 2-8	非物质文化遗产价值传承度评价标准	21
表 2-9	遗产价值传承度因子权重	22
表 2-10	诸葛村价值传承度评价等级	22
表 2-11	遗产心理性信息系统的层级和内容	24
表 2-12	信息涉入深度与信息服务内容	25
表 2-13	遗产价值体系与信息标签	25
表 2-14	九宫格解说产品体系编号表	25
表 2-15	基于动态监测的遗产资源管理模式	30
表 2-16	边界、边缘地带、势力圈比较	31
表 2-17	社区可持续性主体评价框架	34
表 2-18	社区可持续性辅助评价框架	35
表 2-19	主体评价指标值和综合值	35
表 2-20	辅助性评价指标与同步性值	37
表 3-1	生态价值评价赋分标准	40
表 3-2	历史文化价值评价赋分标准	41
表 3-3	美学价值评价赋分标准	42
表 3-4	科学价值评价赋分标准	43
表 3-5	游憩价值实际值与拟合值的比较	49
表 3-6	铁路 3 小时圈市场规模统计	59
表 3-7	铁路 8 小时圈市场规模统计	59
表 3-8	公路 2 小时圈市场规模统计	59
表 3-9	公路 3 小时圈市场规模统计	59
表 3-10	汤山风景区北片区旅游市场需求预测	60

表 3-11	潜在游客对去汤山阻碍因素的识别	60
表 3-12	游憩活动开展导则	62
表 3-13	露营活动物理环境评价因子分析	63
表 3-14	露营活动评价因子适宜度等级表	64
表 3-15	露营活动物理环境评价指标体系及权重表	64
表 3-16	不同坡度等级的生态承受能力	65
表 3-17	各类水体水源保护范围及游憩活动限制措施	65
表 3-18	不同类型植被生态承受能力及游憩活动限制措施	65
表 3-19	游憩生态适宜度评价因子适宜指数及等级表	66
表 3-20	游憩生态适宜度评价指标体系及权重表	66
表 3-21	风景资源视觉质量评价因子权重分配	67
表 3-22	风景资源视觉质量评价问卷	67
表 3-23	风景资源规模缓冲区域等级划分及赋值	67
表 3-24	视觉敏感度等级划分及赋值	67
表 3-25	游憩景观适宜度评价因子权重分配	68
表 3-26	道路交通等级划分及赋值	68
表 3-27	村镇体系缓冲区域等级划分及赋值	69
表 3-28	居民支持度调查及赋值	69
表 3-29	游憩社会人文环境适宜度评价因子权重分配	69
表 3-30	游憩适宜度分析 GIS 数据	71
表 3-31	蜀冈-瘦西湖风景区主要视点的视域面积	75
表 3-32	坡向等级划分	75
表 3-33	蜀冈-瘦西湖风景区可见历史层次表	77
表 3-34	风景质量评价抽样调查结果	80
表 3-35	客流条件场地划分等级及依据	83
表 3-36	瘦西湖景区客流条件场地划分等级	83
表 3-37	场景一游客期望密度	85
表 3-38	场景二游客期望密度	85
表 3-39	场景三游客期望密度	85
表 3-40	场景四游客期望密度	86
表 3-41	场景五游客期望密度	86
表 3-42	场景六游客期望密度	86
表 3-43	瘦西湖景区客流容量指标体系	90
表 3-44	瘦西湖景区场地容量指标标准	90
表 3-45	瘦西湖景区总体容量指标标准	91
表 3-46	瘦西湖景区全日预警等级识别	91
表 3-47	解说媒介的发展历程	94

表 3-48	西园曲水资源价值信息数据库	98
表 3-49	瘦西湖景区解说媒介类型及特点	98
表 3-50	西园曲水解说连接指数评价表	100
表 3-51	蜀冈–瘦西湖风景区风景资源类型表	103
表 3-52	蜀冈–瘦西湖风景区景点分级评价表	104
表 3-53	蜀冈–瘦西湖风景区各级景点比例表	104
表 3-54	蜀冈–瘦西湖风景区各景区景点比例表	104
表 3-55	蜀冈–瘦西湖风景区各景区游人容量控制表	106
表 3-56	蜀冈–瘦西湖风景区功能分区一览表	108
表 3-57	功能分区与保护级别分区的衔接关系表	108
表 3-58	蜀冈–瘦西湖风景区景点规划一览表	109
表 3-59	蜀冈–瘦西湖风景区新增景点构成引导简表	112
表 3-60	蜀冈–瘦西湖风景区游赏项目规划一览表	112
表 3-61	蜀冈–瘦西湖风景区旅游服务设施规划表	114
表 3-62	蜀冈–瘦西湖风景区游览设施分级配置表	115
表 3-63	蜀冈–瘦西湖风景区主要道路规划	117
表 3-64	蜀冈–瘦西湖风景区游径规划一览表	118
表 3-65	蜀冈–瘦西湖风景区主要停车场位置和泊位数	119
表 3-66	蜀冈–瘦西湖风景区专用停车场泊位数和规模	119
表 3-67	蜀冈–瘦西湖风景区居民社会人口规划一览表	119
表 4-1	新天地业态构成表（2011）	124
表 4-2	田子坊业态分布表	127
表 4-3	多伦路古建筑保护利用方式	135
表 5-1	寿县古城墙上体验活动规划	145
表 5-2	寿县古城内体验活动规划	145
表 5-3	寿县古城外体验活动规划	145
表 6-1	自然遗产地价值–学习模式	154
表 6-2	自然遗产地生态环境–游憩利用模式特征	155
表 6-3	居民未来发展政策认知统计表	159
表 6-4	社区共管认知程度统计表	160
表 6-5	社区共管重点发展项目认知统计表	160
表 6-6	社区共管重点扶助项目认知统计表	160
表 6-7	居民生活发展政策认知统计表	161
表 6-8	保护区设立后的期望统计表	162
表 6-9	参与旅游开发的态度统计表	162
表 6-10	马头山国家自然保护区有机分区模式	169
表 6-11	MAB分区模式和有机分区模式的异同点	170

表6-12	风景社区可持续性评价指标体系	175
表6-13	下张风景社区人类生态系统中待提升项	179
表6-14	马头山保护地风景社区认定	185
表6-15	马头山保护地农业人口分布（单位：人）	189
表6-16	马头山保护地各村现有品牌产业	190
表6-17	马头山保护地产业发展规模预测	191
表6-18	马头山保护区劳动力发展规模预测	191
表6-19	资源评价指标体系	193
表6-20	生态容量标准一览表	195
表6-21	游人容量计算一览表	195
表6-22	马头山生态旅游区山径类型划分	200
表6-23	非遗文化特色提取与设计转换	205

目 录

前 言	3
图索引	6
表索引	11

第1章 遗产旅游规划的内容体系 ... 1

1.1 遗产旅游规划的内容 ... 1
- 1.1.1 遗产旅游相关概念 ... 1
- 1.1.2 遗产旅游规划特殊性 ... 3
- 1.1.3 遗产旅游规划的原则 ... 3
- 1.1.4 遗产旅游规划的内容 ... 4

1.2 遗产旅游规划的性质 ... 5
- 1.2.1 规划技术路线 ... 5
- 1.2.2 适应性规划 ... 6
- 1.2.3 创意与标准化 ... 6
- 1.2.4 体验式规划 ... 7

1.3 遗产旅游规划与其他规划的关系 ... 7
- 1.3.1 与遗产保护规划的关系 ... 7
- 1.3.2 与风景名胜区规划的关系 ... 8
- 1.3.3 与其他各类旅游规划的关系 ... 8

第2章 遗产旅游规划的基本理论 ... 10

2.1 遗产旅游真实性 ... 10
- 2.1.1 真实性概念和内涵 ... 10
- 2.1.2 旅游真实性理论流变 ... 12
- 2.1.3 旅游真实性理论整体框架 ... 14

2.2 遗产价值传承 ... 15
- 2.2.1 遗产价值类型 ... 15
- 2.2.2 遗产价值表现 ... 17

		2.2.3 遗产价值传承度评价	20
2.3	**遗产信息交互服务**		23
	2.3.1	信息交互服务	23
	2.3.2	遗产信息运作机制	24
	2.3.3	交互式遗产解说设计	25
2.4	**遗产容量**		27
	2.4.1	旅游发展红线与旅游容量	27
	2.4.2	极限容量与舒适容量	29
	2.4.3	超载与客流分层调控	30
2.5	**遗产势力圈**		31
	2.5.1	遗产地边界	31
	2.5.2	遗产影响力	31
	2.5.3	遗产势力圈	32
2.6	**遗产社区可持续性**		33
	2.6.1	社区家园价值	33
	2.6.2	社区可持续性框架	34
	2.6.3	可持续性评价结果	35

第3章 风景遗产旅游规划方法　39

3.1	**资源价值评价方法**		39
	3.1.1	风景资源价值体系	39
	3.1.2	风景本底价值评价	40
	3.1.3	基于本底价值的游憩价值评价	43
	3.1.4	蜀冈–瘦西湖风景区资源价值评价	45
3.2	**旅游市场预测方法**		49
	3.2.1	客源市场的空间结构分析与预测	52
	3.2.2	客源市场的时间序列分析与预测	53
	3.2.3	旅游客流量分析与预测	54
	3.2.4	旅游市场常用预测方法	55
	3.2.5	旅游市场组合预测方法	57
	3.2.6	汤山风景区北片区旅游市场需求预测	58
3.3	**游憩适宜度评价方法**		61
	3.3.1	游憩活动物理环境适宜度分析	61
	3.3.2	游憩生态适宜度分析	64
	3.3.3	游憩景观适宜度分析	66
	3.3.4	游憩社会人文环境适宜度分析	68

		3.3.5 本溪水洞风景区游憩适宜度评价	69
	3.4	视觉质量评价方法	72
		3.4.1 视觉质量评价框架	72
		3.4.2 主导性指标评价	73
		3.4.3 辅助性指标评价	75
		3.4.4 修正性指标评价	78
		3.4.5 视觉质量评价结果及验证	79
	3.5	客流调控预警方法	82
		3.5.1 客流等级与场地划分	82
		3.5.2 游客游憩体验分析	83
		3.5.3 基于GPS的游客行为特征分析	86
		3.5.4 游客容量指标标准	90
		3.5.5 景区客流调控措施	91
	3.6	解说有效性评价方法	93
		3.6.1 解说信息的内涵与结构	93
		3.6.2 信息传播的媒介和效果	93
		3.6.3 基于NPIC的解说有效性评价方法	94
		3.6.4 瘦西湖景区解说有效性评价	97
	3.7	风景遗产旅游规划	103
		3.7.1 资源特色与价值评价	103
		3.7.2 规划目标与容量规模	106
		3.7.3 规划结构与功能分区	107
		3.7.4 风景游赏与产品策划	108
		3.7.5 旅游服务设施规划	114
		3.7.6 道路交通规划	116
		3.7.7 社区发展规划	119

第4章　历史街区文旅融合的更新模式 121

4.1 历史文化风貌区综合发展模式——上海新天地 121
4.1.1 新天地研究综述 121
4.1.2 新天地历史沿革及区位特征 122
4.1.3 新天地发展模式主要特点 122

4.2 历史街区创意产业发展模式——田子坊 126
4.2.1 田子坊发展背景 126
4.2.2 田子坊资源特征分析 127
4.2.3 田子坊创意产业发展模式 128

		4.2.4 田子坊开发模式总结 ································· 130

4.3 历史名街可持续利用模式——多伦路 ················· 131

  4.3.1 多伦路建设背景 ·· 131
  4.3.2 多伦路研究综述 ·· 132
  4.3.3 多伦路发展的问题探究 ································ 132
  4.3.4 多伦路衰落的原因解析 ································ 136

第5章 历史城镇旅游规划 ·· 137

5.1 历史城镇的旅游资源 ·· 137
  5.1.1 历史城镇的硬资源 ······································ 137
  5.1.2 历史城镇的软资源 ······································ 137
  5.1.3 历史城镇旅游资源的价值 ······························ 137
  5.1.4 旅游资源的信息体验消费 ······························ 138

5.2 历史城镇旅游面临的问题 ·· 138
  5.2.1 战略性问题 ·· 138
  5.2.2 环境影响问题 ··· 138
  5.2.3 发展失衡问题 ··· 139

5.3 历史城镇旅游规划的关键 ·· 139
  5.3.1 供需关系分析 ··· 139
  5.3.2 产业功能重建 ··· 139
  5.3.3 社会交往再生 ··· 140
  5.3.4 城镇价值提升 ··· 140
  5.3.5 旅游体验规划 ··· 140

5.4 寿县古城旅游规划策略 ··· 141
  5.4.1 可视化策略 ·· 142
  5.4.2 体验化策略 ·· 143
  5.4.3 信息化策略 ·· 144

5.5 平遥古城旅游规划策略 ··· 146
  5.5.1 古城保护困境与文化经济模式 ······················· 146
  5.5.2 历史环境的文化结构与特色定位 ···················· 146
  5.5.3 古城旅游发展与文化提升 ···························· 148
  5.5.4 古城可持续发展的规划对策 ························· 148

5.6 高迁古村落旅游规划策略 ··· 149
  5.6.1 古村落的保护价值 ···································· 149
  5.6.2 古村落发展面临的普遍问题 ························· 150
  5.6.3 古村落发展模式选择 ································· 150
  5.6.4 古村落可持续发展的前提——文化保护与发展经济 ········ 151

5.6.5 古村落可持续发展的约束——生态安全与容量控制 ············· 152

第6章 自然遗产旅游规划 ············· 153

6.1 自然遗产持续利用模式 ············· 153
6.1.1 自然遗产的消耗 ············· 153
6.1.2 可持续利用模式与产业发展 ············· 154
6.1.3 可持续利用的规划设计 ············· 156
6.1.4 可持续利用的保障系统 ············· 157

6.2 自然保护区管理的社区认知评价 ············· 157
6.2.1 马头山自然保护区概况 ············· 158
6.2.2 认知评价内容与方法 ············· 158
6.2.3 认知调研数据分析 ············· 158
6.2.4 基于认知评价的管理对策 ············· 163

6.3 社区共管与自然保护区有机分区 ············· 163
6.3.1 传统分区模式存在的问题 ············· 164
6.3.2 生态系统弹性理论与有机分区 ············· 165
6.3.3 有机分区的模型建构 ············· 166
6.3.4 有机分区的关键技术方法 ············· 167
6.3.5 马头山自然保护区有机分区实践 ············· 168

6.4 保护地社区可持续性评价与调控 ············· 170
6.4.1 风景社区可持续性机理 ············· 170
6.4.2 风景社区可持续性评价方法 ············· 173
6.4.3 自然村尺度社区可持续性评价 ············· 177
6.4.4 马头山保护地居民社会调控规划 ············· 180

6.5 马头山自然保护区生态旅游区规划 ············· 191
6.5.1 资源条件分析与评价 ············· 191
6.5.2 规划目标与生态战略 ············· 193
6.5.3 空间结构与功能分区 ············· 195
6.5.4 风景游赏与产品策划 ············· 197
6.5.5 旅游支撑系统规划 ············· 200

6.6 依托自然遗产的非遗体验规划 ············· 201
6.6.1 非遗保护与旅游开发的关系 ············· 201
6.6.2 非遗文化主题式开发类型 ············· 202
6.6.3 石林彝族民俗文化主题园规划 ············· 202
6.6.4 非遗体验式规划方法 ············· 205

参考文献 ············· 207

第1章
遗产旅游规划的内容体系

1.1 遗产旅游规划的内容

1.1.1 遗产旅游相关概念

了解遗产旅游，起点要先从了解遗产开始。大多数研究认为，"遗产"与历史相关，是某种前人留给子孙后代加以传承的东西，其中既包括文化传统，也包括人造物品；也就是说遗产是指那些社会希望继承的东西（Tunbridge & Ashworth，1996）。这意味着"遗产"是具有选择性的。"遗产"不仅仅是历史，而且是当代社会所选择继承与传承的某些历史部分；遗产既可以是物质的，也可以是非物质的；既可以是文化的，也可以是自然的。从等级上又将遗产划分为不同的层级，即世界遗产、国家遗产、本地遗产和个人遗产（Timothy，1997），有的划分则只涉及前三种。下面从国际上对自然、文化遗产的共识和国内对风景遗产的相应认识等方面阐述与遗产旅游相关的基本概念。

1.1.1.1 文化遗产

（1）国际上"文化遗产"定义

国际上对文化遗产的概念在1972年联合国教科文组织（UNESCO）《保护世界自然和文化遗产公约》第1条中正式界定。"文化遗产"包括文物、建筑群和遗址。①文物：从历史、艺术或科学角度看具有突出的普遍价值的建筑物、碑雕和碑画、具有考古性质成分或结构、铭文、窟洞以及联合体；②建筑群：从历史、艺术或科学角度看，在建筑式样、分布均匀或与环境景色结合方面，具有突出的普遍价值的单立或连接的建筑群；③遗址：从历史、审美、人种学或人类学角度看具有突出的普遍价值的人类工程或自然与人类的联合工程以及考古遗址等地方。

另外，1999年国际古迹遗址理事会（ICOMOS）《国际文化旅游宪章（重要文化古迹遗址旅游管理原则和指南）》的词汇表中对文化遗产是这样描述的："文化遗产是在一个社区内发展起来的对生活方式的一种表达，经过世代流传下来，它包括习俗、惯例、场所、物品、艺术表现和价值。文化遗产经常表现为无形的或有形的文化遗产。"

（2）国内"文化遗产"定义

国内对文化遗产的界定一般以2005年12月，国务院发布的《关于加强文化遗产保护的通知》[1]为依据，它指出："文化遗产包括物质文化遗产和非物质文化遗产。物质文化遗产是具有历史、艺术和科学价值的文物，包括古遗址、古墓葬、古建筑、石窟寺、石刻、壁画、近代现代重要史迹及代表性建筑等不可移动文物，历史上各时代的重要实物、艺术品、文献、手稿、图书资料等可移动文物；以及在建筑式样、分布均匀或与环境景色结合方面具有突出普遍价值的历史文化名城（街区、村镇）。非物质文化遗产是指各种以非物质形态存在的与群众生活密切相关、世代相承的传统文化表现形式，包括口头传统、传统表演艺术、民俗活动和礼仪与节庆、有关自然界和宇宙的民间传统知识和实践、传统手工艺技能等以及与上述传统文化表现形式相关的文化空间。"

1.1.1.2 自然遗产

《保护世界文化和自然遗产公约》中的第2条对"自然遗产"做出了明确的定义，以下各项为自然遗产：

---

[1] 资料来源于 http://www.gov.cn/gongbao/content/2006/content_185117.htm。

①从审美或科学角度看具有突出的普遍价值的由物质和生物结构或这类结构群组成的自然面貌；②从科学或保护角度看具有突出的普遍价值的地质和自然地理结构以及明确划为受威胁的动物和植物生境区；③从科学、保护或自然美角度看具有突出的普遍价值的天然名胜或明确划分的自然区域。

（1）自然遗产的特征

自然遗产的特征包括以下三个方面。

①自然遗产的不可再生性，自然遗产是无法通过人类的技术手段或方法加以恢复的；②自然遗产的价值性，主要应当包括自然遗产所具有的在生态平衡、科学研究、科学普及、自然美学以及旅游休闲等方面的重要作用和意义；③自然遗产的原真性与完整性，自然遗产应具有自然资源应有的生态系统连续性和物种的"真实性"，又应具有自然遗产密切相关的周边环境不发生更改的"完整性"。

（2）自然遗产的分类

自然遗产的分类有很多方法。目前我国自然遗产的分类方法主要从纵向上划分为3个级别，在横向上划分为5种类别。

纵向的3个级别。世界遗产，指由国家申报，由世界遗产委员会批准通过的自然遗产；国家遗产，由地方政府申报，被国家自然遗产委员会批准通过的自然遗产；地方遗产，由地方政府自行对有保护价值的自然区域进行论证，并建设而加以保护的自然遗产。

横向的5个类别。横向划分包括：自然景观；生物物种；湿地；地质遗迹；古生物化石。

1.1.1.3 文化和自然混合遗产

同时部分满足或完全满足《保护世界自然和文化遗产公约》第1条和第2条关于文化和自然遗产定义的遗产则认为是"文化和自然混合遗产"。

1.1.1.4 文化景观

"文化景观"属于"文化遗产"，是《保护世界自然和文化遗产公约》中第1条规定的"自然与人类的共同作品"。文化景观包括各种人类与自然环境互动的情况，它们反映了因物质条件的限制和/或自然环境带来的机遇，在一系列社会、经济和文化因素的内外作用下，人类社会和定居地的历史沿革。不应排斥那些对文化起到重要作用的交通运输网络的直而长的线性区域。

文化景观主要分成三类，分别是：

①最易于辨别的，即由人类有意识设计并创造、具有明确规划的景观。包括通常（但不总是）与宗教或其他纪念性和整体性建筑相关的、具有美学意义的花园或广场景观。

②有机发展出来的景观。最初形成于社会、文化、行政和/或宗教要求，并与其自然环境相适应而发展成当前的形式。这种景观反映了其形成的演变过程和构成特点,分为两小类：一是残留（或化石）类景观，是进化过程在古代某时突然或经过一段时间达到终点时留下的；其重要且不寻常的特征仍以物质的形式体现出来。二是连续类景观，在近代社会仍保持积极的社会作用，并与传统生活方式密切相关，其发展进程仍在持续；同时，它展示了随时间进化的重要物证。

③结合类文化景观。该类文化景观需具备通过某些物证遗产所展现的强烈的宗教、艺术或文化影响，而该文化景观中的物质遗产本身的意义则居其次，或者已不复存在。

1.1.1.5 风景遗产

我国的国家风景名胜区是以具有科学、美学价值的自然景观为基础和主体，自然与文化融为一体，主要满足人与自然精神文化和科教活动需求，属国家所有，受法律保护的地域空间综合体，其价值达到国家级的为国家风景名胜区，达到世界级的为世界遗产（谢凝高，2011）。也就是说，"风景遗产"是从遗产保护的角度，对我国国家级风景名胜区的另一种界定，其中一部分已经达到了世界级的突出普遍价值，被登录为世界遗产，即自然遗产（如武陵源风景名胜区）、文化遗产中的文化景观（如杭州西湖风景名胜区）和自然文化混合遗产（如黄山风景名胜区）等。因此，风景遗产是以自然景观为主体的，具有国家和世界突出普遍价值的遗产地域综合体。

风景遗产是源于我国数千年农耕文明时代的"天下名山大川"，是工业文明时代的国家风景名胜区，也是迈向生态文明时代的自然文化遗产。价值是决定风景遗产的标准和根据。风景遗产的价值包括自然科学价值，如地质、地貌、水文、生物、生态、珍稀动植物栖息地等；自然美学价值，如自然风景的形象、色彩、线条、动态、静态、音响美等；历史文化价值，如融于自然的建筑、道路、桥梁、摩崖石刻，以及因景而作的山水诗、山水画、山水游记等（谢凝高，2011）。对风景遗产价值的评估最终由国务院做出审定是否列为国家级风景名胜区，由世界遗产委员会审定是否列入《世界遗产名录》。

1.1.1.6 遗产旅游

《国际文化旅游宪章（重要文化古迹遗址旅游管理原则和指南）》（1999）的词汇表中对"文化旅游"做出界定：文化旅游主要指将重点放在文化和文化环境上的旅游，文化环境包括目的地的景观、价值和生活方式、遗产、视觉和表演艺术、工业、传统和当地居民或东道主社区的休闲活动。它可以包括出席文化活动、参观博物馆和古迹遗址并与当地人民融洽交流等内容。

世界旅游组织定义的"遗产旅游（Heritage Tourism）"指的是："深度接触其他国家或地区自然景观、人类遗产、艺术、哲学以及习俗等方面的旅游"。世界旅游组织指出近40%的国际旅游都涉及遗产和文化。

Poria（2001）等学者提出另外一种遗产旅游的定义角度，认为"遗产旅游"是一种基于旅游者动机与认知而不是基于旅游景区景点具体特性的现象。据此他们将其定义为："一种旅游类型，旅游者游览旅游景点的主要动机源于该景点的遗产特色以他们对自身遗产的认知"（Poria，2001）。

然而，无论是第一种根据旅游地的历史和自然特性来划分遗产旅游的类型，还是第二种强调旅游者认知和动机的界定观点，他们都认为遗产以及对遗产的理解是无法同存在的环境分离开的，只是不同地域强调的重点不同。北欧人的角度，古老的城市历史核心区才是遗产旅游；北美人来看，遗产旅游主要指自然景观，尤其是国家公园；澳大利亚人或许同时还会强调存在于自然环境及人文环境中的独特文化、当地居民及其民族认同感。

遗产旅游的研究领域具有极强的学科交叉性，它交叉了旅游学、环境科学、规划学、社会学、管理学、地理学、历史学、生态学等学科，旅游学和环境学科所占比重较大（图1-1）。

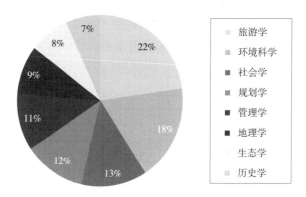

图1-1 遗产旅游研究主要学科分布

1.1.2 遗产旅游规划特殊性

遗产旅游规划是遗产保护前提下遗产资源有限利用的一种形式，是满足人们对过去文明的一种认识和体验，是对开展历史文化与科学知识教育的地域与场所做出的统筹和安排。具有功能指向性、使用限制性、遗产持续性等特性。

1.1.3 遗产旅游规划的原则

（1）旅游发展与遗产保护协调性

根据遗产属性特征确定遗产利用方式、利用强度，以供定需，保护第一，合理利用，有限利用，通过时间协调、分区协调、社区协调、管理协调等多维方式实现保护与利用的协调。

（2）旅游产品与遗产价值一致性

价值是遗产存在的基础，遗产地旅游产品生产必须是基于价值的生产，不得开发同价值不相关的旅游产品，根据遗产价值的多样性和可利用性，决定旅游产品的多样性和适宜性、适度性。

（3）旅游规模与遗产容量匹配性

遗产保护的基本目标是传承与教育、科研与科普，由于自然季节性原因，游憩者流动规律也呈现明显的季节性，直接表现为客流的高峰日、高峰期波峰现象，遗产空间与服务设施超载问题严重，直接对遗产安全、访客安全、生态安全产生威胁。所以旅游规划必须充分关注遗产地承载力与旅游规模的匹配性问题。

（4）旅游服务与区域发展统筹性

现代旅游发展促进遗产保护观念的变化，从被动保护转向主动保护，从消极保护转向积极保护，遗产地成为区域发展的重要资本和动力，遗产旅游规划必须从区域角度统筹遗产旅游与区域旅游的协同发展、遗产旅游服务基地同区域村镇体系发展布局的协同，实现保护与发展的统一。

（5）旅游品牌与遗产形象呼应性

旅游规划强调旅游产品与项目、品牌与形象策划，但所有策划必须同遗产地属性一致、只能强化遗产地积极形象，不能增加遗产地的负面形象。

1.1.4 遗产旅游规划的内容

遗产旅游是当代一种普遍的社会经济现象，遗产与旅游是什么关系？从遗产角度，遗产旅游是遗产资源利用的一种方式，是遗产价值实现的社会化、市场化机制的一种途径；从旅游角度，遗产是一种特殊类型的旅游资源，是由遗产类型与价值决定旅游产品形态，是一种有限制的旅游、负责任的旅游，是一种以供定需的旅游。遗产旅游规划主要解决遗产保护与旅游发展的协调发展机制以及遗产地同区域协调共生机制。

遗产旅游规划的核心任务即是实现价值、解决矛盾，在遗产保护、社会需求、地方发展之间建立沟通协调平台和持续发展路径。

深入研究遗产地自然或人文生态系统的结构特征及其遗产价值载体属性，发掘适应社会需求的可利用遗产资源。

遗产地社会经济现状特征及其同保护矛盾所在；

遗产资源的利用方式、产品类型与分区布局；

遗产旅游项目与形象策划；

遗产旅游服务体系空间布局；

遗产地承载力与旅游容量调控策略；

遗产旅游特许经营与社区发展规划；

遗产区域旅游协调发展规划；

遗产旅游发展人力资源开发规划；

遗产旅游综合影响评估；

遗产旅游分期发展与近期建设计划。

从遗产旅游规划说明书内容完整性角度，至少包括以下7章内容。

第一章 规划总则

规划范围、原则、依据。

第二章 遗产现状分析与评价

遗产价值研究与评价；

遗产环境调查与评价；

遗产社会调查与评价；

遗产经济调查与评价；

遗产区域旅游发展评价；

遗产保护现状与问题分析。

第三章 遗产旅游需求分析与预测

遗产旅游满意度评价；

遗产旅游综合效益评价；

遗产客源地空间结构分析；

遗产价值与社会需求的对应分析；

遗产旅游需求规模预测；

遗产地客流空间分布模拟与预测。

第四章 遗产保护与旅游发展策略

遗产旅游性质与目标；

可持续利用策略；

旅游项目与形象策划；

旅游产品开发策略；

旅游发展空间策略；

旅游市场开发策略；

旅游服务与管理策略。

第五章 空间布局与规划结构

规划指导思想；

规划结构；

空间布局；

旅游容量与接待规模。

第六章 专项规划

保护利用分区规划；

道路交通规划；

旅游产品规划；

解说系统规划；

服务设施规划；

社区发展规划；

区域旅游整合规划；

旅游影响综合评价；

游客管理规划；

分期发展规划。

第七章　规划实施措施与政策

规划图纸；

区位分析图；

旅游综合现状图；

遗产保护现状评价图；

遗产价值与旅游资源评价图；

旅游空间布局图；

旅游产品规划图；

旅游交通规划图；

旅游服务设施规划图；

游客管理规划图；

区域旅游协调规划图；

分期发展规划图；

遗产旅游规划成果包括文本图册、说明书与基础资料汇编等内容。

1.2 遗产旅游规划的性质

1.2.1 规划技术路线

现代旅游规划在经历资源导向、市场导向、产品导向、竞争导向之后，转向生态导向、低碳导向、管理导向、可持续导向，关爱地方居民，为地方经济发展建构外向性产业链，实现经济与社会发展的双赢目标（图1-2）。

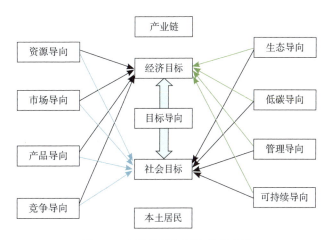

图1-2　现代旅游规划的技术路线

由于遗产本身的特殊性，遗产旅游依然是一种价值导向性旅游，遗产体验是遗产旅游规划的核心任务。以需求为导向，以价值属性为基础是遗产旅游规划的基本路线（图1-3），因而面向需求的遗产体验者分析是规划的基础。

文化遗产管理机构所面对的主要挑战是确定使用者及其需求并满足其需求的最佳服务方式。使用者类型主要有居民和访问者。量化和监测使用者需求的方式很多，包括群体抽样调查、公共非组织性问卷调查等；非正式的评估方法和民意调查也是民众参与的重要途径。此外，管理机构应针对使用者管理建立新颖的组织和管理方式。

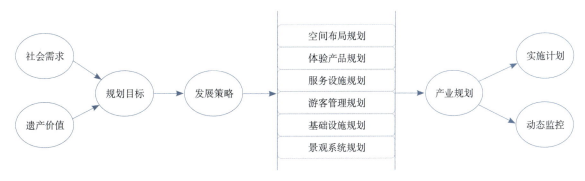

图1-3　遗产旅游规划的技术路线

使用者需求评估是识别使用者及量化监测客户需求的派生步骤，它更加直观、生动地明确了工作整体框架。其内容包括以下方面：

（1）趋势分析报告——目的在于分析体验环境状况，明确公共管理机构自身实力及不足、外部机遇与威胁。

（2）资源调查列表及资源评价——鉴别遗产地及相关设施的位置、分布、规模和等级评价。

（3）使用者参与频率及使用方式——与人口分布图、社会投入结合，为未来工程规划所需设施提供基础。

（4）规划单元剖析——基于规划区域内社会人口分布特征、地理特征、游憩需求特征的休闲调查、居民参与调查和使用者调查。

（5）与相关规划的关系。

（6）文献查阅与次级调查。

1.2.2 适应性规划

遗产旅游规划方法最突出的特点就是适应性规划方法，包括生态适应性、文化适应性、产业适应性三个方面。

生态适应性强调遗产资源利用方式、程度、规模等均必须以生态环境承受能力为前提，不能对生态环境带来负面影响，低碳减排是生态适应性的基本要求，以供定需，定额配置；生态敏感性评价、环境适宜性评价、生态弹性与容量是生态适应性的基本规划方法。

文化适应性强调遗产资源利用方式必须与遗产性质相对应，必须关注遗产地社区持续发展，为地方居民创造更多的就业与收入机会，保护遗产地文化生态系统与民居风貌，尊重、维护地方居民的生存智慧（生产方式与生活方式），改善居民的生活条件，通过文化经济发展刺激、促进非物质文化遗产的再生，强调文化体验的真实性，避免文化的过度商业化。文化体验与文化产业同遗产性质的匹配是文化适应性规划的基本方法。

产业适应性强调遗产地产业发展必须有利于促进遗产地保护，有利于遗产文化价值与生态价值的提升，有利于遗产的社会责任的实现。遗产地产业发展是基于遗产文化价值或生态价值的适应社会需求的文化产业或生态产业的发展，有利于提升文化生态系统的可持续性，遗产的社会功能是遗产产业发展的直接动力。社会需求与遗产体验的匹配是产业适应性规划的基本方法，产业链、价值链与文化综合体是产业适应性规划的基本目标。

1.2.3 创意与标准化

遗产资源的利用方式需要创意，同样的资源不同的利用方式导致的社会效益、经济效益差异很大，同样是遗产展示，展示方式、环境、技术不同综合效果差异很大，这就是创意的差别。旅游创意是旅游规划设计的一个突出特点，也是与其他传统规划设计行业的一个重要区别，当然这些行业也在积极改革改进，努力适应时代发展的要求。目前广告专业的创意最吸引眼球，很多精彩的广告设计甚至成为一种社会时尚，广告创意的重要特点是概念与形态的完美结合，通过赋予产品一种价值来提高产品消费量。旅游规划设计中的创意与广告创意的一个很大不同点就是责任：文化责任、社会责任、遗产责任与生态责任；创意有无规律可循？有规律就有路径，就有方法可循。创意有价值观区别，不同价值观导向会使创意的起点与终点不同，路径差距会不断增大，相应的可持续性差距也会变大。

创意与标准是旅游规划设计行业自信与成功的两大法宝，创意是灵魂，标准是行规，创意为社会带来活力、灵感，标准为行业获得社会的认同，两者相辅相成。一个地方遗产旅游发展是一项长期持续的过程，不应是轰动一时遗憾终生的短期行为，这就是旅游创意的价值观，所有的创意都必须思考：地方永恒的价值是什么？存在的意义是什么？对地方发展的意义是什么？能满足哪类人群的需要？这些问题既是创意的起点也是创意的终点。旅游发展不是杀鸡取卵而是养鸡下蛋。所以，旅游规划的创意是有技术路径的，是有价值准则的，是需要规范和约束的，资源利用方式是多样的，存在无限的创意空间，但要把握住基本准则和可持续性。

1.2.4 体验式规划

体验是遗产使用者对遗产的表象感知、内涵感悟、心灵交流、信息获取的互动过程。使用者既有本地居民，也有外来访问者，两者可以成为遗产可持续保护的动力。居民热爱本土文化，以本土遗产资源为自豪，外来访问者寻求真实的文化感知与知识，也是地方发展的重要推动力。

环境、活动、场景、解说是完成体验过程的四个必要要素，真实性是高质量体验的前提，所以体验规划至少包括四个方面的内容：环境感知规划、体验活动规划、场景再生规划、解说规划等。体验式规划师和传统规划师的不同之处，在于要征求多种意见的情况下，寻求多重利益的协调和需求导向的满足。这种路线最突出的就是需求导向，它一定是基于市场需求，为古镇设计多样的产品。这就需要通过一整套完整的规划技术，将需求及其实现方法、社会调查以及行为特征统一起来（图1-4）。

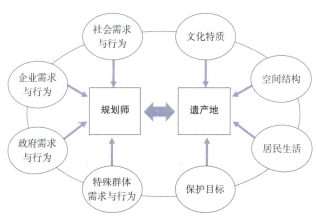

图1-4 体验规划的规划师角色

可持续发展是体验规划的目标追求，保持遗产活力是体验规划的核心价值，体验规划与传统保护规划的不同点在于体验规划是基于使用者需求的遗产价值的解译过程，从传统的三维空间保护转向五维空间的保护，让使用者获得全信息文化遗产的认知，促进保护规划人性化。体验规划的视野是立足世界与区域文化，寻求价值与特色，基于可持续发展的理念，从教育、感受、认知的角度梳理遗产保护发展的要素空间及环境要求。

1.3 遗产旅游规划与其他规划的关系

1.3.1 与遗产保护规划的关系

遗产保护规划和旅游规划的关系十分密切，遗产保护规划的对象往往正是旅游体验的客体对象，遗产保护的好坏决定了体验客体的质量高低，从而很大程度上影响遗产地的旅游吸引力，例如古建筑及标志性构筑物是游客识别遗产地空间的重要节点，传统街道、河流、城墙是主要的旅游通道和视觉廊道，传统民居群落是游客体验乡土文化的物质对象。

通常来讲遗产保护规划是指对历史文化名城、名镇、名村以及文物古迹的保护规划。历史文化名城保护规划是属于城市总体规划范畴的专项规划，是对城市中的历史文化遗存和风景名胜区的保护做出全面安排，主要内容是制定总体保护框架、划定各级保护范围、确定建筑控制高度，并提出保护措施（王景慧等，1999）。历史文化名城的旅游发展规划，既属于城市总体规划的专项规划，也可以单独编制旅游发展规划，是对有价值的遗产旅游资源做出科学评估和利用方案部署，主要内容是确定资源价值等级、确定旅游发展目标和规模、规划景区景点及游线、提出相应服务设施规划，并评估旅游影响。

遗产保护规划拟解决的关键问题在于提出分级保护的区域范围和限制性的保护措施，一般为三个等级，即绝对保护区、建设控制区、环境协调区；规划着重在于对各类遗产客体的价值评估。遗产旅游规划拟解决的关键问题是如何在遗产保护和游客同时介入的前提下，使得遗产地可持续地存续并获得良性发展；规划着重在于在遵循各类保护性规定的基础上，认识遗产的游憩价值，以及对可进行的游憩类型和强度的评估，在此基础上确定遗产容量和设施容量，规划特色旅游产品，取得遗产环境、人、设施之间的平衡。

遗产规划和旅游规划应该共同以遗产地的可持续性作为其发展核心目标，从而在各个规划和实施环节上进行协调。社区发展协调是遗产保护和旅游规划面临的难题，从历史文化价值角度，延续社区传统习俗是保护生活真实性的重要方面，但同时这些非物质的遗产也是无形的旅游资源，是游客最向往的文化体验内容，文化商业化使得传统社区文化受到一定程度威胁。社区共管和社区参与是一定程度解决此矛盾的途径，需进行社区旅游发展规划，鼓励多种方式参与旅游，提高社区居民经济收益，反哺和保护遗产。遗产解说规划是旅游规划的重要内容之一，也是保护规划和旅游规划共同面临的课题，旨在解决如何将遗产的价值以最利于人接受的方式阐释和展示给人们。

名城保护规划可以作为城市总体规划的一部分或者单独按程序审批，由国务院审批总体规划的历史文化名城，其保护规划由国务院审批；其余国家级历史文化名城保护规划由建设部和国家文物局审批；省级历史文化名城的保护规划由所在省、自治区人民政府审批。历史文化名城的旅游发展规划也可以作为总体规划的一部分一起审批，或者按照旅游发展规划的规定审批程序审批，即：由当地旅游局，听取上级旅游主管部门的意见后，报当地人民政府进行审批；省级旅游发展规划由各省人民政府进行审批，市级旅游发展规划由各市人民政府进行审批，县级旅游发展规划由各县人民政府进行审批。

1.3.2　与风景名胜区规划的关系

风景名胜区规划包括：全国性的区域体系规划、省域规划、市县风景区区域规划、风景名胜区总体规划、分区详细规划、景点详细设计及单项设计等（丁文魁，1993）。风景名胜区总规是目前最重要和基本的规划，根据《风景名胜区规划规范》GB50298-1999进行编制，规范是全面指导风景名胜区管理、保护、规划和建设的技术性法规。

从规划内容上看，风景区总体规划与风景遗产旅游规划既有相叠合的内容，又有不同。风景名胜区总体规划包括了旅游规划中涉及的一些内容，如游客容量控制、游线组织、旅游服务设施以及相关缓解旅游影响和冲击的措施（厉色，2006）。除此以外，风景遗产旅游规划还要包括：区域旅游整合规划、解说系统规划、市场营销规划、社区旅游发展规划以及旅游环境影响评价等重要内容。

风景区规划和遗产旅游规划的规划目标不同，风景区规划重在以保护为前提的持续利用，主要解决如何管理和保护风景资源的问题；旅游规划重在保护基础上，处理如何整合和利用遗产资源的问题。由此，对风景区资源的价值评估角度也不同，风景资源评价根据景源价值、环境水平、利用条件和规模范围等因子进行评级，目的是明确资源保护的层次和级别；旅游资源评价则依据资源要素价值、资源影响力等因素进行评价，目的是确定其开发的重点和级别，在考察资源特色的同时考虑区位、经济等旅游发展基础条件和市场需求。风景区总体规划一般划分为生态保育区、特殊景观区、古迹保护区、服务设施区和一般控制区等功能区，规划区内仅有部分用地为旅游功能；而旅游规划一般还包括游憩休闲区、商业服务区、游览接待区等功能区。风景旅游规划是风景区规划的组成部分，一项重要内容，旅游产品与服务设施规划是以风景资源保护为前提的。

1.3.3　与其他各类旅游规划的关系

旅游规划一般分为以下几个层次：旅游发展规划、各类旅游区总体规划、旅游区详细规划、旅游区景观设计。遗产旅游规划设计是各层次中的特殊类型。

旅游发展规划按规划的范围和政府管理层次，划分为全国旅游业发展规划、区域旅游业发展规划和地方旅游业发展规划。区域旅游业发展规划一般指跨行政界限的区域旅游规划，以地理特征和地貌单元进行旅游区的划分。地方旅游业发展规划又可分为省级旅游业发展规划、地市级旅游业发展规划和县级旅游业发展规划等。遗产旅游规划在发展规划层面上，与区域旅游发展规划和地方旅游发展规划有所交叉，特指那些以遗产地为规划对象的各级旅游规划。跨行政区域的遗产旅游规划，如大运河遗产线路旅游规划、丝绸之路遗产旅游规划等；地市级的遗产旅游规划则常与历史文化名城、镇、村的旅游规划相对应，如寿县古城旅游规划、乌镇旅游规划等。

旅游区的类型有文化型、风景型、商业型、节事型、游乐型、主题型等。在旅游区总体规划层面上，遗产旅游规划只对应于遗产型旅游区的规划，即包括风景名胜区、森林公园、地质公园、自然保护区等以自然遗产为主的旅游规划，以及历史城镇、历史街区、文物单位等以文化遗产为主的旅游规划。针对不同的遗产地域类型和特色，需要采用相应的适宜性手段进行规划，本书后面几章将对其中几种不同类型的遗产旅游规划分别探讨。

在旅游区总体规划的指导下，为了近期建设的需要，可编制旅游区详细规划。旅游区详细规划包括控制性详细规划和修建性详细规划。控制性详细规划的任务是以总体规划为依据，详细规定区内建设用地的各项控制指标和其他规划管理要求；修建性详细规划的任务是，在控制性详细规划的基础上，进一步深化和细化，用以指导各项建筑和工程设施的设计和施工。遗产旅游规划在详规层面主要是对服务区的详细规划，遗产保护范围内的规划均以保护规划设计为依据，以尊重原有格局与风貌为基准，考虑到游览体验的方便性和有效性，增加必要的导览设施和解说服务设施，以不破坏原真性为原则。

遗产旅游规划在实施层面还需要相应的景观设计。遗产旅游区景观设计主要是入口区旅游形象设计、服务区景观设计以及遗产地周边地区各类景观系统的具体布局和设计，是从基地调查研究开始，通过立意、构思到方案设计、施工图设计，从而使它走向实施的过程，例如云南石林世界遗产彝族民俗文化主题园的景观设计，是非物质文化遗产展示和旅游利用的重要途径和手段。

第 2 章
遗产旅游规划的基本理论

2.1 遗产旅游真实性

"真实性"是遗产保护与利用中的核心问题。长期以来,遗产保护界对使用者怎样看待和感受遗产原真性关注不够,一直是专家视角和保护准则下的研讨与实践;而旅游界更多关注游客的真实性体验,对遗产原真性的研究也不够深入,所以从持续发展的角度来看,遗产保护和旅游发展两者之间需要沟通与对话,建立遗产资源持续利用的科学机制。

2.1.1 真实性概念和内涵

2.1.1.1 真实性(authenticity)释义

真实性"authenticity"一词来自于希腊语和拉丁语"权威的"(authoritative)和"起源的"(original)两词。在宗教占统治力量的中世纪,"authenticity"用来指宗教经本及宗教遗物的真实程度。在《简明牛津英语词典》中,"真实性"可以被理解为"原件"、"第一手的"(与复制相对应);或者理解为"真实的"、"实际的"、"真的"(与"假的"相对应)。在英文辞典《韦伯大词典》中对"authenticity"解释为"authoritative(权威的)"、"original(原初的)"、"fact or reality(事实或真实)"、"trustworthy(可信的)"四种含义。

在遗产领域,真实性(authenticity)"……是在博物馆研究中,人们测评艺术品是否表里如一,或者像宣传的那样名副其实"(Trilling,1972)。真实性,意味着传统的文化和源头,一种天然的、真实的、独一无二的意味(Sharpley,1994),这是博物馆管理者和民族志学者定义的"真实性"的起初的内涵,他们倾向于用严格的术语来界定原始艺术和民族艺术中的真实性。对他们来说真实性,主要是指"前现代社会"的特性,以及尚未受到现代西方影响的地方所生产的文化特性;人类学家也是如此,他们试图取得当地在受到西方社会"污染"以前的社会和文化信息。另一位学者Cornet(1975)认为真实性是"任何出于传统目的,由传统艺术家创作的物品……,并与传统形式保持一致",他强调这些物品不应为出售而特别制作,他把非商品化作为了判定真实性的一个标准。

在旅游领域,"真实性"概念已经从关注客体到关注主体,进一步演变成为关注主体对客体的"真实性"的感知和体验(Belhassen & Caton, 2006; Mkono, 2012; Rickly-Boyd, 2012),并逐渐走向主客体间真实性的表达、阐释与认知、体验间的互动关系。对真实性的寻求是现代旅游最主要的动机之一(MacCannell,1973),疏离于现代社会的旅游者追求真实性,也就是在寻找尚未被现代化触及的质朴、原始与自然。博物馆研究员、民族志学家、人类学家都属于现代的、疏离的知识分子,他们将比一般的社会群体更加严肃地追求真实性,标准也更加严格。大众旅游者,将会满足于更加宽松的真实性认知标准,他们根据自己对现代性的疏离程度不同,对真实性的追求程度也不同。因而,不同研究领域不同历史发展阶段对真实性的界定是不同的,下面从传统真实性、文化遗产真实性、体验主体的真实性感知来进行详述。

2.1.1.2 文化遗产的真实性

文化遗产资源,如艺术作品、历史建筑或历史城镇,它们与时间和历史的关系可以分为三个阶段:第一阶段,创造该实物阶段;第二阶段,从创造阶段延伸至现在;第三阶段,与现在我们的意识中对该纪念物的感知相关联。这几个阶段的顺序就构成了资源的历史时序，它是不可逆的。遗产资源因其与历史时期的关系而唯一，它是不可再生的。目前，我们所处的时代是第三阶段。

遗产资源与建造时相比，"真实性"指的是遗产资源随时间发生老化和变化时，其本质上是原物或者它是真实的；它的真实性应该反映在其历史时序的不同阶段内，他被建造和使用过程中的重要阶段，也就是说真实性是一个过程信息（张松，2008）。通过真实性检验的遗产资源应维持其原本的，在创造时期形成的或随历史时序演化的完整过程。依据《实施世界遗产公约操作指南》，应该考虑真实性的材料真实性、设计真实性、工艺真实性、环境真实性等几个方面（UNESCO，2005）。材料真实性是设计和工艺真实性的首要标准，它连同环境的真实性共同定义了文化遗产资源的真实性。

文化遗产资源的真实性的概念，还需在不同国度、不同文化背景下来进行考虑。东西方历史文化的差异导致遗产价值观和保护理念上的差异，西方建筑材料是坚固耐用和持久性较高的刚性结构的石构建筑，东方是榫卯式柔性结构的木构建筑，这是差异形成的主要原因。西方对待任何一件"赝品"，无论仿制品、复制品或是过分修复的复原成果，都不可以理解为原物。东方的传统价值观中，遗产的物质性和精神性统一，强调保持整体性和传统工艺的延续，例如伊势神宫的"式年造替"的重建传统（周霖，吴卫新，2010）。

在遗产保护领域，国际宪章和法规对遗产资源的"真实性"进行了多次界定和内涵变迁。1931年，通过了《关于历史性纪念物修复的雅典宪章》（简称《雅典宪章》Charter of Athens），虽未正式提出真实性概念，但开始包含真实性的思想萌芽。1964年，通过了《国际古迹和遗址保护宪章》（简称《威尼斯宪章》The Venic Charter），宪章提出围绕"原"和"真"展开保护和修复，不仅要保护"最早的状态"，而且要保护"所有时期的正当贡献，要保护古迹周围环境"，提出以真实性思想为核心构建了文化遗产保护的概念框架（ICOMOS，1964）。《保护世界文化和自然遗产公约》（1972）明确指出世界遗产登录必须经受"真实性检验"（test of authenticity）。随着保护对象的扩展，保护方式的日益多样，真实性成为文化遗产保护领域的核心问题。

1994年的《奈良文件》（Nara Document on Authenticity）是关于真实性讨论的重要里程碑，它不仅指出："真实性不应被理解为遗产的价值本身，而是对文化遗产的理解取决于有关信息来源是否确凿有效。"还提出对真实性地域和文化差异的理解和尊重，希望遗产能代表更多元的文化，达到地域的平衡。《奈良文件》引发了全球性的大讨论，也推动了真实性内涵的演变：（1）从遗产本体的真实性演变为对遗产信息真实性的关注；（2）从静态的真实性演变为动态的真实性；（3）从绝对的真实性演变为相对的真实性。在全球范围的讨论中《圣安东尼奥宣言》（1996）最为突出，它对真实性全面剖析，对奈良文献的不足加以批判，具有建设性；深入讨论了美洲在保存方面的真实性含义，包括美洲建筑、城市、考古和文化景观遗产相关的真实性本质、定义、检验和管理。

总的来看，国际上对文化遗产保护领域真实性的讨论中《实施世界遗产公约操作指南》给出了最基本的定义：真实性是指对于文化遗产应当基于历史文脉，通过包括形式和设计、材料和物质、使用和功能、传统和管理系统、场所、环境和语言，其他形式的非物质遗产、精神和感情，以及其他内在和外在的因素，是"真实"、"可信"地传达了它的文化价值（UNESCO，2005）。

2.1.1.3 主体的真实性感知

主体的"真实性感知"是指主体体验的真实，是一种主观感知状态，既与客体目标物真实程度有关，又有赖于主体的参与性过程，其英文表达是"perception of authenticity"，或"perceived authenticity"（Wang，1999；Xie & Wall，2002；Chhabra，2005，2010）。它指与旅游相关的居民和游客等主体体验的真实，或称之为"真实性感知"。

Handler和Saxton（1988）指出：真实的体验，就是个体感到他们自己既和"真实世界"（real world）在一起又和他们的"真我世界"（real selves）在一起的状态。Selwyn（1996）又进一步将前者和作为知识的真实联系起来，称其为冷真实；又将后者与作为感觉的真实联系起来，称其为热真实。因而"真实性感知"被看作是人们通过不同环境场景之间有意义的辩证关系而获得的综合完整的体验总和。在国内研究中对于"真实性感知"的表达，还有"真实性认知"（卢天玲，2007）、"原真性感知"（张朝枝等，2008；徐嵩龄，2008）等相对应的概念，均归属于主观感知和体验的范畴。

2.1.2 旅游真实性理论流变

20世纪60年代，西方社会学界开始了对旅游中的真实性问题进行探讨，从此展开了强烈的关注和渐进式的历程，最初正是因为对旅游中的"非真性"现象的批评，使得主体真实体验受到关注。随着遗产真实性和主体真实性感知研究的推进，真实性议题已经成为文化遗产保护和利用中极具理论和实践意义的焦点问题。

2.1.2.1 国外发展历程

首次在旅游领域探讨真实性问题的是Boorstin（1964），他批判性地提出旅游是个虚假事件（pseudo-events），旅游者是被精心设计过的旅游吸引物所蒙蔽。他之后又出现了很多研究（Cohen，1979；MacCannell，1973），他们并没有直接接纳Boorstin（1964）的结论，而是对他的观点进行争论和思考。在此基础上，美国社会学家MacCannell（1973）认为东道主把经过包装的文化产品当作"真实"搬上舞台展示给旅游者，旅游者所接触到的是被舞台化了的地方文化，因而提出了"舞台真实性"（staged-authenticity）的概念，这是对"前台（the front stage）"和"后台（the back stage）"（Goffman，1959）理论的拓展。之后，Cohen（1979，1988）又认为真实性并非场所、景象、事件或者存在物的客观属性，而是被社会性地建构出来的（constructed authenticity），它们的某种特征使得旅游者感知到"真实"的体验，他将这种建构过程表述为"渐进真实性"（emergent authenticity），还提出旅游情境的类型框架。

在回应前人的理论研究的基础上，Wang（1999）将真实性归纳为客体导向的"客观真实性"（objective authenticity）、"建构真实性"（constructive authenticity），和主体导向的"存在真实性"（existential authenticity）（表2-1）。"客观真实性"意为旅游中真实的体验是等同于对原物的真实性的认识论上的体验；"建构真实性"指个体依据个体经验建立起来的真实性；"存在真实性"，是旅游者在无拘无束的状态下体验到的"真实性"，他们借助于旅游客体来寻找到本真的自我（an existential state of being），它包括个体内在的真实性（intrapersonal authenticity）和个体之间的真实性（interpersonal authenticity）。后来相继有学者支持和深化了Wang（1999）的观点。Wang Yu（2007）以纳西族家庭旅馆为例，通过三个相关的维度（客体、主体、家）来理解"真实性"，认为在纳西族的家庭旅游中产生了"定制真实性"（customized authenticity），定制真实性即使是完全舞台化的，它还是被旅游者广为接纳。

旅游中三种体验的真实性	表2-1
旅游中客体相关的真实性（object-related）	旅游中活动相关的真实性（activity-related）
客观真实性：旅游中真实的体验是等同于对原物的真实性的认识论上的体验（认知）	存在真实性：指的是由旅游者的活动而激发的一种自我存在的状态，存在主义真实性也可以与旅游客体的真实性无关
建构真实性：指的是由旅游者或者旅游组织者根据他们对于旅游客体的想象、期待、偏好、信念、权利等建立起来的真实性；对于同一个客体，不同主体有各种各样不同的真实性版本。相应地，旅游中真实的体验和旅游客体的真实性是互为建构的	

（来源：参考Wang（1999）整理）

不同的访问者有不同的真实性诉求和感知体验（Cohen，1979；Olsen，2002），访问者体验的类型可以划分为存在型、实验型、体验型、转移型、娱乐型五类，其中前两者对真实性的关注远远大于后两者。它们其实依次占据了旅游体验连续带上两级之间的位置，一端存在型旅游者的类似朝圣者的体验，他们前往"他者中心"（the other center）寻找到意义；一端是娱乐型旅游者的体验，他们追求新奇和陌生环境中的纯粹乐趣，中间各个连续带上的类型分别对"他者中心"有着不同程度的依附。体验和实验型的旅游者他们暂时丢失自己的"中心"，去体验和亲自实验"他者中心"，都愿意融入旅游目的地，体验他人的生活，他们实际上在追求一种体验型真实性"experiential authenticity"（Trilling，1972），而且这种体验对不同的人体现出不同的真实性宽度；存在型则依附于他们自身社会之外的新的"中心"；娱乐型和转移型旅游者他们疏离了自身的社会文化中心后，前者愿意寻找替代的中心，而后者追求去中心的个人乐趣，两者都倾向于在旅游地进行及时娱乐和消遣，无所谓真假或者真假界限十分模糊，是"后现代真实性"（Eco，1986）的真实写照。

综合而言，国际学术界对旅游真实性的研究根据旅游吸引物与不同主体间的互动关系的多样性所产生的真实性感知层次的不同，逐渐从主体、客体、介体互为建构等一些不同的维度，形成多样的、相对的真实性概念。遗产体验的核心其实是真实性信息的表达、传递和接纳过程，主体对这个过程的体验是经过设计而定制的，但这种定制仍需以文化遗产"真实性"为中心，从而实现遗产价值与旅游价值的统一。

2.1.2.2 国内研究动态

国内对旅游真实性的研究前期主要是对国外概念及理论的引进、介绍，后期则是越来越多结合本土化的实践进行应用性研究（卢天玲，2007；殷帆等，2010）。早期，吴忠才（2002）在国外理论的基础上提出了旅游活动中的"文化真实性与表演真实影响综合模型"；接下来国内此领域的研究主要围绕"客观真实性 - 建构真实性 - 存在真实性 - 后现代真实性"的理论轨迹展开综述；2005年之后，研究逐渐走向本土化。

在国外理论引入和实践的过程中产生了一些"本土化"延伸。国内学者王艳平（2006），基于温泉旅游的实践对真实性进行了结构性研究，探讨了温泉的远古真实、历史真实、演进中的真实等概念。陈兴（2010）基于人类学视角，结合体验经济内涵，提出旅游体验的"虚拟的真实性"（Virtual Authenticity）概念，认为旅游体验的实现过程就是一个"虚拟真实"的过程。殷帆等（2010）结合历史地段的保护和更新案例，提出了客体的真实性包括载体真实性、信息真实性和线索真实性等，在对历史地段要素的真实性分析方面深入了一个层次。杨振之和胡海霞（2011）从事实的、认识的、信念的三个层面来构建了真实性结构体系（图2-1）。

主体真实性感知的概念并不仅限于某一旅游地类型，但在国内重点应用在遗产旅游领域，尤其是古镇古村落、工业遗产及民族民俗的非物质文化遗产方面，体现了我国当前遗产旅游领域研究和实践结合的迫切性。国内在对国外的真实性理论的应用过程中，有基础理论的先行指导优势，也产生了本土化过程中的一些问题：在真实性理论层面，国内的引介和探索只有短短的10多年，与国内旅游市场的30多年发展相比理论滞后于实践，基础理论的研究应该转化为旅游发展理念的地域化、空间化和形态化的方法和途径（吴承照，2009）；在真实性

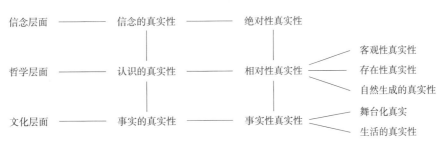

图 2-1　不同层面真实性结构图

（来源：杨振之，胡海霞，2011）

理论应用层面，遗产地的可持续管理需要提高旅游者、原居民、服务业者和经营决策者的共同意识，让他们认识到遗产的脆弱性和遗产价值，协调各方利益，共同延续遗产地文脉、体验遗产地精神。

2.1.3 旅游真实性理论整体框架

由是观之，国内外关于真实性的研究各有侧重，对它们的联系和本质区别分析如下。现代旅游者总是在旅游中追寻"真实性"，旅游者是"真实性"建构的主体，参与建构的又不只旅游者一个群体。旅游者的建构是在旅游体验的整个过程（旅游前的期待和想象及旅游中的体验）中完成的；旅游者介入到旅游地的直接结果是重新构筑了旅游者、东道主和旅游吸引物之间的关系，同时还导致环境结构、场所精神、生活方式以及行为活动的变化，这一过程最终形成了主体、客体以及各种媒介间动态变化的循环体系。基于以上的讨论，真实性可以说是旅游体验的核心，研究者的"认知观察观"是区隔众多解释真实性感知的概念的逻辑分类工具，依此形成真实性感知理论的整体框架（图2-2）。

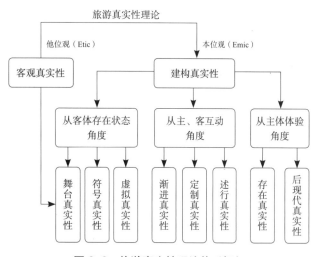

图2-2 旅游真实性理论体系框架

2.1.3.1 客观真实性

客观真实性（objective authenticity，还译为客观性真实性或客观原真性等）产生于社会学研究初期，是从他者观察观（Etic）的角度进行的概念判定。它指社会学家（而不是游客自己）认为访问者主体是完全基于客体的真实性特征来形成自身的认识和态度，或者说将作为客体属性的真实性和游客可以感知的部分完全等同起来。而在现实生活中，针对遗产地的大众访问者（非专家）而言，客观真实性的认知的获得相对来说也会受到个体的背景知识、认知能力等因素的一些影响，不一定会主体认知与客体特性绝对相吻合。而需要阐明的是，"遗产客体的真实性"是客观存在的，不以人的意志为转移；在此讲到的"客观真实性"指的是人的一种主观体验。在建筑工程学中，建筑遗产是客观存在的，只要历史建筑年代、所属区域鉴定清楚，其建筑风貌就清晰可辨，因此可以通过古建筑的风貌和特征，追溯其历史年代与所属地区，这些都是由"客体的真实性"决定，并由人客观地认识和感知到。

2.1.3.2 建构真实性

建构真实性（constructive authenticity，还译为结构原真、结构真实等），这个概念是相对的、可商议的（Cohen，1988），背景决定的、意识形态的，它可以是对于客体的意象、梦想、期待等。它的提出是在承认旅游吸引物的"舞台化"的基础上形成的，它和客观真实性理论最大的区别在于对于旅游主体的研究从他者观察观（Etic）转向了自我认知观（Emic），承认了主体真实性感知之间存在差异性。建构真实性以Cohen（1988）提出的"渐进真实性"（emergent authenticity）为代表，不仅讨论了主体对于客体的真实性程度的感知结果的差异，还反过来讨论了客体依据主体喜好人为打造出的"符号真实性"；同时，建构真实性这个概念还揭示了旅游主体和客体之间通过各种媒介互为建构的事实，加之"emergent"包含了"自然生成"、"逐渐演变"的时间维度，因而它奠定了多维度、整体性研究"真实性"的基准平台。更加彻底的建构真实性甚至可以说不需要以群体的共识意识作为合法性的基础，而是认为每一个主体都可能把自己的梦想、价值观、人生经历等投射到客体上，产生独属于某一个单个个体的建构真实性体验（陈丽坤，2013）。因而，在理论的发展中出现的许多不同的概念，可以说是建构真实性的某种情形下的特殊形式，或是不同侧重角度的转述。归纳起来有三个方面：一是基于客体存在状态来界定，二是从主、客互动角度来界定，三是从主体体验角度来界定。

（1）从客体存在状态角度界定

从客体存在状态界定"真实性"的有："舞台真实性"、"符号真实性"、"虚拟真实性"等。舞台真实性和符号真实性相比有关联和交集，前者侧重体现真实性呈现的方式，后者侧重体现真实性呈现的内容；而虚拟真实性是的一种对于真实性塑造过程的应用性描述。

（2）从主客互动角度界定

从主客互动角度界定的"真实性"的有："渐进真实性"、"定制真实性"和"述行真实性"等。"渐进真实性"体现了主体对客体发展的过程性认知；"定制真实性"是基于实际操作层面的对于个性化的真实性的界定；"述行真实性"是旅游经营者通过旅游设计、场所装置等对真实性的"表述"，来引导旅游者基于认知和情感两个层面的真实体验。

（3）从主体感知角度界定

从纯粹主体体验角度界定"真实性"的有："存在真实性"及"后现代真实性"等。正如"存在真实性"是种真正找到中心（理想）的极端状态，"后现代真实性"则是在建构主义范式下，旅游者的另一个超越真实（或根本不在乎真实）的极端体验状态。

综上所述，基于社会发展理念下的建构真实性，和建立在文化遗产保护体系下的遗产真实性是角度完全不同的两个概念，但又是紧密关联的。前者讲的是游客的心理感受的真实，是主体体验的真实性；后者则是历史遗产载体的真实性，强调的是文化遗产修复过程的真实性，也就是保护中的修旧如旧，以存其真，主要焦点是工程修复技术，两个真实性的概念和内涵参照体系是不同的，然而建立沟通对话桥梁是很有必要的。因而，文化遗产的"阐释和沟通"应该围绕真实性主、客体间的构建，对客体和主体的互动提出可行性的策略。阐释是遗产客体如何保持真实性的问题，沟通则是旅游者如何体验真实性、居民如何保有地方发展的真实感及经营者如何营建真实性的综合问题。这些都应基于对遗产真实性及主体感知理论的清醒认识，因而遗产旅游真实性整体理论框架不仅是一次基础理论的探索，更为研究文化遗产保护和利用的实践应用提供理论支撑。

2.2 遗产价值传承

2.2.1 遗产价值类型

文化遗产价值观念的演变是随着社会经济文化水平的发展而逐渐演变的。对于文化遗产价值的全面认识始于20世纪60年代的欧洲。由于"二战"后欧洲各城市的重建和经济、科技水平的迅速发展引发了传统历史文化消亡的危机感，从而引起了对历史文化符号和载体的重视，包括工艺品、建筑物、历史街区乃至艺术与生活形态等遗产。对这些遗产价值的认识不再仅仅从财富拥有与艺术欣赏角度，而是将它们看作人类文明发展的见证和载体，是民族共同的精神家园。遗产的所有者也不仅仅是个人或家族的权属，而是民族、国家或全人类共有的遗产，而1972年《保护世界文化和自然遗产公约》的诞生，被认为是这一共同价值理念成熟的标志。文章通过梳理国内外权威结构或国家对遗产价值的认识，从而明确文化遗产价值体系（表2-2）。

从遗产保护的各个国际宪章中来看，对遗产价值的认识经历了从艺术与历史价值逐渐扩展到其他领域的发展历程。在雅典宪章中奠定了艺术、历史、科学三种价值类型，而后因为遗产观念的扩展与变化，也随着针对不同物质类型遗产的保护法律文件的问世，对遗产价值的阐述也更逐渐细化，出现了基本上以学科和知识领域分类的价值类型，如考古、建筑、美学、史前史、人类学、人种学、社会文化、精神与宗教等方面的价值，也注意到和人类文化有关的自然环境。这些细化的价值类型多数仍不脱离历史、艺术、科学三个领域。而精神与社会价值则可以视为遗产价值认识上的进展。

从我国法律文件中遗产价值认识的发展轨迹来看，国内法律文件关于物质文化遗产价值认识始终

国际和国内法律文件对文化遗产价值认知　　　　表2-2

	法律文件/年代	遗产概念		遗产价值
国际	历史纪念物雅典修复宪章（雅典宪章），1931	（历史、古代）纪念物 Monument、（历史）场所、地点 Site		具有艺术、历史、科学旨趣
	武装冲突情况下保护文化资产公约（海牙公约），1954	文化资产 Cultural Property		对每一民族文化遗产具有重大意义的可移动或不可移动资产，例如建筑、艺术或历史纪念物（无论其有无宗教性质）；考古遗址、作为整体具有历史或艺术价值的建筑群；艺术品；具有艺术、历史或考古价值的手稿、书籍及其他物品；科学收藏品和书籍或档案的重要藏品；上述资产的复制品
	国际古迹遗址维护与修复宪章（威尼斯宪章），1964	历史古迹/历史纪念物 Historic Monument		不仅是单项建筑作品，并且包括能从中找出一种独特文明、一项重要发展或历史事件的城市或乡村场域（setting）。纪念物概念不仅适用于伟大的艺术作品，也使用于随时光流逝而获得文化意义的过去平庸之作
	保护世界自然与文化遗产公约，1972	文化遗产	纪念物 Monument	从历史、艺术或科学角度看具有突出普遍价值的建筑物、碑雕和碑画、具有考古性质的物件和构造物、铭文、洞穴居及有类似特征的综合物
			建筑群	从历史、艺术或科学角度看，在建筑式样、均质性或与环境综合方面，具有显著普遍价值的单体或连续的建筑群
			场所 Site	从历史、审美、人种学或人类学角度看具有显著普遍价值的人类工程或自然与人联合工程，以及考古遗址等地
	关于历史地区的保卫与当代作用建议文（内罗华建议），1976	历史地区和建筑（包含乡土）地区 Historic and Architectural (including vernacular) Areas		包含考古和古生物遗址的任何建筑群、结构和空旷地，它们构成城乡环境中的人类居住地，从考古、建筑、史前史、历史、艺术和社会文化的角度看，其凝聚力和价值已得到认可
		环境 Environment		指影响认识历史地区的静态方法的自然或人工场域；或直接与历史地区在空间相连，或有社会、经济、文化联系的自然或人工场域
	古迹遗址理事会章程，1978	纪念物 Monument		包括在历史、艺术、建筑、科学或人类学方面具有价值的一切建筑物（及其环境和有关固定陈设与内部所有物）。（此定义下的纪念物物质类型和上述世界遗产公约同一条目内容相同）
		建筑群		包括城市和乡村中单体或相连的一切建筑及其环境，这些建筑在环境中由于其建筑风格、匀质性或所处位置的原因而具有历史、艺术、科学、社会或人类学方面的价值
		场所 Site		包括一切地貌的风景和地区，人类工程或自然与人联合工程，包括在考古、历史、美学、人类学或人种学方面具有价值的历史公园或园林
	关于文化资产国际交流建议文件，1976	文化资产 Cultural Property		指各个国家主管机构认为具有或可能具有历史、艺术、科学或技术价值和意义，作为人类创造或自然进化表现和证明的实物：包括动物的、植物的、地质的标本；考古实物；具有人种学意义的物品及文献；美术和工艺作品；文学、音乐、摄影及电影作品；档案及文献
	澳大利亚国际古迹遗址委员会文化重要意义地方维护宪章（巴拉宪章），1979（1981年、1988年、1999年修订）	文化重要意义地方（文化遗产地）Paces of cultural significance（culturalheritageplaces）		地方意指场所、地区、土地、景观、建筑物或其他作品、建筑群或其他作品，同时可能包括构成元素、内容、空间和景致。内容可能包括纪念物、树木、花园、公园、历史事件发生地、都市地区、城镇、工业地方、考古遗址、精神与宗教地方文化重要意义指对过去、现代、未来世代的美学、历史、科学、社会或精神的价值
	保护水下文化遗产公约，2001	水下文化遗产		指至少100年来，周期性地或连续地、部分或全部位于水下的具有文化、历史或考古价值的所有人类生存的遗迹
	保护非物质文化遗产公约，2003	非物质文化遗产		指被各群体、团队、有时为个人视为其文化遗产的各种实践、表演、表现形式、知识和技能及其有关的工具、实物工艺品和文化场所
	关于工业遗产的下塔吉尔宪章，2003	工业遗产		指工业文明的依存，它们具有历史、科技、社会、建筑或科学的价值。这些遗存的证据包括物质与非物质的内容
国内	文化保护管理暂行条例，1962	文物		与重大历史事件、革命运动和重要人物有关的、具有纪念意义和史料价值的建筑物、遗址、纪念物等
				具有历史、艺术、科学价值的古文化遗址、古墓葬、古建筑、石窟寺、石刻等

续表

法律文件/年代	遗产概念	遗产价值
国内		
文物保护法,1982（2002、2007、2013年修订）	（不可移动）文物	与重大历史事件、革命运动和重要人物有关的、具有纪念意义和史料价值的近代现代重要史迹、实物、代表性建筑
		具有历史、艺术、科学价值的古文化遗址、古墓葬、古建筑、石窟庙、石刻、壁画
	历史文化名城\街区\村镇	保存文化特别丰富并且具有重大历史价值或者革命纪念意义的城市、城镇、街道、村庄
中国文物古迹保护准则,2002	不可移动文物	地面和地下的古文化遗址、古墓葬、古建筑、石窟寺、石刻、近现代史记和纪念建筑物、由构架公布应予以保护的历史文化街区（村镇）以及其中原有的附属文物；文物古迹的价值包括历史价值、艺术价值和科学价值
关于加强文化遗产保护的通知,2005	文化遗产、文物、历史文化名城\街区\村镇	包含物质文化遗产与非物质文化遗产。物质文化遗产是具有历史、艺术和科学价值的文物，类型同文物保护法中的描述，以及在建筑式样、分布均匀或环境景色结合方面具有突出普遍价值的名城\街区\村镇
第三次全国文物普查相关文件,2007	（不可移动）文物	具有历史、艺术、科学价值的古遗址、古墓葬、古建筑、石枯寺及石刻、近现代重要史迹及代表性建筑、其他；特别强调如工业遗产、乡土建筑、文化景观、文化线路、文化空间、老字号、当代遗产等以较不受重视的环节
非物质文化遗产保护法,2011	非物质文化遗产	指各族人民世代相传并视为其文化遗产组成部分的各种传统文化表现形式，以及与传统文化表现形式相关的实物和场所；具有历史、文学、艺术、科学价值

围绕历史、艺术、科学三大类型。在非物质文化遗产价值认知方面没有明确条文定义其价值内涵，只是在《非物质文化遗产保护法》中提到"国家对非物质文化遗产采取认定、记录、建档等措施予以保存，对体现中华民族优秀传统文化，具有历史、文学、艺术、科学价值的非物质文化遗产采取传承、传播等措施予以保护。"根据此项规定可知，在非物质文化遗产方面，肯定了历史、艺术、科学价值的三大价值类型的同时新增了"文学"价值类型。而文学价值是体现在诗歌、小说、散文、戏剧等文学作品里的必要的思想和精神价值，其价值决定于文学作品的质量，包括审美、思想、核心价值理念等，主要指文学作品的内在艺术价值，也可将文学价值归入艺术价值。

由以上分析可知，我国文化遗产形成了以历史价值、科学价值、艺术价值为价值分类的物质文化遗产价值类型体系和以历史价值、文学价值、艺术价值及科学价值为价值分类的非物质文化遗产价值类型体系。

综上，国内外对文化遗产价值的判定从不同角度和层面建有多套标准体系，其中遗产具有"历史、科学、艺术价值"是国内外最基本和普遍的认识。虽然一些国家及组织在此基础上将精神价值、社会价值等价值类型纳入文化遗产价值体系，但从本质来看，精神与社会价值是"历史、艺术、科学"价值所衍生出的其他价值。也就是说文化遗产的价值主要由本底价值和其他价值两部分组成。本底价值因蕴含关于"历史、艺术、科学"等方面的信息而成为文化遗产必须具备的价值属性；而其他价值则是在本底价值利用的基础上所产生的，是本底价值的衍生物。从价值传承的角度来分析，文化遗产传承的是历史、艺术、科学信息，而信息正是文化遗产所具有的本底价值。因而，遗产价值的基本类型为历史价值、艺术价值和科学价值三大类型。

2.2.2 遗产价值表现

遗产价值表现在遗产保护法律中可以表现为遗产指定或登录的标准，如保护世界遗产公约中对于"显著普遍价值"的六项表述。《中华人民共和国文物保护法》第二条的五条文物定义，也较为接近于此方面的表述方式。但更为详尽阐述价值特质与价值表现的文件是由国际古迹遗址理事会（ICOMOS）

中国国家委员会参照《威尼斯宪章》与《巴拉宪章》制定的《中国文物古迹保护准则》（2000年通过，以下称准则），包含《准则》、《阐述》、《案例阐释》和《专业词汇注释》四部分。《准则》在2.1条中指出文化遗产的历史要素包括："重要的历史事件和历史人物的活动；重要的科学技术和生产、交通、商业活动；典章制度；民族和宗教；家庭和社会；文学和艺术；民俗和时尚；其他具有独特价值的要素"。而关于价值，《阐述》第2.3条则是从文物古迹在上述三种价值类型上的表现形式来说明，具体描述了可能涉及的层面（表2-3）。

根据《准则》对文物古迹三大价值表现的界定，可以为文物古迹的价值判断提供指导与依据。《准则》的适用对象为物质文化遗产，并不能就此推及非物质文化遗产。但《准则》所列举的关于文物古迹的历史要素，显然是广义的文化范畴其同样适用于非物质文化遗产。非物质文化遗产的价值表现在我国相关法律文件中并没有详尽的表述。我们可以通过分析非物质文化遗产的相关定义以及内涵从而界定其价值表现（表2-4）。

文物古迹的价值和表现形式 表2-3

价值类型	表现形式
历史价值	1. 由于某种重要的历史原因而建造，并真实地反映了这种历史实际； 2. 在其中发生过重要事件或有重要人物曾经在其中活动，并能真实地显示出这些事件和人物活动的历史环境； 3. 体现了某一历史时期的物质生产、生活方式、思想观念、风俗习惯和社会风尚； 4. 可以证实、订正、补充文献记载的史实； 5. 在现有的历史遗迹中，其年代和类型独特珍奇，或在同一类型中具有代表性； 6. 能够展现文物古迹自身的变化发展变化
艺术价值	1. 建筑艺术，包括空间构成、造型、装饰和形式美； 2. 景观艺术，包括风景名胜中的人文景观、城市景观、园林景观。以及特殊风貌的遗址景观等； 3. 附属于文物古迹的造型艺术品，包括雕刻、壁画、塑像，以及固定的装饰和陈设品等； 4. 年代、类型、题材、形式、工艺独特的不可移动的造型艺术品； 5. 上述各种艺术的创意构思和表现手法
科学价值	1. 规划和设计，包括选址布局，生态保护，灾害防御，以及造型、结构设计等； 2. 结构、材料和工艺，以及它们所代表的当时科学技术水平，或科学技术发展过程中的重要环节； 3. 本身是某种科学实验及生产、交通等的设施或场所； 4. 在其中记录和保存着重要的科学技术资料

国内法规关于非物质文化遗产定义与内涵 表2-4

相关文件	定义	内涵
《中国文物古迹保护准则》（2000）	包含所有传统的或流行的民间文化形式，在特定的社区中产生的以传统为基础的集体成果。这些创造通过口头或手势被传播，经过岁月的修炼和一个集体再创造的过程	口头传统、习俗、语言、音乐、舞蹈、宗教仪式、节日、传统医药和药典、流行体育项目、饮食文化，以及所有和文化的物质方面相关的特殊技能，比如工具和生活环境
《保护非物质文化遗产公约》（2003，国际公约）	被各社区、群体，有时是个人，视其文化遗产组成部分的各种社会实践、观念表述、表现形式、知识、技能以及相关的工具、实物、手工艺品和文化场所	1. 口头传统和表现形式，包括作为非物质文化遗产媒介的语言； 2. 表演艺术； 3. 社会实践、仪式、节庆活动； 4. 有关自然界和宇宙的知识和实践； 5. 传统手工艺
《国家级非物质文化遗产代表作申报评定暂行办法》（2005）	各族人民世代相承的、与群众生活密切相关的各种传统文化表现形式（如民俗活动、表演艺术、传统知识和技能，以及与之相关的器具、实物、手工制品等）和文化空间。非物质文化遗产可分为两类：（1）传统的文化表现形式，如民俗活动、表演艺术、传统知识和技能等；（2）文化空间，即定期举行传统文化活动或集中展现传统文化表现形式的场所，兼具空间性和时间性	1. 口头传统，包括作为文化载体的语言； 2. 传统表演艺术； 3. 民俗活动、礼仪、节庆； 4. 有关自然界和宇宙的民间传统知识和实践； 5. 传统手工艺技能； 6. 与上述形式相关的文化空间

续表

相关文件	定义	内涵
《国家级非物质文化遗产名录》（2005）		1. 民间文学； 2. 传统音乐； 3. 传统舞蹈； 4. 传统戏剧； 5. 曲艺； 6. 传统体育、游艺与杂技； 7. 传统美术； 8. 传统技艺； 9. 传统医药； 10. 民俗
《非物质文化遗产保护法》（2011）	各族人民世代相传并视为其文化遗产组成部分的各种传统文化表现形式，以及与传统文化表现形式相关的实物和场所	1. 传统口头文学以及作为其载体的语言； 2. 传统美术、书法、音乐、舞蹈、戏剧、曲艺和杂技； 3. 传统技艺、医药和历法； 4. 传统礼仪、节庆等民俗； 5. 传统体育和游艺； 6. 其他非物质文化遗产

联合国教科文组织制定的《保护非物质文化遗产公约》以及国内出台的法律法规和相关文件虽没有明确从历史、艺术、科学方面对非物质文化遗产的价值表现进行界定，但在其列举非物质文化遗产类型时，很明显是根据遗产价值进行分类的。就《国家级非物质文化遗产名录》的遗产类型分类而言，10大类中，"传统体育、游艺与杂技"、"民俗"是以历史价值为主导的；"民间文学"是以文学价值为主导的；"传统音乐"、"传统舞蹈"、"传统戏剧"、"传统美术"、"曲艺"则体现了视觉、听觉等方面的艺术感知，属于艺术价值范畴；"传统技艺"、"传统医药"则涵盖了科学与技术方面的知识信息，是典型的科学价值领域（表2-5）。

非物质文化遗产的价值表现可依据《国家级非物质文化遗产名录》中的非物质文化遗产类型进行细化。在非物质文化遗产的分类研究上，目前较为深入的研究成果是王丕琢关于非物质文化遗产的分类（王丕琢，张士闪，2010）：将非物质文化遗产的分类分为两层，其中第一层按学科领域分成16个一级类，之下包含若干二级类。

根据《国家级非物质文化遗产名录》中的非物质文化遗产类型，参考王丕琢的非物质文化遗产分类，可将非物质文化遗产的分类整合为以《名录》类型为一级类，包含王丕琢的二级分类项的非物质文化遗产分类体系，便于和国家分类体系相衔接（表2-6）。

我国非物质文化遗产价值表现形式　　表2-5

价值类型	价值表现
历史价值	传统体育、游艺与杂技
	民俗
文学价值	民间文学
艺术价值	传统音乐
	传统舞蹈
	传统戏剧
	传统美术
	曲艺
科学价值	传统技艺
	传统医药

非物质文化遗产价值分类一览表　　表2-6

价值类型	一级类	二级类
历史价值	（一）传统体育、游艺与杂技	室内游戏/庭院游戏/智能游戏/助兴游戏/博弈游戏/赛力竞技/技巧竞赛/杂耍（艺）竞技/其他
	（二）民俗	生产商贸习俗/消费习俗/人生礼俗/民间信仰/岁时节令/其他
文学价值	（三）民间文学	神话/传说/故事/歌谣/史诗/长诗/谚语/谜语/其他
艺术价值	（四）传统音乐	民歌/器乐/舞蹈音乐/戏曲音乐/曲艺音乐/其他

续表

价值类型	一级类	二级类
艺术价值	（五）传统舞蹈	生活习俗舞蹈／岁时节令习俗舞蹈／人生礼仪舞蹈／宗教信仰舞蹈／生产习俗舞蹈／其他
	（六）传统戏剧	曲牌体制的戏曲剧种／板腔体制的戏曲剧种／曲牌板腔综合体制的戏曲剧种／少数民族的戏曲剧种／民间小戏剧种／傩及祭祀仪式性的戏曲剧种／傀儡戏曲剧种／其他
	（七）传统美术	绘画／雕塑／工艺／建筑
	（八）曲艺	说书／唱曲／谐谑／其他
科学价值	（九）传统技艺	民间手工技艺／工具和机械制作／农畜产品加工／烧造织染缝纫／金属工艺／编织扎制／髹漆／造纸／印刷和装帧／其他
	（十）传统医药	医药炮制技艺／制药方法／医药疗法／医药养生／其他

2.2.3 遗产价值传承度评价

2.2.3.1 评价标准

文化遗产的价值传承度实际上是对遗产的历史、文学、艺术、科学信息的保存度评价，真实性是其衡量的重要指标，真实性的变化程度直接反映了遗产价值信息的传承度。通过《威尼斯宪章》、《奈良文件》乃至《会安草案》等国际性文件中关于"真实性"内涵的解读，分别确定物质文化遗产与非物质文化遗产"真实性"的影响要素：物质文化遗产"真实性"的评价指标为"位置与场所"、"样式与形式"、"用途与功能"及"本质特性"，非物质文化遗产"真实性"的评价指标为"事件"、"时间"、"实物"及"场所"。

《会安草案》对物质文化遗产"真实性"各影响要素的内涵有明确的阐释。"位置与场所"是指遗产所处的地理位置、周边环境（地形、景致、生活要素）以及在场域中的地方感觉。"样式与形式"是指文化遗产在外观、结构、布局、材质、工艺等方面的表现。"用途与功能"是指文化遗产的使用效果，涉及实际用途、使用者、使用特征。"本质特性"实际上是一种无形的特征属性，涉及艺术表达、价值体现、精神感知、创造性过程等方面。

非物质文化遗产"真实性"的影响要素主要包含四个方面，分别是"事件"、"时间"、"实物"、"场所"。"事件"是指非物质文化遗产诸如民俗活动、表演艺术、传统知识和技能等的开展、传授与运用。"时间"是指非物质文化遗产"事件"运行的特殊的时间、时段、季节以及宽泛的时间。"实物"是指非物质文化遗产"事件"运行过程中使用到的特殊的器具、实物、手工制品等相关工具。"场所"是指非物质文化遗产"事件"运行所处的物质空间。

2.2.3.2 评价分级

本研究将遗产价值保存等级划分为"完全传承"、"大部分传承"、"部分传承"、"局部传承"和"消亡"五个等级，分别对应的量化标准化值为1.0、0.8、0.6、0.4、0（表2-7、表2-8）。

物质文化遗产价值传承度评价标准　　表2-7

价值传承度	标准化值	位置与场所	样式与形式	用途与功能	本质特性
完全传承	1.0	√	√	√	√
大部分传承	0.8	×	√	√	√
大部分传承	0.8	√	×	√	√
大部分传承	0.8	√	√	×	√
大部分传承	0.8	√	√	√	×
部分传承	0.6	√	√	×	×
部分传承	0.6	√	×	√	×
部分传承	0.6	√	×	×	√
部分传承	0.6	×	√	√	×
部分传承	0.6	×	√	×	√
部分传承	0.6	×	×	√	√
局部传承	0.4	√	×	×	×

续表

价值传承度	标准化值	位置与场所	样式与形式	用途与功能	本质特性
局部传承	0.4	×	√	×	×
局部传承	0.4	×	×	√	×
局部传承	0.4	×	×	×	√
消亡	0	×	×	×	×

注：√代表没有改变，×代表改变

非物质文化遗产价值传承度评价标准　　　　表 2-8

价值传承度	标准化值	事件	时间	实物	场所
完全传承	1.0	√	√	√	√
大部分传承	0.8	√	×	√	√
大部分传承	0.8	√	√	×	√
大部分传承	0.8	√	√	√	×
部分传承	0.6	√	×	×	√
部分传承	0.6	√	×	√	×
部分传承	0.6	√	√	×	×
部分传承	0.6	×	×	√	√
局部传承	0.4	√	×	×	×
局部传承	0.4	×	×	√	×
局部传承	0.4	×	×	×	√
消亡	0	×	×	×	×

注：√代表没有改变，×代表改变。对于没有特定"时间"、"场所"、"实物"限制的"事件"，则认为三者的"真实性"没有发生改变

完全传承：物质文化遗产价值的完全保存体现为"位置与场所"、"样式与形式"、"用途与功能"、"本质特性"四项指标的"真实性"的均好发展，即每一项的"真实性"没有异常变化。非物质文化遗产价值的完全保存则体现为"事件"、"时间"、"实物"、"场所"四项指标的"真实性"的均好发展。

大部分传承：物质文化遗产价值的大部分保存体现为四项指标中有任意三项指标的"真实性"保持良好。非物质文化遗产价值的大部分保存体现为四项指标中有任意三项的"真实性"保持良好，但在没有"事件"而只有"时间"、"实物"、"场所"的情况下，时间是没有意义的，所以应排除此种情况。

部分传承：物质文化遗产价值的部分保存体现为四项指标中任意两项指标的"真实性"保持良好。非物质文化遗产价值的部分保存体现为四项指标中任意两项指标的"真实性"保持良好，但"时间"与"实物"或"场所"的组合没有实际意义，所以应剔除"时间"与"实物"及"时间"与"场所"两种情况。

局部传承：物质文化遗产价值的局部保存体现为四项指标中任意一项指标的"真实性"保持良好。非物质文化遗产价值的局部保存体现为四项指标中的任意一项指标的"真实性"保持良好，但只有"时间"是没有意义的，所以应剔除此项。

消亡：文化遗产消亡是指各项指标反映的真实性均消失（消失是相对的，只是不足以表现各项指标的真实性内涵，同时消失并不意味着物体或是时间等概念的绝对消失）。

2.2.3.3 因子权重确定

为提高权重值的准确性，一方面，需采取德尔菲法获取专家对指标权重的评判；另一方面，需要利用层次分析对具有主观性的专家评判进行定量处理，从而提高决策结果的客观性和科学性。根据专家权重打分及 yaahp7.0 层次分析软件群众决策功能

计算出各指标层因子的权重,再依次均匀递分给具体评价的物质遗产项目或非物质遗产项目(表2-9)。

遗产价值传承度因子权重　　　　表2-9

遗产类型	遗产分类	价值传承
A:文化遗产价值传承度(1.0000)	B1:物质文化遗产(0.5750)	C1:历史价值(0.2502)
		C2:艺术价值(0.1936)
		C3:科学价值(0.1267)
	B2:非物质文化遗产(0.4250)	C4:历史价值(0.1587)
		C5:文学价值(0.0823)
		C6:艺术价值(0.1229)
		C7:科学价值(0.0656)

最后将把遗产价值传承度划分为三个等级,即:价值低度传承、价值中度传承、和价值深度传承。

2.2.3.4 评价结果

本研究以诸葛村为例,对其物质文化遗产价值传承及非物质文化遗产价值传承度分别进行了评价。诸葛村位于浙江省兰溪市,面积约2km²,是三国诸葛亮后裔聚居地,至今已有600多年历史,因其村落空间结构类似九宫八卦格局,故又称诸葛八卦村。诸葛村拥有优越的自然生态环境和厚重的文化底蕴,具有重要的历史文化价值。1994年,诸葛村开展文化旅游,并于1996年被国务院列为国家重点文物保护单位,对其物质文化遗产和非物质文化遗产予以整体保护。

依据前述评价方法,对诸葛村价值传承度因子集中所对应的具体的遗产项目进行逐个评价,鉴定其传承程度,赋予评价值(图2-3)。

根据各层因子评价定量值与其权重的比值计算得出其价值传承度。结果显示诸葛村价值传承度为0.8826;物质文化遗产价值传承度为0.8447,其中,历史价值、艺术价值、科学价值传承度分别为0.8169、0.9165、0.8003;非物质文化遗产的价值传承度为0.9197,其中,历史价值、文学价值、艺术价值、科学价值的传承度分别为0.9023、0.7023、1.0、1.0(表2-10)。

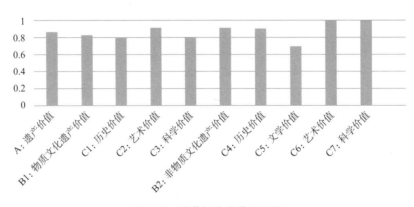

图2-3 诸葛村价值传承程度

诸葛村价值传承度评价等级　　　　表2-10

价值分类	遗产价值低度传承(0~0.6)	遗产价值中度传承(0.6~0.8)	遗产价值深度传承(0.8~1.0)
遗产价值			√
物质文化遗产价值			√
历史价值			√
艺术价值			√
科学价值			√
非物质文化遗产价值			√
历史价值			√
文学价值		√	
艺术价值			√
科学价值			√

根据价值传承评价分级可知，诸葛村价值传承处于深度传承；物质文化遗产价值处于深度传承，其中历史价值、艺术价值、科学价值都处于深度传承；非物质文化遗产价值处于深度传承，其中除文学价值处于中度传承外，历史价值、艺术价值与科学价值均处于深度传承。研究论证了以真实性的改变程度作为遗产价值传承程度的评价标准在理论上是科学的，并提供了一套定量计算遗产地价值传承度的方法论体系，据此一方面可以评估遗产地的价值传承状态，另一方面可为其未来发展指明方向。

2.3 遗产信息交互服务

遗产价值通过人与遗产的互动得以实现，或者说遗产价值实现的过程是一个向用户提供体验服务的过程。信息交互服务是以用户体验为基础，致力于高效的信息传递与管理的信息服务理论与方法，目前已引发多学科领域的关注。遗产信息的交互服务正是致力于探索对体验需求不断增强的时代背景下，遗产管理者如何更广泛与高效地提供个性化的遗产服务，最终实现遗产价值。下面从人类心理认知的视角将遗产信息整合递进的几种认知类型和层次，并尝试将其理论和方法应用于遗产个性化解说产品的开发和设计。

2.3.1 信息交互服务

2.3.1.1 信息交互服务的含义

信息交互服务是在体验经济的背景下，将交互设计的理念引入信息学而产生的信息服务理论与方法。所谓交互，是对象之间相互作用而导致彼此发生积极改变的过程。交互设计（interaction design）是指：设计支持人们日常工作与生活的交互式产品。这里交互式产品的概念涵盖了所有类别的交互式系统、技术、环境、工具、应用与设备。

伴随网络技术的快速发展、用户主动参与程度的不断提高；同时，技术的普及与快速更新使用户对内容互动性的需求越来越高，不再满足于传统的用户与服务之间简单按需响应的人机互动，因此强调用户体验的交互式信息服务得到大力提倡。

日常生活中的信息服务，体现为信息经由特定服务界面流向用户的过程。交互式的信息服务即是强调"信源、服务平台、用户"之间的相互作用、互动交流、即时反馈以实现更好的用户体验、更广泛的信息汇聚与交流的信息服务模式。

2.3.1.2 信息交互服务的特点

（1）信息交互服务的多边构成

信息交互服务不但包括信息源、服务界面与用户之间的交互，同时包括三者内部不同个体、相关方的交互（邓胜利，2008）（图2-4）。

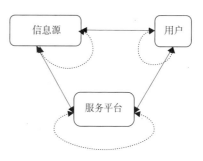

图2-4 信息交互服务的多边构成

第一层级是三大模块的网间交互。用户与信息源的交互包含了用户对信息的查找筛选、阅读、认知、反馈及补充完善。用户与服务平台的交互，包括服务平台对用户个体信息、偏好信息和需求反馈的认知，以及对用户信息需求的满足、个性化推荐等。服务平台与信息源的互动，则是对信息的加工处理使其面向用户的过程。

第二层级为三大模块的网内交互。信息资源之间的交互包含不同行业领域和空间位置的信息持有者之间进行的各层面信息的相互引用、评论交流。服务平台的交互是管理者对管理、服务及相关信息内容等的交流与共享。用户之间的交互则是他们之间对信息、服务平台认知的相互沟通。这种多层级、多边的交互极大程度上实现了信息资源在社会更大范围内的融合与流通。

（2）以体验为核心提供个性化信息产品

信息交互服务是一种能够广泛共融信息资源、关注用户体验，并以供应个性化的信息产品为其目标的信息服务方法与理念。服务平台与用户的互动为更好的发现并满足用户的需求、偏好提供了可能；加之平台之间的互动也为掌握用户的个性化需求奠定了基础。基于此，交互式的信息服务是可以实现不断的自我完善，从而完成适合不同用户群即时的、专门化的信息供应与推送，即实现个性化的信息服务。

2.3.1.3 信息交互服务应用于遗产解说的可行性

遗产解说服务究其根本是以遗产信息为产品的一种信息服务；是相关遗产信息通过适合的界面到达相应受众的过程。在这一过程中，遗产及其蕴藏的各类文化社会基因等充当着信源的角色，而游客、相关学者、兴趣爱好者乃至从文化传承的角度被认为有必要了解遗产信息的所有公众都可以成为遗产信息的用户。遗产管理者则是通过提供相应平台保证这一过程得以完成并不断改善的主体，即交互服务平台的支撑者。

遗产解说的提升依赖于如下三方面的优化：其一，广泛融合多渠道的信息来源，提升解说内容的完备性、系统性；其二，优化服务环境、手段，提升用户获取相关信息的绩效与体验品质，提升信息的接收度；其三，最大化解说的作用，发挥其在管理、保护、营销宣传及遗产教育等方面的作用。

因此，将信息交互服务的理念引入遗产解说与展示领域即旨在通过对遗产信息的梳理及其传递方式的优化，更好地实现遗产解说的目标。用户的需求是交互服务的核心，个性化的信息供应是交互服务的重要特色。故而信息交互服务在遗产旅游规划中的应用也体现在以旅游者体验需求为核心，通过构建个性化的信息解说产品体系，从而更好地服务于不同类型的旅游者。这要求首先对遗产信息资源进行整合，同时明晰旅游者对于信息的体验诉求，然后通过提供相应的解说产品与旅游者信息进行匹配，使其需求得以实现。

2.3.2 遗产信息运作机制

2.3.2.1 遗产信息内容与层级

遗产解说的信息从内容本身来看，包括以下几个方面：遗产自身属性信息，遗产及遗产地不同时空（历史时期、社会环境下）的状态信息，对相关建造技术、技能和实践的展示，对相关社会群体及其活动的展示，对其他文化关联的展示。综合遗产管理的目标，还应包括：遗产保护的技术手法、探索等信息；遗产管理中的具体制度、策略与理念等信息；用户对遗产认知及参与遗产保护过程中产生的相关信息（郭璇，2009）。

用户主体对于遗产信息的心理接收则是分层级的。在心理性信息系统的结构中，从感觉性信息、认知性信息、情感性信息、意向性信息到直觉性信息之间具有相互交织和层层递进的关系（杨文祥，2007）。每提升一个层次的过程都是对原层次信息机制所形成的信息资源的开发利用过程，也是原层次信息资源的价值实现过程。因此，获取高一层级信息的过程可以视为遗产信息沟通绩效提升的过程；反向观之，达到不同认知层面所需获得的信息内容反映出由浅入深的层级性，这将对个性化的遗产解说信息产品设计与推送具有重要意义（表2-11）。

遗产心理性信息系统的层级和内容　　表2-11

视角	信息层级	对遗产信息的接收
主体心理视角	感觉性信息	对遗产及其物理环境的感觉 对遗产社会文化、民风民俗的感觉
	认知性信息	对遗产形成过程的研究与知识性认知 对现行保护策略、保护技术、保护活动的认知 对遗产社会作用、影响等的知识性认知 对遗产存在意义的思想性认知与思考
	情感性信息	对遗产的独特记忆及情感 触景生情而引发的喜怒哀乐 娱乐游憩活动带来的喜悦等
	意向性信息	对遗产所产生的心理、行为等意向
	直觉性信息	对遗产会产生的直觉反应（思想、行为、情感等多方面）

2.3.2.2 信息涉入深度与服务目标

由上可知，人的信息加工过程具有鲜明的层次性，不同层面的认知过程形成不同层级的心理性信息，对应了信息认知机制中不同层面的信息。为描述游客游赏过程中对遗产各类信息与内涵的了解程度及与其产生共鸣的程度，在此引入"涉入深度"的概念。用以衡量用户对信息的获取过程中引起注意、接收理解信息、引发思考的程度。在此，将用户在遗产信息过程中的涉入深度分为浅层涉入、中度涉入、深度涉入三个等级（表 2-12）。

信息涉入深度与信息服务内容　　表 2-12

涉入深度	信息服务内容
浅层涉入	感觉性
中度涉入	感觉性、认知性、情感性
深度涉入	感觉性、认知性、情感性、意向性、直觉性

以此为依据，可以确定下一步用以满足用户不同程度的涉入深度所需提供的信息内容。在此对涉入深度与信息服务内容之间关系的讨论中，是以外部信息内容为主因素，将所有用户作为一个整体考虑，不考虑其内部个体之间差异。

2.3.3 交互式遗产解说设计

2.3.3.1 遗产信息标签构建

在此，以蜀冈-瘦西湖风景名胜区为例，探讨基于信息交互服务的解说系统设计的具体方法。根据《保护世界文化和自然遗产公约》的遗产价值评价标准，试对蜀冈-瘦西湖风景名胜区的整体价值进行归纳和阐释，确定其突出的价值主要表现在六大方面，进一步将其凝练为七类信息标签，即湖上园林、宗教文化、画舫文化、盐商文化、城市文化、生态环境、民俗技艺等。然后，依据价值属性及其相对的价值突出程度，试将七方面的价值划分为三个价值层次，即核心价值、重要价值和一般价值（表 2-13）。

遗产价值体系与信息标签　　表 2-13

价值层次	遗产价值内容	信息标签
核心价值	风景价值（审美、建造艺术及山水文化价值） 千年古寺、学院的宗教文化教育价值	湖上园林 宗教文化
重要价值	盛极一时的独特社交、生活形制 见证盛极一时的盐商文化的历史价值 见证了扬州城市跌宕起伏的历史发展	画舫文化 盐商文化 城市文化
一般价值	良好的生态人居环境的示范价值 盆景、雕刻等地方技艺的重要载体	生态环境 民俗技艺

2.3.3.2 遗产解说产品生成

通过上面的基于信息资源价值和信息用户感知两方面的分类和分析，可以推导出一个"九宫格"遗产解说产品体系。其中，九宫格的横轴代表信息用户也就是旅游者对信息不同深度的诉求；九宫格的纵轴代表遗产地信息所承载的文化的广度不断拓展。随着深度与广度的加强，最终形成九种不同类型的信息解说产品，产品编号如表 2-14 和图 2-5 所示。

九宫格解说产品体系编号表　　表 2-14

解说信息标签	浅层	中层	深层
湖上园林、宗教文化	C1D1	C1D2	C1D3
湖上园林、宗教文化、画舫文化、盐商文化、城市文化	C2D1	C2D2	C2D3
湖上园林、宗教文化、画舫文化、盐商文化、城市文化、生态环境、民俗技艺	C3D1	C3D2	C3D3

在此基础上，进一步将每种类型产品模块中所对应的诸多信息资源点的解说途径进行图示化，从而与景区空间信息对应起来，可以指导具体的解说点的设置，也同时为不同类型的游客群体提供个性化服务（图 2-6）。

在九宫格解说产品体系中，从广度拓展、深度加深及两者共同深入的三种发展趋势来看，分别形成了倾向于观光体验、休闲体验及认知体验的三类解说产品组合。他们是分别位于左下方、对角线和右上方的模块组合，左下方代表了面向观光体验的解说产品，对角线代表了面向休闲体验的解说产品，右上方代表了面向认知体验的解说产品。

（1）面向观光体验的解说产品

这类产品包括三个模块：C2D1 模块产品、C3D1 模块产品、C3D2 模块产品。这类解说产品组合的最大特点在于以较少的时间接触尽可能多的信息，因而出游方式一般更适合于团队型出游，解说产品的方式尽量为感觉性信息。浅层涉入的观光型游客，游赏游程的时间较短，接触信息的时间较少，适合于短期团队游；中层涉入的观光型游客，游赏游程的时间相对较宽松，接触信息的时间也会更多一些，适合于中长期的团队游。

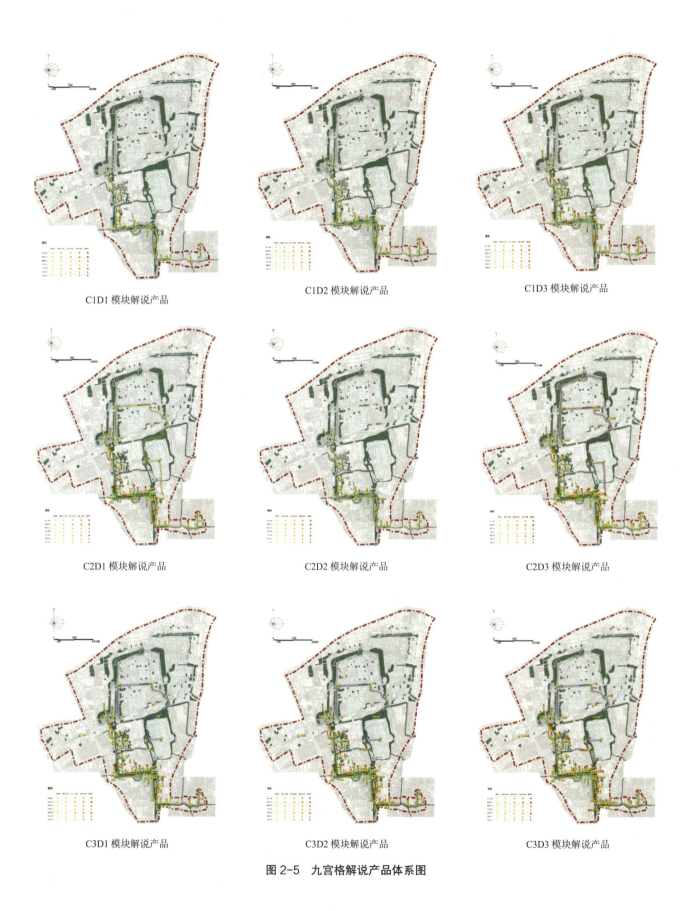

图 2-5　九宫格解说产品体系图

图2-6 面向不同体验的解说产品类型

（2）面向休闲体验的解说产品

这类产品包括三个模块：C1D1模块产品、C2D2模块产品、C3D3模块产品。此类解说产品组合的认知深度与广度以同等比例逐渐增加，因而比较适合实景交互中在游程与信息意识上均比较有弹性的游客，是部分团体与个体旅游者都能适合的产品。C1D1模块解说产品面向出游前准备计划较少、获取遗产信息的意识较为薄弱的浅层涉入游客，或者商务、会议为主要出游动机，游程安排较短的旅游者。C3D3模块解说产品主要面向有较强的信息意识且有充分的游前准备的某方面专家游客或资深的文化体验旅游者，涉入深度与总体游览时间均大大加强。C2D2模块产品在涉入深度、信息互动与游赏游程等方面均介于两者之间。

（3）面向认知体验的解说产品

这类产品包括三个产品模块：C1D2模块产品、C1D3模块产品、C2D3模块产品。该类解说产品组合适于希望在旅行中获取遗产知识信息，并明确信息获取的方向，且具备一定宽松游赏时间的游客。在实景交互中，这类解说往往针对有关专项方面的专业人员或考察团队，以及偏好于认知体验的个体旅游者。

可见，不同类型的遗产旅游主体对于信息的有效吸收过程，即是遗产不同层级价值的实现过程，针对遗产价值的相关旅游规划设计即是对信息多种体验方式的规划设计。遗产信息交互服务的理论和方法有望在今后更加深入和科学地指导遗产保护与规划实践。

2.4 遗产容量

2.4.1 旅游发展红线与旅游容量

十八届三中全会提出国土开发的生态红线，国家发改委提出主体功能区划，国土分三类开发：禁建区、适建区、限建区。旅游发展与这三类区均有关系，禁建区往往是最重要的旅游资源和旅游区，可游不可建或者不可建设与资源属性不相关的设施。

地域发展旅游，必要的游憩与服务设施是不可缺少的，修路盖房子必然要改造地形，砍树有时也是不可避免的，这样是否与禁建区政策违背，大量客流进入所产生的废物废水给地方生态环境保护带来了巨大压力，"山前风光秀丽、山后垃圾成堆"是过去一段时间很多旅游景区面临的普遍问题，旅游污染的累积就会导致旅游灾害的发生，旅游区生态系统的整体性衰退是所有人不愿看到的，风景与遗产是国家的财富，是国力的象征，所以资源保护也是旅游行业的责任，更是旅游规划的责任。

另一方面，旅游是国民的基本需求之一，是提升国民生活质量和综合素质的重要途径，所以政府通过多种途径发展旅游业是合理的，旅游在满足国民需求的同时也促进了旅游地经济发展和居民收入水平，但是另一方面随着旅游业的深度发展，旅游地自然生态环境与文化遗产保护压力不断增大，有些地方确实存在资源过度利用、生态衰退、文化异化、遗产受损等破坏性现象。出现这种现象的原因是多种的，归纳起来可以分为4类原因：旅游发展观念与思想错误、政府管理不力、法规不健全与有法不依、旅游规划设计误导等。中国旅游业发展一直是在摸索中前进，理论发展滞后于实践发展，对不同地域环境与资源特色地区如何发展旅游业缺少科学的系统的理论指导，缺少前瞻性研究，对旅游发展可能引发的多种效应缺少扎实的研究成果的支撑，使得很多旅游地旅游发展一开始就带有盲目性；不同专业背景的旅游规划师对旅游发展的认识也不相同，规划设计技术与方法手段也不相同，在旅游规划设计市场全面放开的形式下，对于同一旅游地，不同专业背景的规划师会给予完全不同甚至相反的思路与方案，谁对谁错？谁的方案实施后负面效应大谁的负面效应小？等等，在当今中国以生态文明为主旋律、新型城镇化为主动力的战略机遇期，中国的旅游发展需要全面、深刻的总结，旅游规划需要建立多层次的标准规范来约束旅游规划师的思想与行为，在强调旅游发展模式创新的同时要规范旅游规划的行为，明确旅游发展的责任，界定旅游发展的红线。

2.4.1.1　生态安全红线

生态安全是地方发展的前提，旅游作为地方发展的动力，同样不能以地方生态衰退甚至生态破坏为代价，从国家战略角度划定国土开发的生态红线，明确禁建区、限建区、适建区红线，地方旅游发展的资源基础多数是在禁建区红线内，所以禁建区内旅游设施建设与发展红线的界定尤为重要，一方面对接国家战略，另一方面要适应地方生态环境保护的需要。生态系统的弹性理论为生态安全与地方发展矛盾的解决提供了新的思路。生态红线包括地域上的禁建区红线和生态容量的数字指标红线。

2.4.1.2　遗产安全红线

无论是自然遗产还是文化遗产均是在漫长的历史过程中逐步形成的，遗产资源是地方旅游发展的核心竞争力资源，遗产安全是旅游发展的前提，遗产保护在保护法及其相关法律中均有明确规定，紫线是遗产保护的法定界线，遗产资源的有限利用也是遗产保护的规定性条款，旅游是遗产资源利用最普遍的一种形式，与旅游相关的安全问题主要是不适宜的旅游设施布局与建设、不合理的资源利用方式与旅游活动、超载的游客量与文物磨损、商业化、庸俗化与文化异化、旅游污染引发的环境问题等；遗产安全红线包括不同等级保护范围内旅游设施布局与建设规模红线、遗产地禁止发展业态红线、游客行为与流量规模红线等。

2.4.1.3　游客安全红线

游客生命安全是旅游区持续发展的基本保障，影响生命安全的因素有社会治安、设施设备隐患、突发事件、自然灾害、交通隐患、景区活动隐患等，有些超越了旅游规划的责任，有些与旅游规划密切相关，旅游规划必须对旅游景区可能存在的安全隐患做出充分的评估，对气候、水文、地质等自然灾害多发地区必须列入规划内容中，作为旅游项目布局规划的重要依据，并提出相应的对策，如游步道安全规划设计、特殊活动的安全设计、灾害事件的预防、服务管理设施的科学合理布局等。游客安全红线包括自然灾害区红线、特殊活动安全管理红线、游人行为与规模红线等。

2.4.1.4　体验质量红线

旅游本身是人类精神文化与健康需求的产物，无论是观光活动还是旅行游憩活动，均是异地行为，通过异地资源与环境满足人类更高层次的需求，旅游体验质量是旅游区资源环境保护、游憩活动多样性与服务管理效率的综合指标。人山人海不应是旅游区追求的目标，高质量的游憩体验才是旅游区保持永久魅力的前提，高品质的环境、合理的游人规模、有效的体验服务与科学的管理是影响体验质量的4个要素，其中适宜的游人密度与游人量是体验质量的基本红线。

上述4条红线从概念上转化为具体可操作的方法与技术，其中一条基本的共同点都是与容量密切相关，游人容量一般包括生态容量、空间容量、心理容量与设施容量，但从中国目前旅游景区旅游发展现状来看，还需增加一个安全容量——旅游景区不考虑体验质量情况下保障游客安全的最大承受量。一个旅游区多少游人是合理的，向来说法不一，实际上游人容量是一个动态的、弹性的指标，游人容量与游人规模是两个不同概念，游人容量是旅游地适宜接待的游客量，游人规模是实际来的游客量，两者可能一致也可能不一致。在实际比较、匹配中，必须对游人容量进行细分，生态安全、遗产安全是基础，体验质量是追求，空间容量是载体，对空间容量的有效调控可以实现双赢目标，动态监测与智能管理是有效调控的保证。在旅游高峰期，体验质量居于次要地位，游客安全上升为首要管理任务，景区最大极限容量是游客安全保障的底线。

容量大小还与旅游资源保护利用价值观密切相关，对于自然生态型旅游资源，其利用目标就是提供自然原野体验，而不是享受体验，旅游生活方式就是要适应生态要求，以简单、健康、零排放为准则，而不应是大吃大喝享乐型的生活方式，这就是资源利用价值观。不同价值观取向，利用方式、管理方式与资源保护压力就完全不同。旅游规划必须对此作出明确界定，不同类型旅游地规定不同的资源消费模式。

旅游业的核心是旅游产品，产品设计是需要创意的，如同农产品、工业产品一样，产品一旦同游客消费关联，就必须制定相应的产品质量标准，保障游客体验质量。当代中国的旅游产品从类型上可以分地域型、专业性、大众型等，其中地域型是基础，如山岳、森林、海滨、游艇、温泉等属于地域型，每一类地域均有相应的游憩与旅游标准，同一地域型可以包括专业型、大众型旅游产品，度假、养生等属于专业体验型消费产品，1日游、2日游等观光产品属于大众消费型产品，是一种快餐式消费，每一类产品均应在红线约束下制定适应性标准来约束相关旅游开发建设行为与旅游消费行为。不同类旅游产品标准有共性也要保持个性，旅游产品标准除了服务标准外必须突出其技术标准、环境标准、容量标准、设施标准、活动及其类型标准、体验质量标准等。对每一项游憩活动都应建立相应的技术与环境标准。

旅游规划创新分理论创新、概念创新、方法创新、技术创新等，创新的参照系是世界的、全球的，以世界各国旅游发展成功经验与理论研究成果为参照系，来评判旅游规划的创新性，这样对旅游规划师的要求就比较高，但是要使中国旅游规划能够真正发挥引领中国旅游业健康发展，我们又必须走出这一步，只要国家文化旅游部、自然资源部能够下决心做这件事也是不难的，首先对世界上不同地域类型的旅游发展成功案例进行总结，建立旅游规划与实践参照标准库，其次建立动态跟踪机制，使中国旅游发展与规划实践同世界的同步性，及时掌握世界旅游规划理论与实践最新经验，来提升本土旅游规划师的业务水平与世界视野，第三建立对中国本土旅游规划与实践经验的评估体系、标准体系，健全旅游规划法律法规与管理体系，深化完善中国旅游规划的科学技术标准与规范。

旅游业发展涉及很多相关资源，很多资源均由自己的保护标准，如何与这些标准协调？直接影响旅游规划的可实施性。实际上，旅游是资源利用的一种方式，遗产旅游是遗产资源的一种利用方式，遗产保护是基础，遗产旅游要在保护分区基础上根据不同分区的保护要求提出适应性的旅游利用方式，这种利用方式既要服从保护标准又要满足旅游者的期望，提供高品质的体验质量，制定相应的体验质量标准，两个标准共同促进和制约遗产地旅游的发展。所以旅游规划要形成自己的标准规范体系，与不同地域型、专业型、大众型旅游目的地相匹配，在众多已经形成的专业标准规范体系中有自己独立的标准规范，共同推动旅游目的地的持续发展。

总之，旅游规划的创意同旅游规划标准与规范是不矛盾的，创意是旅游产品的研发过程，这个过程需要智慧，强调创新创造，引领市场，旅游产品的使用与消费过程需要标准与规范来制约，需要保护旅游区本土的生态安全、遗产安全和高质量的游憩体验，同时也需要实现良好的经济效益和社会效益。

2.4.2 极限容量与舒适容量

2.4.2.1 容量内涵

极限容量是指遗产地物理空间可接受的保障游客基本安全的最大游客数量，是高峰日遗产地最大可接受的游客数量。通常以人均最小使用面积进行估算。

舒适容量是正常情况下遗产地物理空间可接受的保障游憩体验质量的游客数量，也是在生态安全、遗产安全前提下同时能满足游客体验质量需求的游客数量。通常以人均合理使用面积进行估算。

极限容量与舒适容量表现为瞬时容量、日流量两种可能，对应极限容量包括瞬时极限容量、日极限容量，对应舒适容量包括瞬时舒适容量、日舒适流量。

与物理空间容量密切相关的容量是设施容量，包括住宿、餐饮、停车、交通等，物理空间的超载通常表现为住宿紧张、停车困难、排队等待时间漫长等。

生态容量、社会心理容量是物理容量与设施容量的基础，生态容量是在生态安全前提下允许资源的有限利用量，社会心理容量是在体验质量得到保证前提下可以接纳的游客量，物理空间的舒适容量与社会心理容量是一致的。

2.4.2.2 容量的弹性

容量具有双重性：刚性与弹性，物理空间与设施规模是刚性的，适宜接待量也是刚性的，但生态与心理是弹性的，心理容量因人、因时、因事、因天气而不同，生态系统是弹性的，管理维护水平与游客行为直接影响生态容量的大小，遗产地管理目标直接影响容量的大小，只要生态管理与游客体验质量主要指标达到预定的要求，容量即是合理的。可接受的改变限度（LAC）即是容量管理的有效模式之一（表2-15）。

基于动态监测的遗产资源管理模式 表2-15

可接受的改变限度（LAC）	游客影响管理（VIM）	游客体验和资源保护（VERP）
1. 鉴定/确定（identify）区域的概念和问题	1. 预先评估历史数据	1. 组建一个多学科组成的项目队伍
2. 定义和描述机会的等级	2. 回顾管理目标	2. 建立公众参与战略
3. 选择资源和社会状况指标	3. 选择核心的影响指标	3. 为公园主要目标、意义和主要的解释专题建立书面文件
4. 资源和社会状况目录	4. 为核心指标选择标准	4. 分析公园资源和游客使用现状
5. 资源和社会指标的标准具体化	5. 比较标准与现状	5. 描述游客体验和资源状况的潜在范围
6. 鉴定可选择机会的等级分配	6. 鉴定可能引起的影响	6. 把潜在的区域分配到具体位置
7. 鉴定每个可选择机会的管理行为	7. 确定管理策略	7. 为每个区域选择指标和具体目标，建立监测规划
8. 评价并选择一个可行方案	8. 实施	8. 监测资源和社会指标
9. 方案实施和监测		9. 采取管理行为

根据 Roger L.Moore and B.L.Driver.2005. Introduction to Outdoor Recreation-Providing and Managing Natural Resource Based Opportunities 整理。

2.4.3 超载与客流分层调控

中国庞大的人口基数与休假日制度直接导致遗产地游客量变化的"潮汐"现象，淡旺季明显，高峰日超载现象非常突出，由此导致的遗产保护压力很大。对遗产地客流量的调控是一个系统工程，至少要从四个层次进行调控：家、区域、景区、场地。

遗产地客流管理的起点是"家"的层面。每个人每个家庭出游之前都有目标指向，遗产地与家庭之间的互动可以及时有效地影响、引导游客去遗产地的时间和路线，从而达到从原点开始调控客流量，这个过程通常称之为"预定"。

遗产旅游调控的第二个层次是以遗产地为中心的旅游区域。这个区域是遗产地的辐射圈，也是在遗产地旅游发展影响下带动发展起来的区域，我们称之为遗产"势力圈"，在势力圈内各具特色的景区、景点客观上扩展了遗产地旅游空间，扩大了遗产地旅游容量。从区域层面调控客流的时间、空间分布是遗产地客流管理的关键环节，也是遗产地带动区域发展的重要链条。

遗产地客流调控是第三个层次。高峰期、高峰日客流调控是遗产地客流调控的主要任务，以游客时空分流导航管理为核心内容的智慧景区建设是目前比较前沿的管理理念和技术，在九寨沟景区率先研发取得了一定的成效，全国很多景区也在积极推行之中。遗产地客流超载现象主要有三个特征：一是短时超载，主要表现在高峰日和高峰时；二是局地超载，景点比较集中的游线客流超载，其他游线正常甚至冷清；三是总量超载，遗产地游憩空间的有限性在一定时间内只能容纳下一定数量的客流量，所以遗产地客流调控主要是针对这三种类型的调控。

场地游憩量调控是第四个层次，各类游憩活动场地如营地、野餐地、垂钓等，这些场地体验质量是第一位的，面积是有限的，使用数量的限制是管理的重要目标，目前国际上比较通行的做法就是预订，如黄石公园露营地的使用一般要提前半年到一年预订。中国遗产地要实现科学保护和有效管理，建立发达的预订系统是必然的选择。

2.5 遗产势力圈

2.5.1 遗产地边界

2.5.1.1 风景名胜区边界

风景名胜区边界是"风景名胜区"与"非风景名胜区"的分界，其意义在于管理，包括3个层面：资源保护层面（主要由资源的重要性决定）、管理权限层面（区别于用地权属，主要受到城市发展和社会经济的影响）、人类行为控制层面（可进入性的强弱），边界划定成果是明确的"线"（图2-7）。

2.5.1.2 风景名胜区边缘地带

风景名胜区边缘地带在概念上具有双重性，即风景区边界内的边缘地带与风景区边界外的边缘地带，前者是风景名胜区法定地域的组成部分，后者是风景名胜区边界外控制范围，具有一定宽度，用地性质相对比较复杂。

2.5.1.3 风景名胜区势力圈

风景名胜区势力圈边界、边缘地带以风景名胜区"本体"作为研究对象，强调风景名胜区的保护和发展。风景名胜区势力圈则以风景区和周边地区的"互动"作为研究对象，强调以风景区价值为核心的区域发展（表2-16，图2-8）。

2.5.2 遗产影响力

根据《黄山风景名胜区总体规划（2007—2025）》，黄山风景名胜区面积160.6km^2，具体边界：新岭头起，沿山脊从青山岗直下石子源到寨西桥，从寨西经汤口—苦竹溪—山岔—乌泥关—北关桥—白亭—布水峰—槛窗峰—火龙尖—夫子峰—采石峰，从黄龙摆尾过河到二龙桥（这一段以东北坡山脚为界），再从二龙桥经芙蓉亭—小洋湖—大洋湖—竹溪—翠微寺（这一段以人行道为界），经翼然桥过青牛溪越官山岗，过"三道河"经贯顶山—石屋—小岭脚，穿过河流经外远屋—箬帽尖—来龙岗—罗丝亭至新岭头为止。

黄山风景名胜区缓冲区范围包括与黄山风景名胜区相邻的五镇一场，即黄山区汤口镇、谭家桥镇、三口镇、耿城镇、焦村镇和洋湖林场，以上述五镇一场的行政边界为界，总面积约为490km^2。

黄山风景名胜区是世界文化与自然遗产，对区域发展有着多样的作用力，具体来看，可以分为经济作用力、社会作用力、生态作用力、文化作用力几个方面。

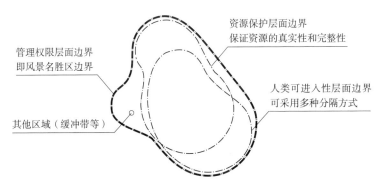

图2-7 风景名胜区边界概念阐释

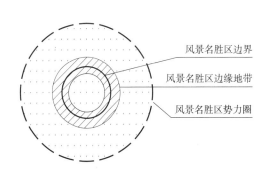

图2-8 风景名胜区边界、边缘地带、势力圈关系

边界、边缘地带、势力圈比较　　　　表2-16

项目	风景名胜区边界	风景名胜区边缘地带	风景名胜区势力圈
概念	风景名胜区与非风景名胜区的分界	总体规划中的控制范围；中心区与外围的过渡地带	风景名胜区在一定区域范围内的影响力辐射范围
意义	明确管理权限，保护风景名胜区的核心价值	通过协调、修复和控制地区生产、生态、生活，整体发展	明确风景区辐射的规律和范围，带动区域可持续发展
特征	真实性、完整性，开展各项工作的管理范围线（理想化）	边缘生态、边缘景观、边缘经济、边缘社会、边缘管理（现实化）	生态、经济、社会、文化、旅游等多重含义（动态化）
成果	线	带状的面	开放界限的面

2.5.2.1 经济作用力

黄山风景名胜区是皖南地区的形象代表和综合辐射中心，是浙、皖、赣旅游链的重要一环，与多个省内外景区组成相互联系的旅游网络，拉动了区域经济发展。

分解要素：旅游线路

划分方法：统计划分，通过文献资料检索和各旅游局网站，确定主要的旅游线路和影响范围。线路的安排往往与景区知名度和交通可达性相关。

2.5.2.2 社会作用力

黄山风景名胜区资源可以让当地社区受益，基础设施建设提高了当地居民的生活水平，作为旅游接待带来直接的经济效益。

分解要素：黄山游客入住地

划分方法：统计划分，统计黄山游客在黄山风景区周边村镇的入住地，可以参照旅行团/散客住宿和行程安排。

2.5.2.3 生态作用力

黄山风景名胜区可以在区域范围内起到气候调节和保护生态安全的功能。生态势力圈范围的划分，一要考虑生态过程和地质地貌的完整性，二要考虑干扰对生态势力范围的弱化作用。

分解要素：植被、地貌、流域水系

划分方法：同质划分，查阅黄山风景区所属地带类型，通过遥感图修正范围。

2.5.2.4 文化作用力

黄山风景名胜区属徽派文化，包括新安理学、新安医学、新安画派、徽派盆景、徽墨歙砚、徽派建筑、徽雕、徽刻、徽剧、徽菜等独具地方特色的文化流派。

就黄山风景名胜区而言，作为黄山画派的发祥地，在中国山水画的发展历史过程中具有重要地位和作用；文化资源包括摩崖石刻和历史建筑等，对建筑艺术产生过很大影响。

分解要素：徽商、徽派建筑、徽文化要素

划分方法：一是从文化起源，以古徽州为中心留存的古迹和文物的统计数据作为判断依据；二是从文化传播，徽派建筑的地理分布，统计以徽派为风格的文物保护单位、民居群落和重要公共建筑的分布情况。

2.5.3 遗产势力圈

2.5.3.1 经济势力圈

根据黄山旅游网：①黄山千岛湖风光、徽文化五日游（包括黄山、翡翠谷、宏村、潜口民宅、屯溪老街、千岛湖）；②翡翠谷、西递宏村、黄山四日游；③皖南风情徽州文化四日游（包括胡氏宗祠、水解、灵山庵、棠樾牌坊群、女祠和鲍家花园、潜口民宅、花山谜窟、屯溪老街）；④婺源、古徽州三日游；⑤黄山、西海大峡谷、情人谷二日游。

根据浙江省旅游局网站，途经黄山的旅游线路包括：①杭州、千岛湖、黄山六日游；②黄州、黄山、南京、上海六日游；③千岛湖、黄山四日游。

根据湖北省旅游局网站：①黄山、翡翠谷、九龙瀑、景德镇四日游；②黄山、翡翠谷、九龙瀑动车三日游。

主要交通：京台高速公路、沪渝高速公路、杭瑞高速公路、黄山机场、铁路。

2.5.3.2 社会势力圈

黄山风景名胜区主要的旅游服务基地在屯溪和甘棠镇，二级旅游服务基地有汤口、谭家桥、焦村，其他服务点多处。

2.5.3.3 生态势力圈

黄山风景区属亚热带季风气候，按照1980年中国植被区划，属于北亚热带常绿、落叶阔叶混交林地带，是新安江-钱塘江流域的源头之一。

2.5.3.4 文化势力圈

徽州，作为一个地域的名称，有着悠久的历史。其前身经历了从"三天子都"——"蛮夷"之地——属吴、越、楚——秦置黟歙——新都郡——新安郡——歙州的漫长过程。宋徽宗宣和三年（公元1121年）改歙州为徽州。在此后的866年中，徽州的名称一直沿用，直至1987年国务院批准成立地级黄山市为止。现在我们讲的徽州（徽文化的徽州），其地域包括：黄山市的歙县、黟县、休宁县、祁门县、屯溪区、徽州区和黄山风景区；宣城地区的绩溪县和江西的婺源县。

徽文化涵盖范围广，在划分文化势力圈时选取典型徽派建筑或历史村落、文物保护单位作为统计对象、核验范围，再加上江西婺源的范围。

2.6 遗产社区可持续性

原生社区的家园价值是在一定的人地关系实践中呈现的，是遗产地价值的重要组成部分，人地关系的实践对原生社区起到支持和联结双重作用。风景遗产地原生社区持续性评价是对原生社区家园价值的存在状态与存续能力的评价；这一评价基于对原生社区资源利用的考察进行；评价围绕原生社区的家园价值，需要解答两个问题：其一，价值的存在，通过对原生社区人地关系实践的调查，明确家园价值在相关物质实践中的存在与表达，据此建立评价框架与指标体系；其二，价值的演变，对社区家园价值的存在状况进行纵向比较与综合评价，可获取社区持续性评价的结论。这一结论表征社区家园价值在研究时间范围内的演变，同时亦讨论这一价值在现实的社会发展中的固有的演变趋势及其利弊。

2.6.1 社区家园价值

2.6.1.1 社区持续性意义

持续性评价在于研究事物或事件的存续能力与程度，存续的评判标准涉及对象的根本属性或关键价值的确定，需要首先明确内容与视角，也即明确原生社区持续性的意义。

在遗产语境中原生社区的价值渐受重视，原生社区的关键价值是参与构成遗产地整体人文生态系统，可认为社区具有"家园价值"。在这一价值取向的指导下，社区如果保持和优化自身家园价值，其持续性就得到确认。简明地说，风景遗产地原生社区的持续性指原生社区在与遗产地环境发生关系的过程中（人地关系实践）实现的家园价值的存续和良性发展，需要注意家园价值实际是在社区与环境的互动中发生的。而遗产地环境这一名称，对原生社区而言，即是故土或家园，社区原住民的个体和群体与故土相互作用，实现了双重效果：

其一，社区从故土获得生存和发展的支持。物质、能量和信息都是这种支持可能发生的形式，其中物质方面长期受乡村研究的广泛关注，近代（乡村手工业破产之前）及之前历史的研究中有大量表明这一支持占比之大的记录（费孝通，2007；黄宗智，2010）。学者的普遍认识是，农业和家庭手工业的支持给予农民一种十分"固执"的安全感，也使土地变得不同于其他任何财产（孟德拉斯，2010）。这些思想和感情自然不是单纯地来源于物质的保障，但故土环境的整体作用因此无疑参与构成原生社区所认知的故土价值。

其二，社区对故土的多种利用实践提供了一种联结（binding）作用，其体现在个人与土地、个人与个人、个人与团体、团体与团体之间。这种联结包括了劳作的责任、围绕生产劳动而发生的社会义务，基于这一劳动而构建的社会格局等等。不过，这一联结因是围绕生产实践而发生的，故不能包含整个乡村社会关系，因为后者在生产性的、必要性的社会联结之外，还存在文化的偶然性。

因而，原生社区在故土的资源利用实践使个体和群体得到多样的支持并获取多重的联结体验，这即是家园价值的基本内容。社区的人地关系实践也可以由此定义为原住民通过资源利用（也包括基于其上的社会关系构建）而实现支持和联结的过程。因此，原生社区持续性评价需要首先对这一以支持和联结作用为主线而发生的人地关系实践的价值进行具体化。对社区资源利用实践的考察、记录和分析是把握社区的人地关系实践、明确其价值的存在状态、进而评价社区持续性的基础。

2.6.1.2 家园价值的具体化

本书所指的原生社区是风景遗产地域内仍实践传统人地关系的个人、家庭及其他团体在一定地域单元内组成的群体。故而原生社区的生活基础仍未被旅游发展改变。原生社区是一种定居农耕社区，这也是中国风景遗产地原生社区最普遍的形式。

原生社区的家园价值是一种在人地关系实践基础上表达的整体人文价值，并不是乡村社区价值体系的全部。通过文献研究和田野调查来明晰原生社区家园价值存在于四个方面，分别简称为存在支持（V1）、存在塑造（V2）、制度基础（V3）和情感信仰（V4），其具体性质和表现如下：

V1 存在支持

原住民通过人地关系实践，从故土获取物质、能源和经济等生存必需的支持，原生社区的个体和群体获取的生存支持的绝大多数仍来自故土。

V2 存在塑造

人地关系实践的过程作为存在的规范，塑造着社区的个体和群体：为了从故土获取上述庞大的支持，人的生产劳作必占个体生命经验的很大比重，从而发生一种协调土地的节律和个体的生命脉动的机制，可以说人与地的直接和紧密的交流同时归顺了二者，建立了直接支持生命延续的联系。

V3 制度基础

故土的规范具有稳定和联结价值。社会联结发生于共同的人地关系实践之中，是其整个社会结构的基础，这一社会结构的运作构成了当地乡土制度的主体，具体地表现为劳作节律、交往礼仪、缺位补替和资源调节等等。这种制度既源于社区农作的业态，亦来自其本身偏僻的区位，终于实现了社区"三年无改于父之道"的缓滞的发展节奏——社会联结部分的许多细节，如互助合作限定劳作节律，"写地"代耕及户间互通有无等，都是乡土制度对变化的缓冲和消化能力的体现，传统农村社区由此获得稳定性。人地关系实践通过联结社会单元，决定共同利益和基本行为规范，保证了社区整体存在的稳定性。

V4 情感信仰

家园的支持、塑造与联结作用共同营造了一种"土地恋"式的情感和信仰。土地恋是一种有物质基础和确实组分的思想情感，一般可以认为有两个来源：其一，对故土的信赖，由于故土提供原生社区的生存基础，农业与其他产业相比，又有稳定和不大可能完全破产的特质（费孝通，戴可景，2010；王会，2011），这种信赖是自然而然的；其二，对故土的责任感，人地关系实践中包含大量劳作，这不仅限定和规范人生的节律，也很容易上升为一种价值观和道德自觉，且劳作投入和产出获取有直接联系，带来人对劳动成果和劳作本身同等的认可（孟德拉斯，2010），这一认可往往超过工业社会中拿工资的工人的体验。从而，人地关系实践在人生经验中极重要和显著的存在，使原住民倾向于对故土发生无限的信赖和责任感，以至上升为认同感，因而土地恋至少是信赖、责任和其共同作用产生的认同的混合。原生社区通过人地关系实践体验到对故土的信赖、责任和认同，进而获得了一种支持其世界观的信仰。

2.6.2 社区可持续性框架

遗产原生社区可持续性评价包括主体评价和辅助评价两方面。主体评价依据家园价值的四分体现（存在支持、存在塑造、制度基础及情感信仰）建立评价体系，包括三个层面：价值维度、指标及相关数据。辅助评价为一级平行指标体系，见表2-17，表2-18。

社区可持续性主体评价框架　　表2-17

价值维度		指标		相关数据	
编号	名称	编号	名称	编号	名称
V1	存在支持	Ⅰ	物质支持	A	本地既有物质支持率
				B	本地年物质支持率
		Ⅱ	能源支持	C	本地年能源支持率
		Ⅲ	经济支持	D	直接农业支持率
				E	农业收入支持率
V2	存在塑造	Ⅰ	农业劳作	H	21~40岁人口务农经验
				I	农作年劳作量
		Ⅱ	社会接触	G	21~40岁人口在地比率
				J	比邻互助
		Ⅲ	家庭结构	K	Ⅲ类家庭占比
V3	制度基础	Ⅰ	劳作交往	G	21~40岁人口在地比率
				H	21~40岁人口务农经验
				I	农作年劳作量
		Ⅱ	行为情感	F	行为情感
		Ⅲ	社会结构	J	比邻互助
				K	Ⅲ类家庭占比
V4	情感信仰	Ⅰ	生存支持	A	本地既有物质支持率
				B	本地年物质支持率
				C	本地年能源支持率
		Ⅱ	发展支持	D	直接农业支持率
				E	农业收入支持率
		Ⅲ	行为情感	F	行为情感

社区可持续性辅助评价框架			表 2-18
家园价值视角的指标系列		物质增长视角的指标系列	
编号	名称	编号	名称
A	本地既有物质支持率	a	既有物质支持总量
B	本地年物质支持率	b	年物质支持总量
C	本地年能源支持率	c	年能源支持总量
D	直接农业支持率	d	收支平衡
E	农业收入支持率	e	经济支持总量
F	行为情感	f	发展支持
G	21～40岁人口在地比率	g	人口
H	21～40岁人口务农经验	h	平均受教育年限
I	农作年劳作量	i	单位农作效率
J	比邻互助	j	互助扶持
K	Ⅲ类家庭占比	k	Ⅲ类家庭占比

主体评价中的数据层和辅助评价中的一级平行指标均需要标准化。本书均以 2004 年为参照状态，各项指标均取状态值为 1；家园价值视角指标和物质增长视角指标均为以 2004 年作参照的 10 年后终值。指标 F 行为情感与指标 J 比邻互助/j 互助扶持的值来自调查的判断总结，没有数据计算，其余指标均通过计算定值，并使用等权重法，各层项的综合值等于其下层各项的平均值。

2.6.3 可持续性评价结果

2.6.3.1 主体评价表征

通过指标计算，可以获得各价值维度和家园价值总体在 2013 年的标准化数值（表 2-19）。这一系列值中的大部分明显小于 1，已体现出家园价值的总体退失。故而中桶坝总体显示出非持续性。

主体评价指标值和综合值					表 2-19
家园价值			0.738492		
V1 存在支持		0.82237	V2 存在塑造		0.565514
Ⅰ物质支持	Ⅱ能源支持	Ⅲ经济支持	Ⅰ农业劳作	Ⅱ社会接触	Ⅲ家庭结构
0.909333423	0.9997	0.558075	0.521552	0.593171	0.581818
V3 制度基础		0.733575	V4 情感信仰		0.83251
Ⅰ劳作交往	Ⅱ行为情感	Ⅲ社会结构	Ⅰ生存支持	Ⅱ发展支持	Ⅲ行为情感
0.409815864	1	0.790909	0.939456	0.558075	1

继而绘制主体评价的 amb 图，四个价值维度各占有三条相邻的放射轴。V4 情感信仰的退失程度最小，V2 存在塑造的弱化最为明显。情感信仰价值是以对故土的生存依赖作为基础，又以基于其上而发生的非物质依赖进行表达。由于物质与精神表达的变化普遍具有非共时性，故 V4 中又尤以行为情感一项保持最好，V3 制度基础价值也有类似变化，以下基于主体评价的 amb 图和前文对各项指标与数据的解读，对其演变和发展趋势作出分析（图 2-9）。

（1）存在支持价值相对弱化

家园价值首先在于生存支持的供给，10 年中，在支持绝对量增长的同时，其对社区实际支持率却在降低。生存支持盈余的变现，使这一支持结构发

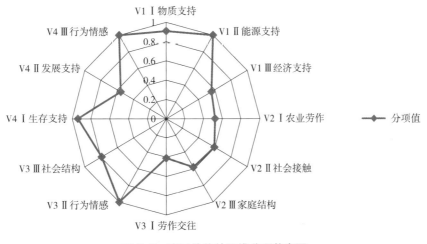

图 2-9 家园价值的四维分项状态图

生改变：一方面，农业产出变现带来显著的货币衡量下支持率的"缩水"现象；另一方面，来自外界的支持，如政策补贴与福利保障，增长均更快，准确地说是从无到有。两方面原因使故土的支持在乡村发展的背景下，其增长部分变得很"笨拙"，可以认为其原因在于自给自足的状态有着十分有限的边际，超出这一边际的增长不会继续强化故土的存在支持价值。

(2) 存在塑造价值显著减弱

存在塑造价值是与人地联结的发生和存在程度直接相关的，10年的发展引入了绿色革命，生产劳动的负担减轻；受教育和外出务工的机会增多，使更多的个体离地，中年和青年人群更少地参与围绕生产活动建立的人地联结，这两方面共同表明了人地关系实践在生命经验中所占份额的减少，故土对人格和群体心理（cast of mind）塑造的机会也随之减少。此外，农作的"现代化"，在中桶坝虽然仍很局限，但带来了陌生的知识，这一点在传统农业背景下十分重要：当地的农耕在过去意味着一个传统的知识体系，现在这一知识体系则不再能自足了，生物科技的成果不能像学习育秧一般在下一个10年被内化为传统知识。社会接触的减弱和家庭结构的单薄化产生于同样的"离地"原因，导致个体更少经验传统生活，从而削弱社区的存在塑造价值。

(3) 制度基础价值的此消彼长

人地关系实践所需的乡土制度实现原生社区的稳定性和内部联结。在这一方面，比较10年的发展变化所获得的信息似乎指向不同的方向：一方面，由于技术改进，农作和相关生产劳动简化，曾经的一些需要在社区层面或户间协调规范的领域消失了（如简易拦河坝和竹制引水灌溉系统的维修），从而消除了一些由乡土制度规范的劳作交往，并削弱了社区组成（社会结构弱化）；另一方面，由于更多人离地，乡土制度中一些原本隐含的潜力被调动起来，在新的领域发挥联结和稳定社区的功能，如代耕。故而，一方面人的离地减弱了社会联系节点，技术进步消除了部分社会生产合作，使社会关系本身减弱；另一方面这对于乡土制度作为"危机"而存在的现象，似乎激发了制度的"防御机制"，给予了制度通过调节社区资源而维持社区稳定，进而"展示"自身价值的机会。

(4) 情感信仰价值的可能退失

家园的情感信仰价值至少存在信赖、责任和认同三方面。就信赖而言，对生存支持与发展支持指标的考察，指出发展一方面带来了社区获取支持的增多，另一方面带来了增长中许多令人迷惑的方面，如"旱涝保收"的农林补贴和低保，非土地供给的经济支持超过了土地的供给，然而在这部分补贴之外，任何其他的经济来源仍然伴随着极大的辛劳和并不对等的收入。对于原住民而言，土地的局限性因这些现象而变得明显，这有可能影响或减弱其对故土的信赖；就责任而言，一方面是技术进步减轻了农业劳作，另一方面则是离地者不再受农作节律的束缚，这些事实规束的减少也征示着对土地责任感的减弱；认同方面，以行为情感这一指标进行评判，社区认同感仍十分强烈，同时，不能忽视认同实际是基于对信赖和责任的同时体验，故而其基础的削弱仍预示着可能有一定时滞的认同表达的弱化。

2.6.3.2 辅助评价表征

辅助性评价指标与同步性的值如表2-20所示。

将其转绘为amb图以直观化，可以看出两者在多方面的分歧：两个极重要而相反的方面，其一为经济支持，其二为劳作量与效率。这一评价结论一方面表明中桶坝现状的存在方式以其作为风景遗产地原生社区的家园价值来衡量是不可持续的，另一方面并不尝试指向一条退回历史的"出路"。家园价值和物质增长之间现有的矛盾（图2-10），同样需要从上述两方面解决：其一在于探索家园价值的优化可能，其二在于转变现有增长方式的离地属性。

2.6.3.3 社区持续性评价结论

对中桶坝进行持续性评价，家园价值的"弱化"成为频繁出现的词语。同时，存在于事实弱化与价值表达之间的时滞也值得注意。一方面中桶坝的传统人地关系实践体现一系列令人印象深刻的家园价值是事实，而另一方面这一价值在乡村发展背景下的弱化也是事实。

辅助性评价指标与同步性值 表 2-20

	$x_{2013}=$ 家园价值 / 物质增长				0.398971898
	家园价值	0.704162094		物质增长	1.764941583
A	本地既有物质支持率	0.801108801	a	既有物质支持总量	1.414573839
B	本地年物质支持率	1.017558046	b	年物质支持总量	1.132581196
C	本地年能源支持率	0.99969997	c	年能源支持总量	1.328075814
D	直接农业支持率	0.46449115	d	收支平衡	3.103030303
E	农业收入支持率	0.651659292	e	经济支持总量	2.176200795
F	行为情感	1	f	发展支持	4.726898127
G	21~40岁人口在地比率	0.186342593	g	人口	1.079754601
H	21~40岁人口务农经验	0.230239157	h	平均受教育年限	1.149418715
I	农作年劳作量	0.812865842	i	单位农作效率	1.722005842
J	比邻互助	1	j	互助扶持	1
K	III类家庭占比	0.581818182	k	III类家庭占比	0.581818182

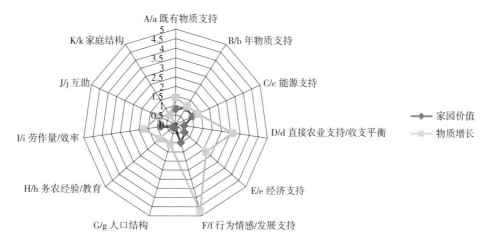

图 2-10 家园价值和物质增长的对比图

中桶坝作为风景遗产地原生社区的10年发展是非持续的，其中最为明显的非持续性是由劳作交往方面的变化带来的（相较2004年，其2013年值减小至0.41）；此外发展支持也体现出较明显的非持续性（相较2004年，其2013年值减小至0.56）。这两者也典型地体现着一个传统社区可能存在的两类非持续表征：

其一是人类发展中摒弃旧的、不合理的辛劳（致使劳作效率提高而减少劳作量）必然会带来的传统价值退失；其二是这一过程中暂时的失衡现象（经济支持的重心转向，发生脱离实质内容的补贴或极度内卷的商品化；离地带来社会网络弱化）会动摇对传统支持的信仰。在理想的情况下，前者将在进步中创造新价值，以完成对家园价值的更新与优化，后者会消弭，重新将平衡还给一些应当长存的家园价值维度。

综上，结合主体评价和辅助评价，可以得出以下结论：

（1）作为风景遗产地原生社区的中桶坝的10年发展显示出非持续性。

其一，其地2013年家园价值较2004年弱化（变化率为-26.15%）；其二，物质增长未能与家园价值的增益同步（两者标准化后的状态比由初始设定的 $x_{2004}=V$ 家园价值 $/V$ 物质增长 $=1$ 变化为

x2013=0.399），进一步弱化了家园价值的主观感受。

（2）社区发展中显示两类不同的非持续性。

其一可称为有积极倾向的非持续性，如劳作量减少；其二可称为消极的非持续性，如经济支持失衡。引导前一类非持续性，同时修正乃至消除后一类非持续性，将有利于社区家园价值的更新、优化及其核心存育。

2.6.3.4 家园价值存续与进化可能

中桶坝现状体现的一种家园价值的存在状态，在于故土对人的支持、联结甚至束缚之中，故而是由一种由积极的人地关系实践实现的。容易证明，在几种前工业时代生产活动（指狩猎、采集、放牧与农耕）中，农耕劳作创造了人与土地最亲密的关系：土地给予人的支持之大与人在土地上的付出之多，在本研究中已清楚展现，这样强的物质依赖必然影响整个群体价值观和信仰体系的形成，并进一步规范个体和群体的思想、情感及社会生活。农民群体实践着一种有节制的付出与索取策略：这种节制既在于对自身劳作的限制，也在于对土地的珍惜和保持（农时的遵循、作物的调整、有选择的撂荒和代耕关系等使得土地利用呈现一种当地式的合理性）。

这种家园价值的限制性亦是明显的。可以认为，有限的生产力与封闭的处境塑造的"位育"，必然要随发展，或称随理性进步而弱化至消逝。但若将这一位育视作家感的基础，便必须意识到这一价值的存续、更新和优化需要一种新的、合理的基础构成来取代旧者。同时，并不是任意的生计都能成为家园价值的基础，因为继续令人体验在土地之上的成长是基础的关键（就本案例地来看，要求税收、补贴与价格机制真正能强化农耕生产的地位，同时不排除产业的完全改变带来新的依赖体系）。应当认识到，仅仅认为土地是农民的生产资料，将农民等同于城市小资产阶级而统称为"自雇者"（黄宗智，2010），不能保持家园价值，遑论优化之。

当代日增的空间与社会的移动性或说是流动性，基本被视为作用于家园价值存续之上的消极因素。这一态度符合迄今为止的人类文明史：首先，先民时代由采、猎、牧而变至定居与农耕，是一种进步；其次，直到极近的过去，移动性或说旅途一直被视作劳苦而非享受——而与之相对的"在家"则几乎被视作人生价值实现的完整条件甚或直接体现。今日社会对移动性的重新认识与评价，表征广泛的家园意义和意识的淡化。家园价值并非伴人类而生，其存在亦必然有始终，同时，其必是与绝对的流动性不相容的。

而除却上述不相容性，家园价值并不拒绝进化与重构。但重构不应是推翻重来，因而回顾其意义在人地关系实践中的经典表征是有价值的：须知发展不是一种需要努力赢取的积极思想，而是植根于人性的本能，它需要与另一本能即回忆与纪念的意识相调和——即使后者有时流于伤感怀旧，而前者又常常偏于浮躁冒进。这调和过程中需要正视的冲突，更当引我们为其更理想的契洽而上下求索。

第 3 章
风景遗产旅游规划方法

国家风景名胜区是我国风景遗产的主要资源载体,作为国家宝贵的、不可再生的自然与文化遗产,风景名胜区既承担保护风景遗产及其赖以存续的生态系统的重任,又肩负促进地方经济发展的责任。本章将着重介绍风景遗产旅游规划中的资源价值评价、旅游市场预测、游憩适宜度评价、景观视觉质量评价、游客容量预警体系、解说系统服务质量等关键性的规划技术和方法;研究还分别以扬州蜀冈-瘦西湖风景名胜区、南京汤山风景区以及本溪水洞风景名胜区等案例进行详细实证和解析。

3.1 资源价值评价方法

对风景价值的科学分析和评价是风景遗产可持续旅游规划的首要前提。下面在综合国内外现有对风景价值量化评价研究的基础上,借鉴关于生态价值、历史文化价值、美学价值、科学价值的具体评价指标,建立可对上述四项本底价值分别进行评价的标准、程序和方法。在此基础上,通过对本底价值与游憩价值的对应关系分析,构建起基于本底价值的游憩价值综合评价模型,并以蜀冈-瘦西湖风景区为例进行评价模型耦合度的验证,为景点、未开发景区及开发初期景区的游憩价值评价及游憩利用方式判别提供科学有效的方法。

3.1.1 风景资源价值体系

风景资源价值包括本底价值和使用价值两部分(图3-1)。其中,本底价值是风景不以人的主观意志决定或不需要现代人类加工就已经客观存在的价值,它是风景的固有价值,是其他价值存在的基础。它包括生态价值、历史文化价值、美学价值和科学价值四部分。风景使用价值是集科学研究、生态体验、文化体验、山水审美、游憩利用为一体的价值。风景使用价值是依赖本底价值而存在的,所以它们存在对应关系。如科学研究价值是依赖科学价值而存在的,文化体验价值是依赖历史文化价值而存在的,山水审美价值是依赖美学价值而存在的,生态体验价值是依赖生态价值存在的,而游憩价值与本底价值中的各价值都存在一定的联系,是本底价值综合衍生出的使用价值。

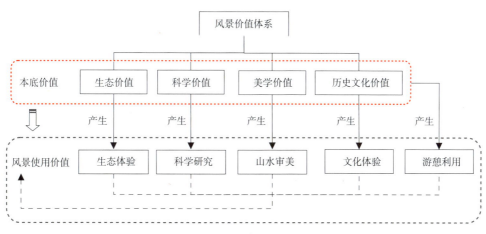

图 3-1 风景资源价值体系

3.1.2 风景本底价值评价

3.1.2.1 本底价值评价的步骤

本底价值包括生态价值、历史文化价值、美学价值和科学价值。在进行本底价值评价时，最主要的目标是通过对本底价值中各价值的深入挖掘，发现风景的潜在价值，以便可以进行后续的保护或利用。

因此，与以往的风景价值评价不同，在进行风景本底价值评价时，不再是通过综合评价方法，如：层次分析法、综合指数法、模糊综合法、灰色聚类法等，而是应该对构成本底价值的每一个价值进行评估，找出每个风景的优势价值在哪。在后续的开发利用中，应该就其优势价值进行相应的游憩策划。

具体的操作步骤如下：

（1）在参考国内外文献及咨询专家建议的基础上，筛选构成生态价值、历史文化价值、美学价值和科学价值的指标。

（2）对指标进行重新的整合，形成指标层和因子层两层次的指标体系。指标层中的每一项指标都是独立的，且能直接反映价值的高低。因子层是对指标层的细化。

（3）针对因子层，制定相应的赋分标准。

（4）确定评价具体方法。最高分值为7分，指标层各项指标的得分为因子层得分的平均值（其中，7分为一级，5分为二级、3分为三级、1分为四级）。由于指标层中的每一项指标都直接反映了价值的高低，因此只要某一项指标突出，那么该价值就很高。鉴于此，各价值的级别按照构成本价值的指标层中得分最高的指标来定，当其中有两个以上的指标达到一级时，总价值为特级，分值为9分。

3.1.2.2 生态价值评价

目前，国内外对于生态价值的评价，主要分为两类：一类是以自然保护区为对象进行生态质量评价，这类评价主要是对自然保护区的自然生态系统和野生生物的生态状况进行定量评价；另一类是对游憩地的生态服务价值进行评价，主要集中在对游憩地释放氧气、涵养水源、保持水土的能力进行定量或定性评价。但是，专门针对风景生态价值的评价，目前国内外尚无统一的指标设置标准。

在此参照由环境保护部南京环境科学研究所制定的自然保护区生态评价标准以及加拿大关于生态价值的相关研究成果，吸收评价研究中高频次出现的指标，并结合我国风景名胜区的实际，建立一套较为系统完整而又操作简便的风景生态价值评价指标体系与评价标准，以期能对风景区的保护与管理等级划分提供决策依据（表3-1）。

生态价值评价赋分标准　　　　　　表3-1

指标层	因子层	等级	分值
多样性	物种相对丰度	物种数占其所在风景区物种总数的比例相对极高，>50%	7
		物种数占其所在风景区物种总数的比例相对较高，达30%~50%	5
		物种数占其所在风景区物种总数的比例相对一般，达10%~29.9%	3
		物种数占其所在风景区物种总数的比例相对较低，<10%	1
	生境多样性	生境或生态系统的组成成分与结构极为复杂，并且有很多种类型存在	7
		生境或生态系统的组成成分与结构比较复杂，类型较为多样	5
		生境或生态系统的组成成分与结构比较简单，类型较少	3
		生境或生态系统的组成成分与结构简单，类型单一	1
稀缺程度	物种稀缺程度	国家重点保护Ⅰ类动物或Ⅰ、Ⅱ类植物	7
		国家重点保护Ⅱ类动物或Ⅲ类植物	5
		区域性珍稀濒危物种	3
		普通物种	1

续表

指标层	因子层	等级	分值
稀缺程度	生境稀有程度	世界范围内唯一或极重要之生境	7
		国家或生物地理区范围内唯一或极重要之生境	5
		地区范围内稀有或重要生境	3
		常见类型	1
生境结构	自然性	未受人类侵扰或极少侵扰，保持原始状态，自然生境完好的完全自然型区域	7
		已受到轻微侵扰和破坏，但生态系统无明显的结构变化，自然生境基本完好的受扰自然型区域	5
		已遭受较严重的破坏，系统结构发生变化，自然生境退化的退化自然型区域	3
		自然生境全面遭到破坏，原始结构已不复存在，有大量人为修饰迹象，自然状态基本已为人工状态替代的人工修复型区域	1

3.1.2.3 历史文化价值评价

历史文化价值是人文景源最核心的本底价值，由历史价值和文化价值两部分组成。历史价值包含了携带的历史信息和对历史事件的真实展示；而人文价值则体现在宗教文化、民族文化、山水文化（诗歌、绘画、文学等）等方面。因此，在对景源的历史文化价值进行评价时，应该把景源最本底的历史价值和文化价值挖掘出来。

鉴于国内外还没有风景历史文化价值评价的相关标准，因此，本研究将以《保护世界文化和自然遗产公约》为基础，融合国外其他的文化遗产评价标准，对风景本底价值——历史文化价值进行定量评价。历史文化价值的评价指标是多元的，具体来说，可以细分为三大块独立的指标：历史重要性、艺术文学重要性、宗教重要性（表3-2）。

历史文化价值评价赋分标准 表3-2

指标层	因子层	等级	分值
历史重要性	历史年龄	秦汉时代的遗址	7
		隋唐时代（包括魏晋南北朝）的遗址	5
		宋元明清（包括五代十国）的遗址	3
		近代的遗址	1
	历史影响力	国家级重点文物保护单位	7
		省级重点文物保护单位	5
		市级重点文物保护单位	3
		县级及以下文物保护单位	1
	历史人物事件关联度	与历史上著名的人物、团体、社会结构或事件有直接的联系，并极大提升区域的知名度	7
		与历史上著名的人物、团体、社会结构或事件有少量的联系，对区域知名度提升作用不大	5
		与历史上著名的人物、团体、社会结构或事件没有任何联系	1
艺术文学重要性	艺术文学重要性	大量出现在艺术作品和文学作品中（不少于3次）	7
		少量出现在艺术作品和文学作品中	5
		没有出现在艺术作品和文学作品中	1
宗教重要性	宗教重要性	在宗教史上具有深远的影响，大量存在宗教典籍中	7
		具有一定的宗教影响力，但是不具有推动性的作用	5
		没有宗教价值，没有出现在任何宗教方面记录中	1

3.1.2.4 美学价值评价

风景美学价值是风景的内在固有价值,但是却常常带有主观性,不同文化背景的人对风景美的理解具有广泛的差异。因此,对于风景美学价值的评价也存在多种多样的观点和方法。自20世纪70年代起,大量的美国机构就进行了风景景色质量的评价,其中运用最为广泛的就是风景资源管理(VRM)系统。VRM系统采用了景色变化分类的方法评价风景景色质量(王晓俊,1993)。考虑到美学价值的客观存在性,评价的过程和指标将参考美国林务局和土地管理局的VRM系统。由于自然风景和人文风景美学价值的不同,将采用两套不同的评价指标体系。其中,自然风景的美学价值评价指标可分为物理因素和美学因素两部分。而人文风景的美学价值评价指标可分为艺术度和美学因素两部分(表3-3)。

3.1.2.5 科学价值评价

科学价值是所有风景的内在固有价值,只是不同的风景所具有的科学价值的大小与侧重面不同而已。人文风景的科学价值是伴随着历史文化价值而生的,因此它的科学价值主要体现在代表了时代的科技水平、社会文化的发展方向以及对历史记录空白的修正;而自然风景往往没有很突出的历史文化价值,但是它能够携带大量地质、水文、古生物、生态科学方面的信息,对后世模拟地球的演化变迁过程大有裨益。同时,自然风景能够较好地保存生物多样性,为后世基因库的完善提供帮助。

美学价值评价赋分标准　　表3-3

指标层	因子层	等级	分值
物理因素	地形(地景)	坡面>60°;有切割面起伏不平,高耸的山脊线或大量控制性的景色	7
		坡面30°~60°,有切割面和起伏,但不突出	3
		坡面0°~30°,没有切割面,地形变化较小,景色较差	1
	岩石(地景)	岩石很突出,景观奇特,例如突兀蠢立的岩石、奔泻而下的瀑布	7
		岩石景观很显眼,但不突出,并且较普通	3
		岩石形成的景观很少或几乎没有	1
	水体(湖泊)	面积>50亩,若<50亩,则水体应1)有独特和优美的岸线;2)正好能倒映主要景色;3)有岛;4)有优秀的植被或岩石形态	7
		面积5~50亩,有一些曲折的岸线,倒映景色较差,岸畔植被景色为B级	3
		面积<5亩,岸带平直缺乏变化,岸畔几乎没有倒影	1
	水体(溪流)	溪流的流动特征多样、特别,有落差,曲折和较大的水量	7
		流动特征一般,较平直的线型	3
		间断溪流或季节性溪流,在流动、落差、速度、曲折等方面没有什么变化	1
	植被	植被类型丰富,有树龄较长的林木,种群丰富,构成奇异	7
		植被类型一般,树木大多成年,但却反较长树龄的林木,种群变化一般	3
		植被几乎不具特征,林层较单一,没有地被或下木层	1
美学因素	形态奇特性	为当地极稀少的风景,形态多样,奇特	7
		尽管与其他风景有相同的地方,但仍保持突出的自身特点	3
		尽管当地极常见,但风景仍能引起人们的注目	1
	色彩度	有丰富的色彩构成,与周围的环境有明快的对比,色彩多样和生动	7
		色彩有一定变化和强度,与周围的环境有一定对比,但是在风景构图中占次要地位	3
		色彩变化和对比微弱,常常单调乏味	1
艺术度	艺术度	文化风景布局严整,技艺精湛,体现较高的规划水平(如都城遗址、园林名作等)	7
		布局较严整,有规划或设计过,但是没有很高的艺术价值(如普通宅园)	3
		布局没有太多的讲究(如普通的村落、民居)	1

鉴于人文风景与自然风景具有不同类型的科学价值，在评价时有两套不同的指标体系。其中，人文风景的评价指标为科技水平、历史考证和文化代表；而自然风景的评价指标为地球记录和生物贮藏（表3-4）。

科学价值评价赋分标准　　　　　　　　　　表3-4

类型	指标层	等级	分值
人文风景	科技水平	代表一个时代的综合技术水平	7
		在建筑技术、材料技术、制造技术、生产技术等众多领域中，至少有两方面代表一个时代的科技水平	5
		仅在某一方面代表一个时代的科技水平	3
	历史考证	填补历史记录的空白	7
		修补错误的历史记载	5
		证实历史记载	3
	文化代表	一种新的社会风气或文化起源的代表	7
		一种典型社会风气或文化的代表	5
		普通文化的代表	3
自然风景	地球纪录	具有代表地球演化史中重要阶段的特殊地质地貌构造、水文特征、古生物化石等突出例证	7
		具有在区域范围内特殊的地质地貌构造、水文特征、古生物化石等	5
		具有常见的地质地貌构造、水文特征、古生物化石等	3
	生物贮藏	具有丰富的物种多样性，或有在世界范围内罕见的物种或生态系统	7
		具有在全国范围内罕见的物种或生态系统	5
		具有在区域范围内罕见的物种或生态系统	3

3.1.3 基于本底价值的游憩价值评价

首先，要基于多目的地旅行费用法（MZTC）计算各景区的游憩价值，包括往返旅行费用支出、旅行时间价值和消费者剩余。其次，对各景区的本底价值，即生态价值、历史文化价值、科学价值、美学价值进行评价，得出各景区游憩价值与本底价值的对应评分表。最后，利用统计软件SPSS18.0进行回归分析，建立游憩价值与生态价值、历史文化价值、美学价值、科学价值的评价模型。

3.1.3.1 基于MZTC法的游憩价值测评

旅行费用法以消费者剩余理论为基础，以游客的消费者剩余来计算风景使用价值，通过调查和统计计算游客往返于出发地和旅游目的地之间的各种费用，建立游憩需求与游憩服务（旅行费用）之间的需求函数，根据需求函数计算消费者剩余。因此，它的核心就是消费者剩余的计算。多目的地旅行费用法只是在此基础上考虑了多目的地的旅行时费用分成问题。具体步骤如下：

（1）对景区游客进行抽样调查，主要获得游客的出发地、旅行花费、旅游时间和影响人们出游的有关社会经济特征，如收入、年龄、受教育水平、职业等。

（2）定义和划分出游区。出游区是研究人员把旅游目的地看成形式上的点，根据距离或旅行花费等要素以旅游目的地为中心向外人为划分的客源区域。在划分出游区时，数据要求地区间有比较明显的差别，地区内的旅行费用应比较接近。一般来说，出游区的划分主要按行政区划分，省外游客以省份为计算单位，省内游客以省辖下一级行政单位为出游区。

（3）计算各出游区到该景区的旅游率：

$$V_i = \frac{(N_i/N) \times N_{year}}{P_i}$$

其中，V_i 为 i 出游区到景区的旅游率；N_i 为第 i 个出游区到景区的调查样本数；N 为样本总数；N_{year} 为景区一年的总旅游人数；P_i 为出游区 i 的年末统计人口总数。

（4）计算并统计各出游区的总旅行费用。总旅行费用包括游客从出游区到景区的往返交通费、食宿费、门票以及景区内其他服务的收费（如购买纪念品等费用）、旅游时间价值等。

对于旅游时间价值本研究采用 1/3 工资率乘以出游时间的算法。工资率按各出游区的平均每小时工资计算，设每日平均工作 8 小时，每月工作 21 天，则旅游时间价值为：

$$TTC_i = \frac{1}{3} \times \frac{S_i}{168 \times 12} \times d_i = \frac{S_i \cdot d_i}{6048}$$

其中，S_i 是城镇职工年平均工资；d_i 是游玩时间（h）。

（5）构建模型函数。在统计各项数据基础上，求得旅游率与各影响因素之间的相关关系，并进行回归分析。函数模型回归方程如下：

$$V_i = a + bTC_i + cTT_i + dINC_i + eTP_i$$

其中，V_i 是 i 出游区到景区的旅游率；TC_i 是 i 出游区到景区的总旅行费用；TT_i 是旅游时间；INC_i 是 i 出游区的城镇职工平均工资；TP_i 是 i 出游区的总人口数；a、b、c、d、e 是待估值的系数。

（6）计算消费者剩余。对于各出游区而言，当人均总旅行费用增加时，旅游率下降，旅游人次减少，当总旅行费用增加到一定值，对应的旅游人次会降为零，然后求得增加的总旅行费用和总旅游人次之间的对应序列值，进而得出两者之间的函数关系式，即游憩需求曲线方程。根据此游憩需求方程求景区的总消费者剩余。公式如下：

$$CS = \int_0^{P(m)} f(x)dx$$

其中，CS 是旅游地的总消费者剩余；$p(m)$ 是旅游人次为零时的总旅行费用增加值；$f(x)$ 是旅游人次与增加的总旅行费用之间的函数关系式；x 是增加的总旅行费用值。

（7）计算景区的风景游憩使用价值。将各个出游区的旅行总费用加总，在与景区的总消费者剩余加和，即可得出被评估景区的游憩价值：

$$TTV = CS + \sum_{i=1}^{n} TC_i V_i$$

其中，TTV 是被评估景区的游憩价值；CS 是旅游地的总消费者剩余；TG_i 是出游区 i 到被评估景区的总旅行费用；V_i 是出游区 i 到被评估景区的年旅游人次。

3.1.3.2 基于单因素本底价值的评价

要探求本底价值与游憩价值的对应关系，就必须先寻求生态价值、历史文化价值、美学价值、科学价值与游憩价值的分别对应关系。

（1）生态价值与游憩价值的对应关系

生态价值主要体现在改善环境、保持水土、涵养水源、调节气候、维持生态平衡的功能上，它包括物种生境的多样性、稀缺性以及环境的自然性。诚然，在风景区中，生物种群数量越多，生境类型越多样，其游憩价值越大。保护对象的稀有程度越高，保护价值越大，对游客的吸引力也越大。生物的多样性越好，生物链越牢固，风景生态功能发挥得越好，人们的收益也越大。生态价值高的风景，可以被直接用于生态观光、生态教育或是被打造成森林氧吧或是户外瑜伽场，这些都直接提升了风景的游憩价值。

（2）历史文化价值与游憩价值的对应关系

风景的历史文化价值直接反映了风景的历史悠久度及其在社会、科技、宗教、文化、艺术等方面的历史地位。风景的历史年代越久远，与历史上重要的事件或人物的关联性越大，就越能吸引游客的关注，让他们进行历史的探求，那么相应的游憩价值就越高。同样的，风景如果多次出现在重要的艺术作品中，如诗歌、绘画、散文、小说或民间故事中，那么风景就会被游客铭刻在心中，自然游憩价值就很高。

（3）美学价值与游憩价值的对应关系

基于美学价值的风景审美是游憩价值最重要的组成部分。不论是人文风景还是自然风景，只要符合景观美学原则，就能够吸引大量的游客前来观光，也即拥有了很高的游憩价值。

（4）科学价值与游憩价值的对应关系

风景的科学价值主要对应的是游憩价值中的科普价值。科学价值的高低，直接影响了科普价值的高低。如三星堆遗址，由于其是我国长江流域早期文明的代表，从20世纪50年代开始，考古工作者不断对三星堆遗迹及其出土文物进行大量的科学研究。这些科学研究成果的公布，提升了三星堆遗址的整体价值，特别是吸引了大量的游客前来进行科普学习和教育启迪。

3.1.3.3 基于多因素本底价值的综合评价

（1）评价方法及步骤

综合生态价值、历史文化价值、美学价值及科学价值，可以建立游憩价值与这四大价值的多元相关关系。通过统计软件SPSS18.0，采用多元回归分析法，建立如下方程：

$$Y = a_0 E^{a_1} C^{a_2} A^{a_3} S^{a_4} （万元）$$

其中，E表示生态价值、C表示历史文化价值、A表示美学价值、S表示科学价值。由于每个风景区情况不同，各本底价值的得分也不同，因此 a_0、a_1、a_2、a_3、a_4 需要通过多元回归求出，为常数。且考虑到生态价值、历史文化价值、美学价值及科学价值与游憩价值都是正相关的关系，因此在本研究中 a_0、a_1、a_2、a_3、a_4 都是大于零的常数。

在方程构建之后，需要进行实测游憩价值与预估值的分析比较。数据可以有可允许范围内的变化，但是价值的基本排序要求不能发生改变，否则该方程就为无效方程。同时，方程的相关系数，即 r 值需要大于90%（r 值越接近1，表示耦合度越好）。

当该方程通过相关验算，证实耦合度较好后，可用于对本风景区内的其他景点及景区进行基于本底价值的游憩价值评价。得到游憩价值预测值后，为了方便看出游憩价值的高低，可以按照一定的标准进行游憩价值等级排序。

最后，需要就本底价值的高低进行游憩利用方式的判别。游憩利用方式共分为四类：生态体验类、文化体验类、山水审美类及科学研究类。

（2）评价适用范围

通常对游憩价值的评价都是基于旅行费用法（TCM）或意愿调查法（CVM）来进行的，但是这些价值评价方法有一个共同的特点，就是只能对景区进行评价，不能对单个的景点进行价值的核算。或者说，即使是对景点进行的核算，也是以景区作为大背景进行的，评价的结果往往与所在景区的环境情况有密不可分的关系。而基于本底价值的游憩价值的评价模型恰好突破了这种局限。具体来说，这种评价模型可适用于如下情况：

①对风景区内的各景点进行游憩价值估算。这种估算是就景点本身而言的，并不考虑所在景区的大环境。这样的评价模式，可以帮助风景规划师在价值并不突出的景区内找出具有突出价值的景点，在后续的开发利用中进行单个景点的打造来提升整个景区的价值。

②对未开发或是开发初期的景区进行游憩价值估算。基于本底价值的游憩价值评价模型是以同一风景区内的其他景区的游憩价值拟合为基础的，评价结果较为准确，能为未开发或是开发初期的景区进行效益预测和可行性论证提供依据，以指导景区可持续开发。

③对已开发的景区的游憩价值做出分析和解释。通过景区在不同年份的本底价值与游憩价值的多元回归方程，可以对目前的游憩价值或是未来的游憩价值进行测算，以此来判断景区规划方案的可行性。

3.1.4 蜀冈－瘦西湖风景区资源价值评价

蜀冈－瘦西湖风景名胜区位于扬州市区的西北部，与老城区毗连。风景名胜区及保护地带的面积为 $12.23 km^2$，其中风景名胜区用地面积为 $8.11 km^2$。

3.1.4.1 本底价值评价

（1）人文风景本底价值评价

为了方便进行评价，将所有的指标层和因子层进行编号。对人文风景本底价值的评价主要从历史文化价值、美学价值、科学价值和生态价值四方面进行（图3-2）。

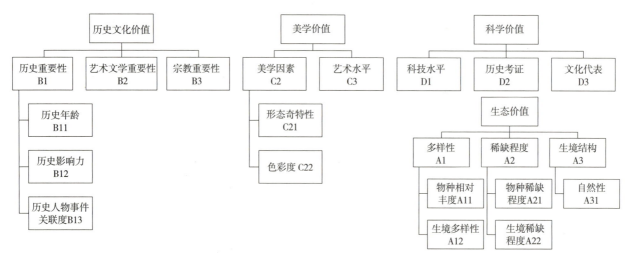

图 3-2　人文风景本底价值评价体系图

从评价结果图可以看出，蜀冈-瘦西湖风景区内的人文景源的历史文化价值非常高，主要是因为大量的景源都是历史的遗存或是与重要的历史人物（如乾隆）或事件有关联。美学价值比较高的景点集中在瘦西湖景区内，大多为瘦西湖"二十四景"。科学价值主要体现在唐宋城垣遗址、汉代水利工程以及汉代陵墓等方面。生态价值主要体现在宋夹城湿地公园（图3-3）。

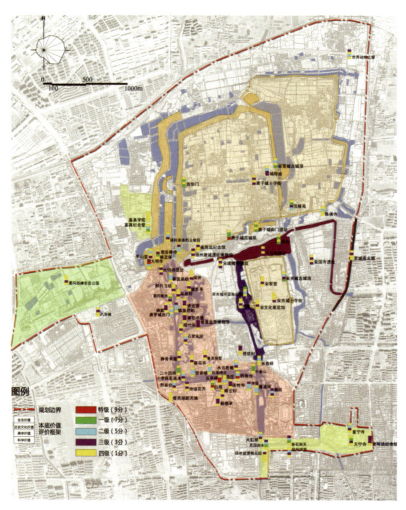

图 3-3　蜀冈-瘦西湖风景区人文资源本底价值评价图

(2) 自然风景本底价值评价

对自然风景本底价值的评价主要从生态价值、美学价值、科学价值和历史文化价值四方面进行。从评价结果图可以看出，蜀冈-瘦西湖风景区的自然风景资源的各项价值普遍不高，除了瘦西湖、生态绿地以及原瘦西湖"二十四景"外，和人文景源的价值没有可比性，见图3-4，图3-5。

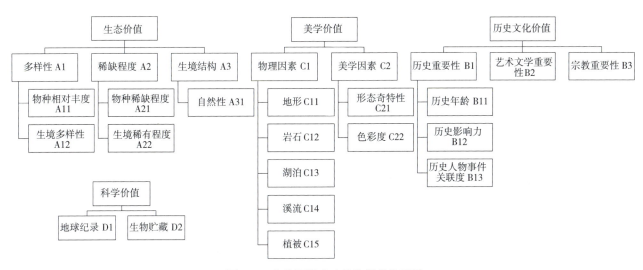

图 3-4　自然风景本底价值评价体系图

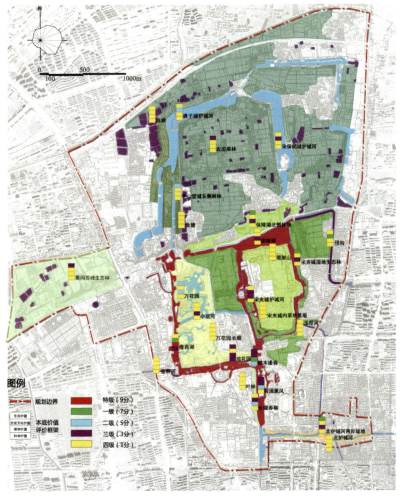

图 3-5　蜀冈-瘦西湖风景区自然资源本底价值评价图

3.1.4.2 各景区游憩价值评价

运用基于分区的多目的地旅行费用法对蜀冈–瘦西湖风景名胜区内部的多个景区进行了国内游憩价值的评估。在此首先以瘦西湖景区为例说明游憩价值的计算过程,其他景区同理。

(1) 多目的地旅行的权重

在计算瘦西湖景区游憩价值的旅行费用支出时,不能把整个旅途的交通费用、食宿费用等支出全部作为游客来瘦西湖景区的旅行费用支出,而应该根据实际赋予一定的权重。本研究选取的费用分成方法为门票分成法,以扬州市的多个景点为选项,则有:

瘦西湖景区门票分成权重 = 瘦西湖景区的门票 / 游览过的全部景点门票之和

(2) 旅游率

瘦西湖景区的国内游客基本涵盖了国内的各个行政区(出游区),旅游率为出游区的出游人次与出游区总人口的比值。各出游区的年末人口数选用最新统计年鉴《中国统计年鉴》(2011)和《江苏统计年鉴》(2011)中的人口数据。

(3) 旅行费用支出

游客在瘦西湖景区的旅行费用支出包括交通费用、食宿费用、餐饮费用、门票费用以及其他费用。交通费用 = 瘦西湖景区门票分成权重 × 游客从出游区到扬州的往返交通费用 + 游客从扬州市区到景区的交通费用。则有:

游客的旅行费用 = 分成的交通费 + 餐饮费用 + 住宿费用 + 门票费用 + 其他费用 ❶

经统计得,瘦西湖景区的旅行费用支出为121757.88 万元。

(4) 旅游时间价值

旅游时间价值 = 出游区旅游人数 ×(旅程时间 + 游憩时间)× 单位时间机会成本

其中,旅程消耗的时间要再用费用分成计算分成的旅途时间,游憩时间可直接向被调查游客询问。在计算中按照有关规定,各出游区游客的月工作时间统一按 168 小时计算。机会工资成本一般为工资成本的 1/3。所以单位时间机会工资成本 = 居民可支配收入 /12/168/3。

经统计得,瘦西湖景区的旅游时间价值为11961.57 万元。

(5) 消费者剩余

消费者剩余指的是消费者在消费一件商品或一项服务的同时,愿意为其支付的费用与实际支付费用之间的差额。通过相关性分析得出出游区人次仅与人均总旅行费用存在显著的相关关系。因此,回归方程只需考虑旅行费用的变动对旅游人次的影响。经多次回归拟合,得出增加的人均总旅行费用与旅游人次之间的回归方程如下,也即游憩需求曲线。

$$y = 294.333 - 1.525x + 0.002x^2 - 0.0000008372x^3$$

式中:y 为瘦西湖的年旅游总人次(万/年),x 为追加的旅行费用(元)。在推导扬州瘦西湖景区的旅游需求曲线时,以扬州当地市民来瘦西湖景区的花费 91.05 元 / 人为最低旅行费用,当追加费用从 0 变化到 1550 元时,其旅游总人次变为 0。由此回归模型就可以求出瘦西湖景区在合理游客量时国内旅游的总消费剩余如下:

$$CS = \int_0^{1550} (294.333 - 1.5247x + 0.002159x^2 - 0.0000008372x^3)dx = 96538.35 \text{万元}$$

综合以上分析和计算,可得瘦西湖景区 2011 年的国内总游憩价值为:

TTV = CS + 出游区总旅行费用 = 96538.35 + 121757.88 + 11961.57 = 230257.8 万元。

其他各个景区采用与以上瘦西湖景区相同的评价方法。旅行费用 = 旅行费用支出 + 旅游时间价值 + 消费者剩余。经统计计算,大明寺景区总的游憩价值为 22356.15 万元;观音山景区游憩价值为 934.19 万元;史可法纪念馆景区游憩价值为 337.2 万元;宋夹城景区游憩价值为 6725 万元;唐城遗址博物馆游憩价值为 637.18 万元;汉陵苑景区游憩价值为 1458.7 万元;蜀冈西峰游憩价值为 213.53 万元。

---

❶ 其他费用根据实际调查数据获得。

3.1.4.3 基于本底价值的游憩价值评价

在以上研究基础上,利用统计软件 SPSS18.0,采用多元回归分析法,建立基于四个本底价值的游憩价值(y)预测方程:

$$Y=106.56E^{0.5328}C^{1.0126}A^{0.0786}S^{0.1569}, r=0.932(万元)$$

其中,E 表示生态价值,C 表示历史文化价值、A 表示美学价值,S 表示科学价值。由于部分景区内有多个景点,这些景区的本底价值为景区内所有景点本底价值得分的总和。

根据测试模型算出测试结果,并与实际值进行比较,耦合度比较好,模型的相关系数可达 93% 以上(表 3-5)。所以,将用此公式从本底价值的角度测算各人文风景和自然风景的游憩价值。在这里,为了方便看出各游憩价值的高低,将游憩价值预测值按照每相差二百,就相差一个等级进行划分,共 8 个级别。

游憩价值实际值与拟合值的比较　　　　表 3-5

名称	生态价值	历史文化价值	美学价值	科学价值	游憩价值(万元)	拟合值(万元)
瘦西湖景区	39	168	194	56	230257.8	239722.71
大明寺景区	9	13	13	3	22356.15	19667.71
观音山景区	3	5	5	1	934.19	1107.91
史可法纪念馆	3	3	3	1	337.2	373.82
宋夹城景区	12	7	17	6	6725	6460.35
唐城遗址博物馆	4	4	4	2	637.18	693.59
汉陵苑	1	7	3	5	1458.7	1397.16
蜀冈西峰	3	1	3	1	213.53	208.59

同时,通过本底价值中各项价值的高低,来判别游憩利用方式,如生态价值比较高的风景的游憩价值主要偏重于生态体验,历史文化价值比较高的风景的游憩价值主要偏重于文化体验,美学价值比较高的风景的游憩价值主要偏重于山水审美,科学价值比较高的风景的游憩价值主要偏重于科研科普。通过对游憩利用方式的判别,可以为风景资源的后续开发利用方向提供科学依据(图 3-6)。

整体看来,蜀冈-瘦西湖风景名胜区内的游憩价值较高的资源主要集中在瘦西湖景区与唐子城景区内,以科研科普、文化体验、山水审美为主。生态体验类游憩价值较高的资源主要集中在宋夹城景区周边,以湿地、森林、湖泊为主。文化体验类游憩价值较高的资源主要集中在瘦西湖景区、大明寺以及汉陵苑等。山水审美类游憩价值较高的资源主要集中在瘦西湖景区,以瘦西湖二十四景为主。科研科普类游憩价值较高的资源主要集中在唐子城景区、宋夹城景区以及邗沟周边(图 3-7)。

本研究综合本底价值中的生态价值、历史文化价值、美学价值及科学价值,建立游憩价值与这四大价值的多元相关关系,采用多元回归分析法给出量化结论:

$$Y=a_0E^{a_1}C^{a_2}A^{a_3}S^{a_4}$$

经实际测评与公式模拟值相比较,耦合度较好。本公式可用于未开发景区基于本底价值的游憩价值的进一步测算,以及为景点的深层开发和利用方式判定提供科学依据。本研究以蜀冈-瘦西湖风景名胜区为例论证了这一点,并搭建了一个风景本底价值与风景使用价值对应关系的平台,使得风景价值评价从传统的风景综合价值评价转向到基于风景各层级价值对应关系的评价。

3.2 旅游市场预测方法

旅游市场需求分析是旅游规划的重要内容,不

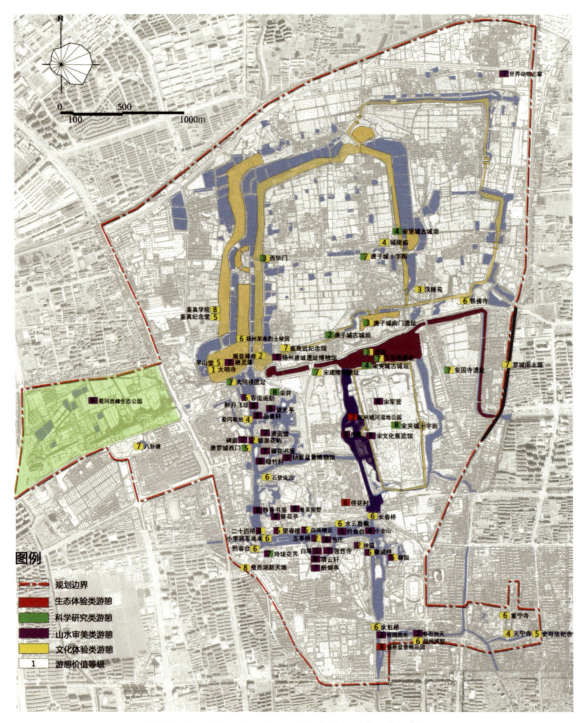

图 3-6 蜀冈－瘦西湖风景区人文景源游憩价值评价图

了解市场需求，无法保证旅游规划的科学性。旅游规划的市场研究不仅要做一些常规分析，如客源市场的构成、时间变化趋势等，更重要的是要知道哪些吸引物吸引了哪些人。旅游需求与旅游产品之间存在着什么样的对应关系，同类型的旅游者对旅游区发展的贡献，旅游需求将来的发展趋势等。现有旅游规划质量不高的主要原因在于客源市场分析不深入、旅游消费行为研究欠深化、市场预测与客源目标市场定位不准确。

旅游市场需求预测的科学与否直接影响到旅游发展战略和宏观决策的科学与否。预测的目的绝不是为了单纯的预测，预测是用来提高管理水平与绩

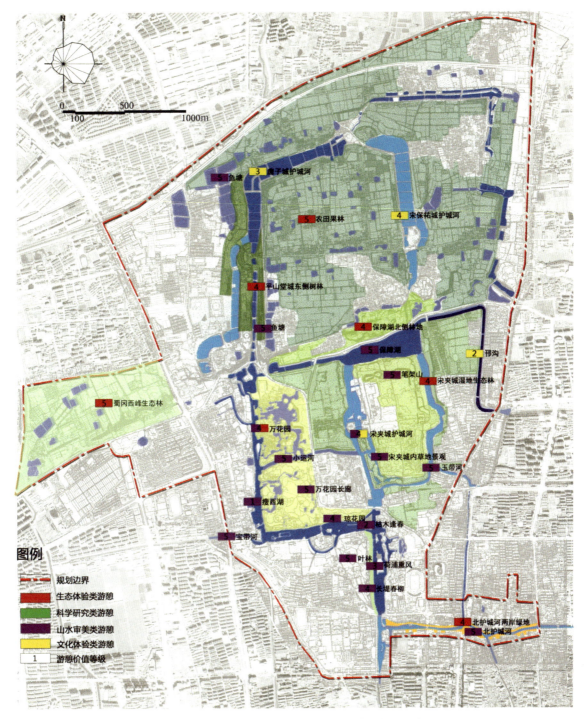

图 3-7 蜀冈-瘦西湖风景区自然景源游憩价值评价图

效的。而在目前的旅游需求预测文献中,主要是从方法的角度来研究,基本上没有涉及旅游预测方法在实践中的作用,也没有提到通过旅游需求预测,如何提高旅游目的地的服务水平与供给能力,使需求与供给达到平衡,最大可能地提高旅游目的地的绩效水平。而这一点却是旅游目的地最关心的,也是旅游需求预测的最终目的。图3-8将旅游规划中市场需求预测要解决的主要问题与旅游规划中的直接相关内容做了对照,力图反映旅游规划中市场需求预测过程的内在逻辑。

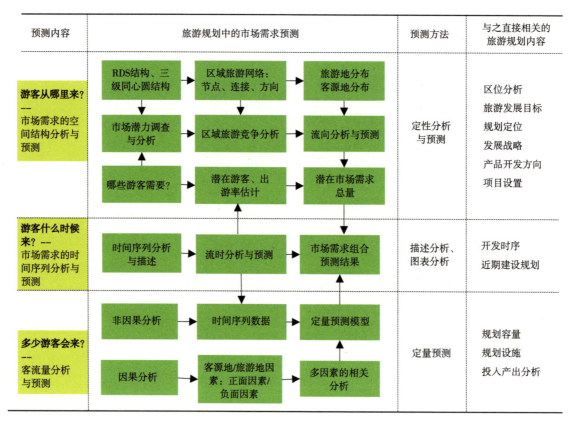

图 3-8 旅游规划中市场需求预测的逻辑框架图

3.2.1 客源市场的空间结构分析与预测

旅游是旅游者在一定空间内的位移活动，同时深入到社会、文化和经济活动等领域。旅游规划中市场需求预测首先要解决的问题是：游客从哪里来？旅游地的影响力范围有多大？客源地地域空间有多大？客源地的分布情况如何？旅游市场需求空间分布研究的方法侧重于介绍地理位置、社会经济、文化环境等内容，主要通过空间距离与客源地的地理文化因素，确定目的地的旅游市场需求。

3.2.1.1 同心圆结构分析

依据旅游需求的距离衰减规律，在规划实践中往往根据旅游目的地距客源地的距离的远近或客源地客源出行半径的大小，将旅游市场的空间划分为一级、二级和三级同心圆结构。若只考虑国内市场，一级市场往往被确定为某地区的区内市场，二级市场被确定为区外、省内（州）市场，三级市场被确定为省外市场。

这种划分往往与行政区划一致。也可以将国内市场和海外市场分开，分别确定一、二、三级市场。这种划分方法再加上旅游地对客源市场的吸引力因素，则划分更为科学。

3.2.1.2 旅游市场空间结构的 RDS 层次分析

旅游市场空间可划分为区域尺度（R）、目的地尺度（D）、景区尺度（S）三个层次，追溯旅游流的源头，分析客源地分布、结构特征，可用旅游市场空间结构的 RDS 层次分析流程图表示如图 3-9。

受不同民族、国家、社会经济发展水平的宏观影响，客源市场的社会及人口特征——年龄、性别、教育水平、年龄、职业、闲暇时间等方面的差异，使得旅游者在信息搜集方式、感知觉、旅游态度、性格等心理特征上存在差异，进而使得旅游者在消费决策、旅游目的、空间行为等方面表现出明显的差异，分别从宏观、中观、微观三个层次来分析和预测这些差异在旅游市场空间结构特征上的表现。这方面研究需要运用抽样调查的方法，设计调查问卷并对问卷进行归纳分析从而把握旅游者的行为模式。

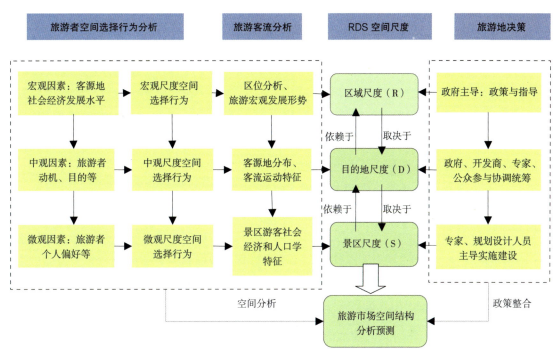

图 3-9 旅游市场空间结构 RDS 层次分析图

3.2.1.3 旅游市场客流分析

旅游者离开常住地前往旅游目的地旅游，便构成了一定流向、流量特征的游客群体，即旅游流。每个旅游者在区域内的旅游行为可视作区域旅游流网络的一个组成部分，每个旅游地的客流量可视为到达该结点的旅游流。旅游的过程是旅游者在一定的时间范围内空间移动过程，众多的旅游者在一段时间内从相同的客源地移动到相同的旅游地，便产生了从该客源地到旅游地的游客流。因此游客流是旅游空间和旅游时间相互叠加的结果。旅游流的特征表现在三个维度上：时间、流向和流量。因此，旅游规划中客源市场的预测便是预测流向该旅游地的旅游流的流向、流量、流时。

旅游流从狭义上讲是指一定流向和流量的旅游者，广义上讲是指以旅游者为主体的旅游信息流、资金流、物流、能流和文化流等系统，在此对旅游地的描述与分析仅指狭义的旅游流。旅游流主要构成元素除了节点外，还包括旅游流的宽度、长度、流速、流向、饱和度等，其中旅游流的宽度指客流量，长度指旅游地之间的距离，饱和度指旅游通道的负荷程度。

3.2.1.4 游客空间分布描述指标

常用的游客空间分布描述指标有以下两种：

（1）游客密度分布分析

旅游流的空间分布状况可以从地理空间和社会群体两个角度分析。从地理空间的角度讲，游客密度是指特定时间和空间范围接待旅游者数量的多少，通常以人次 /km^2 为单位；从社会群体的角度讲，游客密度是指特定时间某一特定社会群体接待旅游者数量的多少，通常以人次 / 万人为单位。

（2）游客密度指数分布分析

游客密度指数是指某区域游客数占全国总游客数比重，与该区域面积占全国总面积比重（或与该区域人口占全国人口总数比重）的比值，它是度量一个区域旅游业发展情况的参数之一。

3.2.2 客源市场的时间序列分析与预测

旅游规划中市场需求预测要解决的第二个问题是：游客什么时候来？旅游规划中的市场需求预测，就是要解决旅游地发展过程这一时间序列中，游客数量的增长变化。这就需要从时间上来考察旅游流的特点。

3.2.2.1 旅游流的时间特点

从时间上考察旅游流的特点，包括两个方面的含义：

（1）旅游流发生的时间。

一般来说，旅游者外出旅游有着明显的时间规律性，旅游者出游时间有一定程度的集中性分布。不同的旅游地，旅游流的发生时间各不相同。例如，来华入境旅游流主要集中在4个旅游高峰期段：3月中旬至4月中旬；7月至8月中旬；9月中旬至10月；10月中旬至12月中旬。

（2）旅游流的流速。

旅游流在时间上的特征表现为旅游流在旅游目的地持续时间的长短，也就是旅游流的流速。旅游流在一地持续时间的长短对旅游目的地来说，在经济上、社会文化上都影响极大。研究使旅游流在目的地持续的规律，不但可以增加旅游者的消费，而且旅游者能深入到旅游目的地社区的生活中，增加社会文化的交流。

3.2.2.2 旅游流的时间序列分析

旅游流的时间序列分析包括月际变动分析和年际变动分析，月际变动分析的结果可反映旅游流的流量在年度内变化情况，如高峰期和低谷期，为旅游产品的开发和旅游促销提供依据；年际变动分析的结果则反映了旅游流多年来的发展趋势，是旅游市场需求定量预测的基础。

（1）月际变动分析

①距平值。距平值是指某年度各月旅游流量与全年平均流量值之差。这种方法可以一目了然地分析出该年度的月际动态变化。

②月际变动指数。月际变动指数是指某一时间段各月平均旅游流量对连续多年的所有月份总平均值的相对数。

③月际集中指数。月际集中指数是衡量旅游流某指标在年度内分布的度量指标。

（2）年际变动分析

①年际变动指数。年际变动指数是用来说明旅游流年际间差异的相对量，它是以多年旅游流流量的平均值为基准数，然后用此基准数去除各年度流量值所得的商。

②年际集中指数。年际集中指数是指旅游流某指标在若干年内各年度间分布的度量指标。

③旅游流年际构成变化。旅游流年际构成变化的分析内容包括旅游流的客源地结构、年龄结构、偏好结构及消费结构等的年际构成变化。

3.2.3 旅游客流量分析与预测

在明确了旅游市场的空间结构和时间序列结构后，即明确了游客从哪里来和什么时候来以后，就要对旅游地某一时间段内游客的规模做出预测，即潜在的游客规模有多大？旅游客源地的出游率如何？到底有多少游客会来？这就需要对旅游地的旅游客流量做出分析和预测。

旅游流的流量是指旅游流在单位时间内和一定空间上所形成的规模。对于旅游目的地而言，持续、均衡、大规模的旅游流有着十分重要的意义。旅游流受季节性等因素的影响，旅游客流量呈现出明显的季节波动的现象。这给旅游目的地的基础旅游设施运行，旅游产品的供给，旅游企业的管理和经营带来困难。因此，旅游客流量的分析和预测实际上是旅游市场需求预测的核心问题。

3.2.3.1 旅游客流空间流动分析

旅游客流的空间流动可用雷达示意图直观地表现出来，例如如图3-10所示的陕西省海外游客在各省间流动情况。

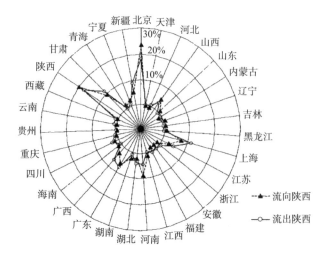

图3-10 陕西省海外游客在各省间流动情况

3.2.3.2 影响客流量运动的因素分析

影响旅游地游客量运动的因素可以从以下几个方面来分析：

①旅游目的地与旅游客源市场之间距离的远近。空间距离短，交通花费少，也节省时间，加之地理、气候甚至文化方面的差异不大，比较容易适应。

②政治、经济、文化、教育等联系的密切程度。

③旅游目的地对旅游者吸引力的大小。如果旅游目的地的旅游资源独特，"行、游、住、食、购、娱"等建设越完备，就越能吸引旅游者。

④旅游目的地的文化背景和包容度。

⑤到旅游目的地的旅游费用的高低。

⑥竞争或其他因素的影响。竞争主要是处于同一个区域的旅游目的地为了争取更多的旅游者，竞相推出一系列吸引游客的措施。

导致客流量减少的因素有：自然或人为因素对旅游资源的破坏、旅游产品的老化、旅游服务质量的低劣、旅游环境的污染、旅游客流阻塞滞留、旅游交通可达性降低、旅游促销不力、目的地居民不欢迎的态度以及目的地在公众形象中的跌落等负面因素。而旅游系统内部的正面因素，如旅游资源的深度开发、旅游产品的优化设计与推陈出新、服务质量水平的提高、交通条件的改进、有效的促销、良好的旅游环境、优质的旅游品牌、合理的景点景区布局、目的地的良好形象等常常促进游客流的良性运动，使旅游地的游客量不断增加。

3.2.3.3 旅游客流量测度

旅游客流量是旅游流系统运行最重要的量化表征，而吸引力是刻画旅游流流量最简捷的手段，故吸引力是旅游流系统运行力的表达。

对一个旅游流系统来说，吸引力的表达应归结为每个节点（目的地）的引力计算。结点对不同客源地游客的吸引力模型可表达为：

$$D = K \sum_{i=1}^{n} \frac{Q P_i I_i}{d_i^2}$$

式中：

D——节点总吸引力；

K——待定参数；

n——客源地数量；

Q——目的地等级；

P_i——客源地人口数量；

I_i——客源地人均收入水平；

d_i——目的地与客源地间的距离。

此模型表达了该目的地可能具有的最大市场需求量。

上述模型是目的地针对不同客源地的吸引力，是站在目的地角度考虑的。如从客源地角度出发，针对某一目的地，则成为该客源地对某目的地的旅游流驱动力。驱动力是站在客源地一方，这种力的方向是推向于目的地的。吸引力模型考虑了人口、人均收入水平、资源质量等级、旅游距离，但未考虑到客源地居民的出游率。其计算结果有失偏颇。在吸引力模型的基础上，驱动力模型可设计为：

$$D_{\text{驱}} = K \sum_{i=1}^{n} \frac{Q P_i I_i}{d_i^2} m_i$$

式中 m_i 为某客源地居民的出游率。该参数的增加，提高了模型的合理性、精确性和实践应用的价值。

3.2.3.4 旅游客流运动的规律

旅游流运动规律是指旅游者在一定时期内，在流向和流量方面呈现的一定的规律性。表现为：

①近距离流动多，远距离流动少。旅游客源地与目的地之间的距离越大，旅游客流量就越小。

②由经济欠发达地区流向经济发达国家和地区。

③流向风景名胜地较多，这是旅游者最普遍的流动规律。

④流向政治、经济、文化的中心。

⑤流向人文关系密切的国家和地区。有民族亲缘关系，或相同的文化渊源和语言文字，或由于殖民、移民等原因政治经济关系密切，或有相同的宗教信仰的旅游地更加容易获得旅游者的认同。

3.2.4 旅游市场常用预测方法

3.2.4.1 预测方法基本类型

旅游市场需求预测根据预测期的长短可分为：长期预测、中期预测、短期预测和近期预测等。①长期预测：5年以上的预测，是对战略性决策的预测，适用于市场需求较稳定的产品；②中期预测：预测期为1-5年的预测；③短期预测：一年以下的预测，适用于产品周期短，市场需求变化快，可以促使企业即时调整营销战略；④近期预测：一般指一年以内，以周、旬、月、季为时间单位的市场预测。旅游规划中的市场需求预测多属于中长期的市场预测。

旅游市场需求预测中常用的预测方法分为定性预测方法和定量预测方法，并以定量预测方法为主（图3-11）。①定性预测是根据市场调研资料和主观经验，通过对预测目标性质的分析和推断，估计未来一定时期内旅游市场商情变化趋势，是对事物属性的预测和定性描述，多用于旅游市场趋势的研究。②定量市场需求预测是基于一定的经济理论与系统的历史数据，建立相应的数学模型，对市场的未来状态与趋势作出定量的描述，对各项预测指标提供量化的预测值。定量预测通常包括点值预测和区间值预测。

3.2.4.2 定量预测方法

定量预测方法中，时间序列预测和回归模型预测方法是常规方法。近年来，人工智能技术方法被引入到旅游市场需求预测中来，并得到了较好的利用。灰色系统理论和人工神经网络理论用于旅游市场研究，有很强的优越性。实证研究表明，灰色系统模型和BP人工神经网络模型预测方法预测结果的精度明显高于常规预测方法。

时间序列方法进行短期预测时，精度一般比较高。但时间序列模型预测结果解释性较差，不利于旅游供给者进行深层次的需求分析，也不能为旅游管理者与旅游开发经营带来更多的决策信息。

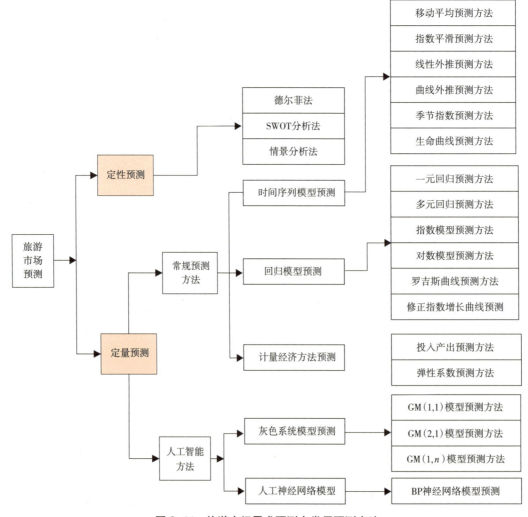

图3-11 旅游市场需求预测中常用预测方法

回归模型（因果分析）在预测旅游市场需求时会很有效，但回归分析要求大样本，这对很多无法得到或一时缺乏数据的实际问题的解决带来很大困难，另外回归分析的预测精度不高，适用于总体预测和长期预测。

人工智能方法虽然在旅游需求预测方面仍然是探索性的应用，但人工智能方法较之传统的时间序列方法以及因果关系分析方法有较高的预测精确度。灰色系统模型和BP人工神经网络模型的共同局限性在于其使用的技术知识要求高，预测成本高，预测结果的解释性较差。

3.2.4.3 定性预测方法

定性分析预测是指预测者通过调查研究，了解实际情况，凭自己的实践经验和理论、业务水平，对旅游发展前景的性质、方向和程度做出分析判断进行预测的方法。定性分析预测的准确程度，主要取决于预测者的经验、理论、专业水平以及掌握的情况和分析判断能力。

定性分析预测有两种不同的层次，一是研究的结果本身就是定性的描述材料，没有量化或量化的水平较低；另一种是建立在严格的定量分析预测基础上的定性分析预测。尤其当预测对象的变化不是渐进的而是突变的，只从历史统计的时间序列中无法推断出结果时，就需要采用定性分析预测方法。

定性分析预测的主要方法有：图形预测法（SWOT分析预测方法）、专家意见预测方法（德尔菲法、头脑风暴法）、判断市场预测方法（主观概率法、思维判断法、指标判断法）等。

旅游市场现象是量与质的统一体，在实际旅游规划市场预测中，定性预测与定量预测不可分割，定量预测应以定性预测为前提，定性预测应以定量预测为补充，才能提高预测值的准确度和可信度。

总之，复杂的预测方法并不一定比简单的方法产生更准确的预测，应充分考虑到各种预测方法的特点、预测问题本身的特点以及时间、人员、费用、相关数据充分程度等制约因素。在对一具体目的地进行需求预测时，要充分考虑到旅游地自身的特点，选择合适的预测方法。采用组合预测的方法，可以适当提高预测的准确性和科学性。

3.2.5 旅游市场组合预测方法

新建旅游项目或新开发的旅游地，基础设施条件较差，旅游景点开发处于较原始的状态，旅游项目比较单一，相应的配套设施和服务还没有跟上来，旅游综合接待能力不足，稳定的旅游客源市场尚未形成，关于游客状况的一些统计数据既少且不准确，如果用它来作为预测的本底数据，其预测结果显然是缺乏科学性和说服力的，也无法比较真实地反映出旅游开发地未来客源市场的发展趋势。由于缺乏历史统计数据，传统的时间序列方法和回归预测方法都失去效用，而以旅游地的社会经济增长率水平去推旅游市场需求的增长率又显得不够客观，因而在此试图将市场需求分级累加法、潜在客源市场调查法、类似项目比较法，并结合定性预测方法，来作为旅游市场需求组合预测的尝试。

3.2.5.1 分级累计法

分级累加法是在充分考虑通达性、行政区界完整性、经济发展水平等因素前提下，把客源市场划分为若干个等级区，计算各个等级区内的人口，出游率，分别预测各区在不同年份的游客量，最后将各个区的预测游客量累加，得到旅游地客源市场需求总量。

分级累加法的计算公式：

$$S_t = \sum_{i=1}^{n} P_i m_i k_i (1+\alpha_i)^t$$

其中：S_t——第t年旅游地客源市场需求总量；P_i——i等级区内的人口规模；m_i——i等级区内旅游出游率；k_i——旅游地在i等级区内的旅游市场份额；α_i——旅游地在i等级区内旅游需求量的增长系数；n——旅游市场需求空间等级区划分数量。

3.2.5.2 潜在客源市场调查法

游客数量的变化受多种因素的影响，就旅游供给因素来说，有交通条件、新建旅游项目、旅游信息服务、旅游接待能力等，这些直接因素的影响容易被预测。潜在旅游者的决策行为通常受到其中一种或几种因素的阻碍和限制。因而，对某一类障碍因素通过不断改善，其障碍影响会逐渐消失，客源市场中那些把它看成是唯一阻力因素的潜在游客，就有可能成为现实游客；把它看成是两个主要阻力因素之一的潜在游客，就有1/2的可能成为现实游客；那些把它看成3个主要阻力因素之一的潜在游客，就有1/3的可能成为现实游客。因此，旅游目的地阻碍因素克服后，年游客量的预测公式为：

$$Y=\frac{Pa\sum_{i=1}^{3}(w_i-\frac{1}{i})+qb\sum_{i=1}^{3}(w_i-\frac{1}{i})}{v}$$

其中：Y为游客数量预测值，P为核心市场的潜在旅游者规模，a为核心市场旅游者的成行系数；q为拓展市场潜在旅游者的规模，b为拓展市场旅游者的成行系数，w_i为各类选择比例，v为核心市场和拓展市场占全部市场的份额。成行系数a、b由专家打分法得出，根据距离衰减法则，v的值可取0.8。

根据这种方法可以预测通过改善旅游目的地制约因素后，旅游市场需求规模，适合于旅游地开发初期的市场需求预测。

3.2.5.3 类似项目比较法

在旅游地所在区域及其近似地区，往往已经建有同类型的、并且不构成直接竞争的旅游目的地，以已建项目为参照物进行适当比较修正，也可获得待建项目的客源量预测值。若构成直接竞争，则应比较竞争力，在总客源量不变或稍增的背景下，两者按竞争力大小，瓜分一定部分。关键是分析该项目可望在其中获得多大比例的客源。对此，还应在全区范围内进行本项目的优劣势分析，通过对现有各旅游景区及待建旅游景区的旅游吸引力和旅游市场定位进行分析，从而确定本项目可望在总客源量中分得的份额。

区域范围内类似旅游目的地比较的前提：旅游地的社会经济发展水平相似；旅游资源条件相似；区位基本相同；旅游开发的基础设施条件等相当；旅游地的开发规模相当。在此前提下，两个旅游目的地的潜在游客市场基本相同。

操作方法：

类似项目比较法预测的主要工作是选取N个旅游目的地竞争力评价指标F_1，F_2，…，F_n，对两个相似旅游目的地的旅游竞争力C进行评价和比较，通过比较系数和已知旅游目的地的市场需求量Y_0和总客源量Q_0，得到未知旅游目的地的市场需求量Y_i。计算公式：

$$Y_i=\frac{C_i}{C_o}(Y_0+Q_0)$$

该预测方法简便易行，节省时间和花费，尤其适合于旅游地开发建设初期，旅游统计数据不完善，市场知名度不高和旅游客源市场尚未形成的情况下的旅游市场需求预测。通过区域范围内相似旅游项目来预测旅游目的地的市场需求，结合其他预测方法，可以提高预测结果的准确性。

3.2.6 汤山风景区北片区旅游市场需求预测

3.2.6.1 研究区域概况

汤山风景区位于江苏省南京市东郊的汤山街道，距离南京市区约40km，距离上海约200km。汤山风景区是南京旅游的重要组成部分，其温泉资源在长三角乃至华东地区得天独厚。汤山风景区北部地区指汤山街道沪宁高速以北的部分地区。北至射乌山、东至伏牛山铜矿、西至阳山碑材保护区东边界，南以高速为界，面积约为41km^2，东西长约10km，南北长约7km。规划范围内的景观资源以山地、水库为主，现状主要景点有安基山湖、射乌山、石佛庵等。

汤山风景区北片区旅游业的现状，无论从资源开发还是从旅游业本身的发展来看，目前都还处于起步阶段：旅游基础设施条件较差，尤其是旅游交通条件已经成为汤山旅游发展的重要瓶颈；景点开发还处于较原始的状态，旅游项目比较单一，以温泉旅游为主题，相应的配套设施和服务还没有跟上来；旅游综合接待能力不足，稳定的旅游客源市场尚未形成。汤山风景区北片区位于南京江宁区汤山街道办事处，由于行政区划调整等原因，缺乏口径统一的社会经济发展统计数据；开发较晚，相关管理部门也刚刚建立，目前关于游客状况的一些统计数据既少且不准确，这些资料无疑只能作为一种背景参考。如果用它来作为预测的本底数据，其预测结果显然是缺乏科学性和说服力的，也无法比较真实地反映出汤山旅游业的实际发展趋势。

正是基于上述考虑，汤山风景区北片区旅游客源市场的预测选择了分级累加法、潜在游客调查法，将两种方法组合来其预测旅游市场需求，最后采用平均值法，获得汤山风景区北片区旅游客源市场需求总量。

3.2.6.2 分级累加法预测

从江苏省及南京市现有客源市场进行分析，一级市场为汤山温泉度假区二次客源、南京市场圈、上海市场圈。二级市场为苏锡常市场圈；三级客源主要是环渤海圈、珠三角以及全国其他地区。根据市场调查的问卷分析，汤山旅游客源市场主要集中在华东地区，因此市场需求预测也以汤山为中心，计算铁路8小时交通圈内的客源市场情况。

以区域旅游的时间距离来统计汤山旅游客源市场规模，3小时铁路圈内包括了长江三角洲内大部分城市，及安徽省的一部分城市，旅游市场总体规模达10120.36万人；铁路8小时区域范围内，包括了安徽、河南的部分城市，旅游市场总体规模达23839.66万人。以公路时间距离2小时区域范围来估计，则几乎涵盖了江苏省的所有大中城市，总体市场规模达7098.9万人；3小时交通圈范围内则涵盖了上海和浙江省的一部分城市，总体市场规模达到16534.86万人。

铁路3小时圈市场规模统计　　　表3-6

城市	人口（万）	出游率	城市	人口（万）	出游率
南京	741.3	102.7	嘉兴	252.6	100
镇江	295.9	100	合肥	448	99.7
扬州	451.1	100	马鞍山	122.3	99.7
常州	357	100	滁州	431	99.7
无锡	556.5	100	芜湖	222	99.7
苏州	752.9	100	宣城	275.3	99.7
南通	733.8	100	巢湖	453.7	99.7
上海	3266.86	104.7	淮南	210	99.7
湖州	207.1	100	蚌埠	343	99.7
			合计	10120.36	

铁路8小时圈市场规模统计　　　表3-7

城市	人口（万）	出游率	城市	人口（万）	出游率
杭州	660.4	142.6	淮安	498	100
绍兴	433.2	100	盐城	779.9	100
黄山	147.5	100	连云港	454.9	95.7
安庆	604.2	100	济宁	822	95.7
六安	668	100	枣庄	360.4	95.7
阜阳	900.3	100	菏泽	881	95.7
宿州	588.3	100	郑州	661.9	95.7
淮北	201.9	100	开封	490.3	95.7
亳州	534.1	100	驻马店	826.5	95.7
徐州	882.5	100	周口	1006.3	95.7
宿迁	495.7	100	商丘	822	95.7
			合计	13719.3	

公路2小时圈市场规模统计　　　表3-8

城市	人口（万）	出游率	城市	人口（万）	出游率
南京	741.3	102.7	马鞍山	122.3	99.7
扬州	451.1	100	滁州	431	99.7
镇江	295.9	100	芜湖	222	99.7
常州	357	100	巢湖	453.7	99.7
无锡	556.5	100	宣城	275.3	99.7
苏州	752.9	100	淮南	210	99.7
淮安	498	100	蚌埠	343	99.7
南通	733.8	100	湖州	207.1	100
合肥	448	99.7	合计	7098.9	

公路3小时圈市场规模统计　　　表3-9

城市	人口（万）	出游率	城市	人口（万）	出游率
上海	3266.86	104.7	宿州	588.3	100
杭州	660.4	142.6	淮北	201.9	100
嘉兴	252.6	100	徐州	882.5	100
绍兴	433.2	100	宿迁	495.7	100
黄山	147.5	100	连云港	454.9	100
安庆	604.2	100	盐城	779.9	100
六安	668	100	合计	9435.96	

如表3-6～表3-9所示，取江苏、浙江省大中城市的平均出游率为100，安徽部分城市平均出游率为99.7（以合肥为例），河南部分城市的平均出游率为95.7（以郑州为例），计算得到火车8小时交通圈范围内汤山旅游潜在客源市场规模为

24013.6万人；公路3小时交通圈范围内汤山旅游潜在客源市场规模为16982.2万人。

铁路3小时交通圈内潜在游客规模为10286.4万人，可以视为汤山旅游客源的核心市场。铁路3小时交通圈以外，8小时交通圈以内的潜在游客规模为13728.6万人，可视为汤山旅游客源的二级市场，根据核心市场所在区域的社会经济发展水平，和汤山旅游发展的宏观趋势，分别对两个级别的市场圈内的潜在游客增长率及汤山所占的市场份额做估计，计算得到汤山2009～2020年旅游市场需求总量。设2010年以前，汤山核心客源市场与二级市场规模年增长率为分别为8.0%和7.0%，汤山旅游目的地所占的市场份额分别为0.7%和0.4%；2011～2015年，核心客源市场与二级市场规模年增长率分别为7.5%和6.0%，汤山旅游目的地所占的市场份额分别为0.75%和0.45%；2016～2010年，核心客源市场与二级市场规模年增长率分别为6.0%和5.5%，汤山旅游目的地所占的市场份额分别为0.8%和0.5%。计算得到汤山旅游潜在客源市场需求如表3-10所示。

汤山风景区北片区旅游市场需求预测　　表3-10

	2009～2010年	2011～2015年	2016～2020年
3小时交通圈	84万	130万	185万
4～8小时交通圈	63万	95万	137万
旅游市场需求总量	147万	225万	322万

3.2.6.3　潜在客源市场调查法预测

前文对旅游市场需求影响因素做了叙述，游客数量的变化受到多种因素的影响，下面从旅游规划的角度来分析问题，找出旅游地发展自身存在的制约因素，通过规划来克服这些制约因素，从而达到拓展旅游地市场，增加游客量的目的，并最终促进旅游地的开发建设和社会经济发展。从问卷调查的统计结果来看，目前阻碍潜在旅游者到汤山旅游的主要因素是交通舒适度、娱乐项目少和温泉配套设施不完善，如果认为到汤山的游客数量变化是这三个因素的函数，那么随着汤山旅游的开发建设，这三个条件得到改善，那么游客数量就会不断增加。游客最不满意的因素统计调查分析显示，在3个主要阻碍因素中，有的被调查者只受阻于其中1个或2个因素，也有的受阻于三个因素。对这三个阻碍因素的各类选择比例如表3-11。

潜在游客对去汤山阻碍因素的识别　　表3-11

阻碍类型	认为受阻于1个因素		认为受阻于2个因素		认为受阻于3个因素	
	核心市场	二级市场	核心市场	二级市场	核心市场	二级市场
交通因素	7.3%	8.8%	9.7%	41.6%	5.8%	24.5%
娱乐项目	18.8%	14.3%	17.6%	38.95	11.2%	27.1%
温泉配套设施	23.7%	32.1%	23.1%	43.1%	8.5%	17.6%

通过对阻碍因素的改善，会逐渐吸引这些潜在游客来汤山旅游，从而使这些潜在游客变为现实游客。其中一种因素得以改善，那么那些把它视为阻碍因素的游客将转变为现实游客；另外两类潜在游客将分别有1/2和1/3的可能成为现实游客。根据上文的公式，年游客量的预测值为：

$$Y = \frac{pa\sum_{i=1}^{3}(w_i - \frac{1}{i}) + qb\sum_{i=1}^{3}(w_i - \frac{1}{i})}{v}$$

汤山核心市场潜在游客为10286.4万人，据调查样本结果显示，愿意到汤山旅游的占12%；即p为1234.4万人；二级市场潜在游客为13728.6万人，愿意到汤山旅游的占8%，即q为1098.3万人。利用专家打分法，测得核心市场潜在旅游者成行系数a为0.2，二级市场潜在旅游者成行系数b为0.1。根据距离衰减法则，v的值为0.8。潜在旅游市场有75%的游客关注这三个障碍因素，因此，消除这三个阻碍因素后，汤山的旅游市场需求量估计值为：（1234.4×0.75×0.2+1098.3×0.75×0.1）/0.8=334万。

综合以上两种方法，预测到2020年，汤山旅游市场需求总量估计在330万左右。

汤山旅游市场以中青年为主，且以旅游观光、户外休闲、温泉康体为主要目的。游客的文化水平和收入水平较高，追求较高的生活品质，因此汤山温泉旅游应该发展成档次品位较高的旅游项目。对旅游产品偏好调查的分析发现,汤山的自然风景、温泉依然是旅游者最感兴趣的旅游资源。

汤山风景区北片区作为新开发的旅游地,基础设施条件和旅游景点均处于初级阶段,相应的配套设施和服务还没有跟上来,旅游市场空间狭小,稳定的旅游客源市场尚未形成由于缺乏历史统计数据,传统的时间序列方法和回归预测方法都失去效用,而以旅游地的社会经济增长率水平去推旅游市场需求的增长率又显得不够客观,而采用分级累加法、潜在客源市场调查法、并结合定性预测方法的组合预测方法,来预测汤山风景区北片区的旅游市场需求,充分考虑了其旅游开发的阶段特征、旅游市场需求影响因素分析和旅游市场空间结构特点,避免了常规方法的局限性,发挥了组合预测方法的优势。

3.3 游憩适宜度评价方法

游憩适宜度评价是风景区游憩开发的必要前提和规划指导。下面根据景区游憩资源特征,建立两层次、四步骤的评价体系,两层次即单项游憩活动物理环境适宜度评价层和风景区游憩适宜度综合评价层;四步骤即单项活动物理环境评价、风景区游憩生态适宜度评价、风景区游憩景观适宜度评价,然后通过风景区游憩人文社会适宜度对上述步骤结果进行修正(图3-12)。评价体系针对各个步骤评价内容需求选取评价指标进行量化,并运用ArcGIS技术将各因子得分矢量叠加得出各个专题图,最终得出单个游憩活动适宜度总体评价图。最后结合本溪水洞风景区案例,实践并检验该评价体系的科学性,为风景区游憩规划分区、游憩项目规划布局、游线游程安排提供科学的指导和依据。

3.3.1 游憩活动物理环境适宜度分析

游憩活动物理环境适宜度指满足单项游憩活动所需的场地空间条件,即实质环境条件,主要包括所需的地形、坡度、场地面积、用地类型等(水上活动则为水质、水体流速流量等;空中活动则为净

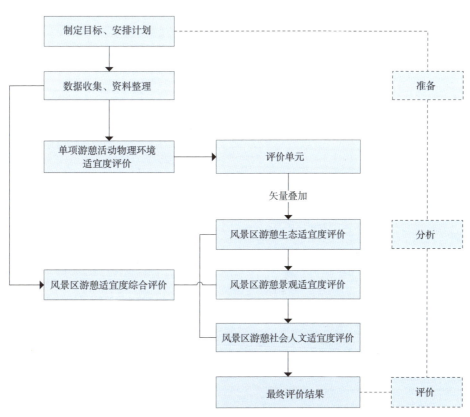

图3-12 风景区游憩适宜度评价技术路线

空范围等）。由于游憩活动的多样性，其所需的实质物理环境条件各不相同，对此进行专门评价，为景区游憩适宜度综合评价奠定基础。

以下是各类游憩活动开展导则（表 3-12），包括室内、水、陆、空 4 大类游憩活动中各类游憩活动需求的场地、设施及使用人群等关系。

游憩活动开展导则　　　　　　　　　　　　　　　　　表 3-12

类别	活动	设施	使用人群	场地	要求限制（环境）	技术性
室内活动	文化活动	电影院或多功能厅	会议，观看表演	200～1000m²		
		图书馆（教育中心）	游客			
		青年中心	青年人聚会	200～800m²		
	休闲活动	温泉 SPA		占地 700m²		
陆上游憩	骑马中心	马舍，驯马中心	年纪较轻者	马道 2.5～3m 宽草场 >0.2hm²		5
	乘坐马车		均可			1
	高尔夫	球场，练习场，服务区，	高收入者	45～60hm²（18 洞）		4
	滑雪	服务区，索道上下站，雪道，停止区	年轻人居多	室外滑雪场大于 5000m²		8
	野餐	野餐设施（桌椅，火架，垃圾桶）饮用水及厕所	均可	按场地大小，每单元占地 30m² 左右		2
	野营		均可			4
	徒步	解说牌或路标，防灾设施，沿途的指导及教育性设施	均可	生态环境良好地区域，密度不要超过每公里每天 50 人	尽量采用影响较小的铺路方式	4
	越野自行车			1.6～3.2km 的未铺装自然道路		3
	山地自行车			时而平坦时而起伏的道路	最大坡度 10°～30°	4
	摄影写生		均可			2
	文化表演			1hm² 以上开阔平整场地		
	HASH		一大群人		自然环境，啤酒	3
	观鸟观兽	棚物	均可	无人类干扰的自然区域		~
	攀岩	保护装置，人工悬梯，铁索		岩壁陡峭，稳定		10
	定向越野	检查点标志，地图	体力充沛，有越野能力者		中等起伏森林地	8
水上游憩	竹筏漂流					~
	独木舟		游泳最少 50m	1000m 左右水道	最小水深 2m	7
	橡皮艇漂流					5
	自然泳浴	沙滩或卵石滩，浮动平台，淋浴更衣室，救生服务	均可	每人 5～15m² 的水面面积（安全区内）		2
	小型手划船和脚踏船			长约 700m 的水道	水道浅，通常不太规则	3
	垂钓	如与野餐区相连，要有处理鱼的设施	均可	0.5～2HA 隔离区域（家鱼放养）	限制在岸的一侧	1
	遥控航模		均可	30m×200m 水面		4
	滑冰	自然或人工冰面，冰层厚度超过 15cm	青少年为主	室外冰场面积不小于 2000m²	冰层厚度稳定	8
空中游憩	热气球	系绳，热气球	恐高者不宜	有篮球场大小平坦空地	12 月，1 月最适宜，风力 3 级以下	~
	滑翔	滑翔伞及相关工具	恐高者不宜，有一定技术能力者	场地开阔平坦，满足净空要求		8

3.3.1.1 评价指标选取

不同游憩活动所需的物理环境不尽相同，因此应针对不同的活动分别设定评价指标。需要说明的是，不同的指标对游憩活动开展的影响程度不同。因此根据木桶原理，可将评价指标分为必要性指标和非必要性指标。必要性指标是对游憩活动产生最大影响甚至决定性作用的指标，如这一条件不能满足，则此活动不能开展。例如滑雪活动中年降雪量小于一定的值则不能开展，尽管其他条件如场地地形、场地面积等非常适合，最终因必要性指标的一票而否决。非必要性指标则是那些对活动开展没有决定性意义，但对活动质量体验有着影响的指标。在此以露营活动为例进行指标选择和量化。

露营活动是指不借助屋室、旅店等人工住宿设施，利用自带帐篷在野外生活过夜。露营早期由军事行动或体育训练发展而来，逐渐成为国内外户外探险旅游爱好者的主要游憩活动之一。为安全起见，露营营地要求选择在干燥、平坦、视线辽阔的地方，此外接近水源以便生活取水；靠近道路是露营营地的另一选择标准。从露营活动所需的实质性物理环境来看，露营营地对地形和水文要求较高，归纳总结可选表3-13中的指标进行评价。

露营活动物理环境评价因子分析　　　　　　表3-13

评价因子类型	评价因子	评价因子属性	选取因子理由
地形	坡度	一般坡度≤15°视为平缓地形；坡度≥1°即可自然排水	地形平整，易排水
地形	坡向	根据当地主导风向而定；尽量避开当地盛行风向，选择背风山坡	背风背阴以保证休息质量和野外用火安全。不宜在山顶或高凸之地迎风安营
地形	高程	相对高程的中间地带，避免区域中过高的地方和过低的地方	不能将营地安排在悬崖下，避免高山落石；避开在高地安营，防止雷击；避免谷地，防止山洪暴发
植被	植被类型	草地、疏林草地最佳；灌木次之；密林及荒地最差	林地中虫蛇过多、易遭动物袭击；枯木多的地方易落木；独树下安营易遭雷击
水文	水源位置	营地1公里内有水源，且取水途径较便捷	附近有溪流、水潭、河流、涌泉等水源
水文	防洪缓冲区（距离防洪线一定缓冲范围）	距河流有一定距离，雨季或多雨年份应退至防洪线以外	防止河流涨水和山洪暴发

3.3.1.2 评价指标量化

景观资源的量化方法通常有层次分析法、模糊综合法、灰色聚类法、价值工程法、综合指数法、可持续发展指数模型和元胞自动机模型等（边馥苓，1995），本文选取层次分析（AHP）法进行指标权重的分配，运用综合指数法对游憩活动评价指标进行量化。其公式为：

$$p = \sum_{i=1}^{n} p_i = \sum_{i=1}^{n} \alpha_i \beta_i$$

式中，p——游憩活动物理环境适宜度指数
α_i——评价因子适宜指数
β_i——评价因子的权重

根据露营活动场地需求因子特征将其物理环境适宜度指数分为5级，赋值0～100。其分值给定情况见表3-14。

3.3.1.3 评价指标权重分配

针对每项活动的特点，运用层次分析法建立互反矩阵对某一项游憩活动的评价指标进行权重分配。首先建立第1层总目标层A为露营活动物理环境适宜度评价；第2层为综合因素层，即B层；第3层为评价指标层，即C层。然后通过实地踏勘和调查问卷，结合有关方面专家意见，构造判断矩阵，然后用和积法进行计算，分别计算出综合评价层C、因子评价层B各因素的权重，最后进行一致性检验（表3-15）。

露营活动评价因子适宜度等级表 表3-14

等级赋值 评价因子	适宜指数及等级				
	100～80	79～60	59～40	39～20	19～0
坡度	≤3°	3°～7°	8°～15°	16°～35°	>35°
坡向	西北北及西西北	西南西及南西南	东南南及东东南	北北东及北东东	
高程	401～600m	201～400m	601～800m	0～200m	801～1000m
植被类型	草地	疏林草地	灌木林地	密林地	荒地
水源位置	≤250m	251～500m	501～750m	751～1000m	>1000m
防洪缓冲区距离	>100m	76～100m	51～75m	26～50m	0～25m

注：坡向应依据当地风向频率而定；高程应参考当地相对高程而定，即一定范围内最高高程和最低高程之差，以1000m为示例分成5等级。

露营活动物理环境评价指标体系及权重表 表3-15

总目标层	权重	综合评价层	权重	因子评价层	权重
露营活动物理环境适宜度评价 A	1	地形因素 B1	0.51	坡度 C1	0.24
				坡向 C2	0.23
				高程 C3	0.04
		植被因素 B2	0.18	植被类型 C4	0.18
		水文因素 B3	0.31	水源位置 C5	0.13
				防洪缓冲区 C6	0.18

3.3.1.4 单项游憩活动物理环境适宜度综合评价

结合以上指标体系，将收集的数据资料（包括CAD地形图及其他图形数据）直接导入ArcGIS软件，将其GIS化。将各因子栅格数据进行等级分类，生成相应各类分析图后将各图层因子权重储存于数据库中，最后将图层矢量叠加运算，将叠加后的栅格进行重分类，设定适宜的分数等级，将多类归纳为五类：最适宜、较适宜、适宜、较不适宜、完全不适宜。对运算结果的重新分类不单依靠软件运算结果，需结合一定的人工判读，通过观察每次重新分类的结果并进行反复调整，寻找适宜度分类标准，达到主客观结合，修正数据的实用性。

3.3.2 游憩生态适宜度分析

所谓游憩生态适宜度是根据不同生态因子相对于游憩活动开展的重要性（影响程度），确定它们对影响游憩活动的权重及其在空间上的组合，在此基础上，对景区内不同地段是否合适开展游憩活动和适宜的程度进行评估，从而做出决策。一方面使风景区能自然进化，并最小程度地受到人类活动的影响，同时为风景区游憩规划提供科学规划依据。

3.3.2.1 评价指标选取

影响游憩地生态承受能力的主要自然因素包括地形气候、地貌因素、水文因素、生物因素等。其中气候针对大尺度的区域空间影响较大，但对中小尺度的空间（风景区）而言，因空间范围内气候差异性不大因此不作为本研究选择指标。

①地貌因素评价指标。

地貌因素中主要反映在坡度上，坡度越大，水土越容易流失，植被受到破坏越不容易恢复，一旦受到外来人为活动影响生态系统更易遭到破坏；而坡度平缓的地方，多能很好的保持水土，因此植被相对容易扎根，因此较易形成生态的良性循环。在此将坡度分为四个等级，其不同生态承受能力如表3-16。

②水文因素评价指标。

水文因素是影响游憩地生态状况的另一重要自然因素。水文因素包括水质、流量流速、水位、洪水淹没线等，其中对风景区影响最大的是水质。水质洁净程度一定程度上决定了景区水生态安全状况，也会直接影响到土壤、植被等其他生态因素。因此，

不同坡度等级的生态承受能力 表 3-16

坡度等级	生态承受能力
≤ 5°	能够承受强度较大的人为活动（如建筑、修路、践踏）
6°~15°	能够承受一定强度的人为活动，但大面积、高强度开发会导致局部水土流失
16°~30°	能够承受低强度的人为活动，但一旦植被遭到破坏，将带来相当面积的水土流失
31°~45°	坡度较陡，轻度或局部的人为活动都可能带来生态冲击，导致滑坡或泥石流等灾难
>45°	超出一般土壤的土壤安息角角度，即便没有人为活动干扰，自然环境因素（如降雨降雪）也会造成相当程度的自然灾害

水源安全是景区水体水质保持洁净的首要条件。

根据风景区水源分布，建立相应的水源缓冲区和保护区来控制人为活动，对不同水体缓冲区和不同水源保护区进行等级划分和赋值，是评价风景区游憩生态适宜度的另一标准。

在此根据《风景名胜区规划规范》中对风景资源水景的分类，将水体水源按表 3-17 中的等级划分并限制相关游憩活动强度。

③植被因素评价指标。

不同的植被类型忍受环境破坏的能力不同，通常情况下，按照荒地——草地/农田——灌木——林地的顺序，生态承受力递增（钟林生等，2002）。

同一植被类型不同覆盖率具有不同的承受能力，一般而言植被覆盖密度越高，植被的自身恢复能力越强，其生态承受力也就越强。表 3-18 将植被密度按 5 个等级划分，密度越高，赋值越高。

各类水体水源保护范围及游憩活动限制措施 表 3-17

水体水源分类		保护等级	保护范围	游憩活动限制措施
地表水体	江河、溪流	一级保护	景区内江河、溪流上游水域	禁止需要高强度游憩设施开发的活动（如水上乐园主题公园）；控制低强度开发的游憩活动（漂流、戏水等）
		二级保护	景区内河流自然驳岸不完整、受到破坏的水域	控制高强度游憩设施开发的活动；允许低强度开发的游憩活动；但开发前都应实施生态恢复措施
		三级保护	河床裸露的河道段、河床淤堵的河道段	清理河床，疏通河道，并进行驳岸的生态恢复；恢复后允许低强度游憩活动的开展
	湖泊、潭池	一级保护	湖泊、潭池的入水口	禁止高强度游憩活动设施的开发
		二级保护	景区内水域驳岸受到破坏的部分	控制高强度游憩设施开发的活动；允许低强度开发的游憩活动；但开发前都应实施生态恢复措施
	跌水、瀑布	一级保护	跌水和瀑布的源头	禁止需要高强度游憩设施开发的活动（如水上乐园主题公园）；控制低强度开发的游憩活动（漂流、戏水等）
地下水	泉井	一级保护	泉井的地下水水源供给范围内土地	禁止高强度开发建设游憩活动设施，保护水源涵养林，防止污水下渗；允许低强度开发的游憩活动（如漫步、观赏等）
	暗河	一级保护	暗河地下水水源供给范围内土地	禁止高强度开发建设游憩活动设施，保护水源涵养林，防止污水下渗；允许低强度开发的游憩活动（如漫步、观赏等）

不同类型植被生态承受能力及游憩活动限制措施 表 3-18

植被类型	生态承受能力	游憩活动限制措施
荒地	自身生态稳定性差，经历轻微自然因素干扰就有可能造成生态破坏	禁止高强度游憩活动开发；经生态恢复后，允许低强度游憩活动开发
草地/农田	自身生态稳定性一般，能承受较小的人为干扰	控制高强度游憩活动开发；允许低强度游憩开发
灌木	自身生态稳定性较好，能承受一定程度的人为干扰	允许中等强度游憩活动开发，可进行一定规模低强度游憩活动开发
阔叶林地	自身生态稳定性良好，生态承受能力较强，可承受较大规模的人为干扰	允许高强度游憩开发，但控制林地破坏；可进行较大规模低强度游憩活动开发
针叶林地	自身生态稳定性良好，生态承受能力强，可承受大规模的人为干扰	允许高强度游憩开发，但控制林地破坏；可进行大规模中、低强度游憩活动开发

3.3.2.2 评价指标量化

结合以上分析，将各评价因子按等级赋值法划分等级并赋值，见表3-19。

游憩生态适宜度评价因子适宜指数及等级表　　表3-19

等级赋值 评价因子	适宜指数及等级				
	100~80	79~60	59~40	39~20	19~0
坡度	≤5°	6°~15°	16°~30°	31°~45°	>45°
水体缓冲区	>250m	250~150m	149~50m	49~0m	水边
水源保护区	非保护区		三级保护区	二级保护区	一级保护区
植被类型	林地	灌丛	草地	裸地	—
植被覆盖率	100%	80%	60%	40%	20%

3.3.2.3 评价指标权重分配

运用层次分析法，建立层次结构模型（表3-20），同理分别计算出综合评价层B、因子评价层C各因素的权重，最后进行一致性检验。

游憩生态适宜度评价指标体系及权重表　　表3-20

总目标层	权重	综合评价层	权重	因子评价层	权重
风景区游憩生态适宜度指数A	1	地形因素B1	0.27	坡度C1	0.27
		植被因素B2	0.41	植被类型C2	0.19
				植被覆盖率C4	0.22
		水文因素B3	0.32	防洪缓冲区C5	0.14
				水源保护区C6	0.18

3.3.2.4 风景区游憩生态适宜度综合评价

根据GIS叠加后的运算结果，结合人工判读对景区游憩生态适宜度评价图进行再分类和分级，将其归纳为五类：最适宜、较适宜、适宜、较不适宜、完全不适宜。通过游憩生态适宜度综合评价图，可以判读哪些地段适合开展对环境冲击度强、影响大的游憩活动，哪些地段适合开展低冲击度、影响小的游憩活动，哪些地段不适宜开展任何活动并应加以保护。不同的生态适宜度地段与不同强度游憩活动的空间地域优化组合，是实现景区游憩资源潜力开发效益最大化和生态环境最优化的有效途径。这将为平衡景区游憩开发与生态保护提供了一定的参考价值，是风景名胜区游憩适宜度综合评价不可缺少的部分。

3.3.3 游憩景观适宜度分析

风景名胜区作为特殊的游憩地类型，其本身以丰富的风景资源和优美的环境吸引游憩者的到访，不仅游憩设施和生态环境是游憩者注重的要素，良好的视觉景观资源更是游憩者注重的游憩资源。为发挥风景名胜区风景资源优势，在风景区游憩适宜度评价过程中，对景观适宜度分析是十分必要的。

3.3.3.1 评价指标选取

风景区游憩景观适宜度分析中，包括对景观视觉质量评价以及景观资源的视觉敏感度分析两部分。

景观视觉质量评价包括景观资源质量及规模评价。景观资源质量指景观资源的审美价值，即视觉美学意义上的价值评估，是定性评价；景观资源规模指景区内景观资源数量和景观类型的丰富度，是定量评价。通过对景区景观资源质量和规模进行评价，为下一步景观敏感度分析提供评价的物质基础。景观资源的视觉敏感度是景观被观赏者所注意到的程度，它是景观的醒目程度等的综合反映，反映了该景观在视域范围内的重要性和受公众关注的程度，与景观本身的空间位置、物理属性等都有密切关系。

3.3.3.2 评价指标量化

（1）景观视觉质量因素

一是景观资源质量。景观资源视觉质量的分析采用心理物理学方法，研究步骤如下：

①对景区风景资源（景观资源）进行调查、统计和分类。

②根据景区特点，选择评价单元。根据景区规模和风景资源特征，选择适宜的评价单元，如划分景片为评价单元。

③选择评价因子建立评价体系，并确定因子权重。

景观资源的视觉质量分析包含了景点的美感度、珍奇度、完整度和单体规模4个评价因子。运用层次分析法，建立两两比较判断矩阵，计算各因子权重值，见表3-21。

风景资源视觉质量评价因子权重分配　表3-21

目标评价层	权重	综合评价层	权重
风景资源视觉质量指数	1	美感度 C1	0.31
		珍奇度 C2	0.24
		完整度 C3	0.25
		单体规模 C4	0.20

④选取对研究区域了解较为深入的专家、游客、居民等作为评价人，通过对此类人群发放一定数量问卷进行视觉感受调查，对不同景点各方面因子的相对满意程度打分。每个景点满分为100，问卷设计如表3-22。

风景资源视觉质量评价问卷　表3-22

评价因子 景观单元	美感度 31	珍奇度 24	完整度 25	单体规模 20	总分
S_1					
S_2					
$S_…$					
S_n					

二是景观资源规模。本研究以景点价值作为评价指标来定量评价旅游资源规模，借助GIS中空间分析相关功能，将景点的价值以辐射面积量化表达，景点价值越大，其辐射面积越大。按照辐射面积将现有景点资源划分为景点资源辐射区和非景点资源辐射区，并以空间分布的形式直观表达出来。以景观资源质量评价得分为基准，具体赋值如表3-23。

（2）景观视觉敏感度因素

景观视觉敏感度是景观注意到的程度和量度，是景观的易见性、可见性、清晰性、景观的醒目程度的综合反映（汤晓敏，2007），它与景观本身的空间位置，物理属性等都有密切关系。影响景观敏感度的因素很多，其中主要有以下三方面：

①景观在游憩者视域内出现的概率越大或持续的时间越长，景观的敏感度就越高，其对游憩者的视觉影响也就越大；

②景观与观赏者之间的相互位置关系。景观相对于游憩者的距离越近，景观的易见性和清晰度就越高，对游憩者的视觉影响也就越大；

③观赏对象离主要观景点及观景道路的视距。距离不同，敏感度不同，按前景带、中景带、远景带和鲜见带的四个距离带划分，敏感度依次降低。上述变量在景观对象上的多重叠加，就可以得出其景观敏感度，并可以制定出相应的景观敏感度分级分布图，作为游憩景观适宜度评价的另一重要依据。

分析由ArcGIS中3DAnalysis下的Viewshed功能完成。Viewshed功能可以输出景观中GIS生成TIN网单元可以看到的景点次数。本研究中主要依据观赏对象和观景点之间的视距作为评价标准，在GIS分析针对某景物的可见视域中，按人的视觉特征将视距划分为5个等级，并分别赋值，见表3-24。

3.3.3.3 评价指标权重分配

运用层次分析法，建立层次结构模型，同理分别计算出综合评价层B、因子评价层C各因素的权

风景资源规模缓冲区域等级划分及赋值　表3-23

景点价值	100~80	79~60	59~40	39~20	19~0
等级	1	2	3	4	5
r（辐射半径）	1000~800m	800~600m	600~400m	400~200m	200~0m

视觉敏感度等级划分及赋值　表3-24

TIN网单元数	>200	130~200	80~130	50~80	≤50
赋值	100~80	79~60	59~40	39~20	19~0
敏感度描述	视觉冲击力极为强烈，在游憩者视域范围内占主导地位，成为景观前景带	视觉冲击力较为强烈，是游憩者视域范围内重要景观要素之一，成为中景带	视觉冲击力一般，可见但在视域范围内所占比例不大，成为远景带	可见但不明显，成为鲜见带	几乎不可见

重，最后进行一致性检验，见表3-25。

游憩景观适宜度评价因子权重分配　　表3-25

总目标层	权重	综合评价层	权重	因子评价层	权重
风景区游憩景观适宜度指数A	1	景观视觉质量B1	0.74	景观资源质量C1	0.49
				景观资源规模C2	0.25
		景观敏感度B2	0.26	景观资源可见度C3	0.26

3.3.3.4 风景区游憩景观适宜度综合评价

风景区游憩景观适宜度综合评价是对景区中景观视觉效果的综合评价，该评价在一定程度上强调了具有较高景观视觉价值要素对游憩活动的影响。通过游憩活动与视觉景观环境空间的优化组合，使得风景区风景资源优势充分发挥的同时，提高游憩活动的视觉环境品质。

3.3.4 游憩社会人文环境适宜度分析

由于风景区游憩资源对人文社会环境有相当的依托性，因而仅通过对游憩活动所需场所适宜性及景区游憩生态、景观等方面客观因素进行评价不足以体现景区人文环境特征和需求。应在客观评价的基础上加入景区社会人文等主观因素进行评价，使得评价结果主客观相结合，更好地反映景区内人文地理状况与居民社会需求状况对游憩活动开展的影响，从而进一步合理指导游憩规划。

3.3.4.1 评价指标选取

对景区游憩适宜度影响较大的社会人文因子进行评价，主要包括人文地理类因素和人文社会类因素。

（1）人文地理类因素

①道路交通

游憩活动的开展与交通的便利度有直接的关系。根据不同道路类型和等级，可将道路分为铁路、国道、省道、高速路、县道、村镇道路及乡间小路等。其中国道、省道是风景区与周边主要客源市场的联系通道；县道、村镇道路及乡间小路则是风景区内部的主要交通道路。同样的游憩资源会因为交通的影响而具有不同的开发潜力，进一步影响景区游憩适宜程度。

②村镇体系

对景区游憩活动开展起主要影响作用的人文社会因素中，村镇等居民点的位置、规模对附近游憩活动的开展有着一定的关系。一方面，较接近村镇等居民点的地段开展游憩活动，能为游憩者提供一定的餐饮、住宿等自发形成的服务设施；另一方面，具有一定规模、能体现景区地域风情的居民区本身就是良好的游憩资源。

（2）人文社会类因素

在现代旅游规划中，强调把旅游目的地的社会、文化目标融入总体目标之中，在编制旅游规划时必须保证当地居民对旅游发展具有充分的发言权和决策权，社区参与成了新时期旅游规划的明确导向（孙九霞，保继刚，2006）。通过当地居民的参与规划，使当地居民的想法和对旅游的态度反映在规划中，以减少居民对旅游的反感情绪和冲突，以便更好地开展旅游活动（李俊英等，2010）。

风景区游憩适宜度评价是景区游憩规划的前期准备，在这一评价过程中，针对景区居民对景区游憩开发的态度和参与意识进行问卷调查和访谈，能够在一定程度上反映出景区人文环境对游憩开发的推动和限制作用。

3.3.4.2 评价指标量化

道路交通是线状要素，可借助ArcGIS中缓冲区分析进行赋值和运算。本研究将道路分为2类：一级公路（铁路、国道、省道、高速路）；二级公路（县级路、乡间小路）。将各道路要素层矢量数据做缓冲区分析，将分析结果分为道路、一级缓冲区、二级缓冲区、三级缓冲区、无影响区5类。见表3-26。

道路交通等级划分及赋值　　表3-26

赋值	100~80	79~60	59~40	39~20	19~0
一级公路缓冲距离	无影响区	三级缓冲区（500m）	二级缓冲区（200m）	一级缓冲区（50m）	道路
二级公路缓冲距离	无影响区	三级缓冲区（200m）	二级缓冲区（100m）	一级缓冲区（20m）	道路

村镇体系也可借助 ArcGIS 中的缓冲区分析进行赋值和运算，具体赋值如表 3-27。

居民支持度通过问卷调查法进行评分，设计问卷如表 3-28。

村镇体系缓冲区域等级划分及赋值 表 3-27

赋值	100~80	79~60	59~40	39~20	19~0
缓冲距离	≤150m	151~300m	301~800m	801~1500m	>1500m

居民支持度调查及赋值 表 3-28

问题	100	80	60	40	20
1. 您是否欢迎景区进行游憩开发？	非常欢迎	比较欢迎	欢迎	不大欢迎	很不欢迎
2. 您是否愿意参与到游憩规划及开发过程中，给出自己的建议？	非常愿意	比较愿意	愿意	不大愿意	很不愿意
3. 景区开发后您是否愿意根据景区游憩市场需求调整自己的工作？（如以务农转为经营旅游产品）	非常愿意	比较愿意	愿意	不大愿意	很不愿意
4. 您是否愿意为游憩者的问询提供热情积极解答和帮助？	非常愿意	比较愿意	愿意	不大愿意	很不愿意
平均得分					

评价单元以村域为准，对各个村域内居民发放一定数量的问卷，对回收的有效问卷进行统计，所得平均分为该村域居民支持度得分。

3.3.4.3 评价指标权重分配

采用层次分析法建立两两比较判断矩阵，同理分别计算出综合评价层 B、因子评价层 C 各因素的权重，最后进行一致性检验（表 3-29）。

游憩社会人文环境适宜度评价因子权重分配 表 3-29

总目标层	权重	综合评价层	权重	因子评价层	权重
风景区游憩社会人文环境适宜度指数 A	1	人文地理类因素 B1	0.57	道路交通 C1	0.37
				村镇体系 C2	0.20
		人文社会类因素 B2	0.43	居民支持度 C3	0.43

3.3.4.4 风景区游憩人文社会环境适宜度分析及对前述结果的修正

将各评价指标及权重输入 GIS 进行矢量叠加运算，得到风景区游憩人文社会环境适宜综合指数。人文社会适宜性是影响风景区游憩开发的重要因素，也是游憩适宜度的评价的重要考量要素。良好的游客 - 原住民关系是创造良好游憩人文环境的重要标度。该评价图针对道路、村域及人文环境进行评价，为每块用地游憩开发是否能顺利进展提供了一定参考和指导。运用此结果对前述分析进行修正，在一定程度上对客观评价进行的主观修正，使评价体系更加合理。

3.3.5 本溪水洞风景区游憩适宜度评价

本溪水洞风景区位于辽宁省本溪市满族自治县管辖境内，西距本溪市区 35km，东至本溪满族自治县县城（小市）5km。规划边界界定主要以最近分水岭及个别地段南北走向山脉从河流退界 150~200m，分别沿 500m（北岸）和 250m（南岸）等高线或相应道路为界。风景区规划面积 47.28km^2，东西宽约 7.49km，南北长约 10.29km。境内太子河流域 21.75km。本溪水洞风景区区位图和规划范围图见图 3-13、图 3-14。

3.3.5.1 资料准备与数据处理

本溪水洞风景区游憩适宜度评价是基于 GIS 技术平台实现的，软件采用 ArcGIS Desktop 9.3。游憩适宜度评价的基础地理数据为普通扫描等高线图，经过 ArcScan 对扫描地形图进行采点并矢量化，得到 GIS 格式的等高线图，作为进行 GIS 分析的基础标准数据。详见图 3-15、图 3-16。

同样，通过类似方式从扫描地形图上提取道

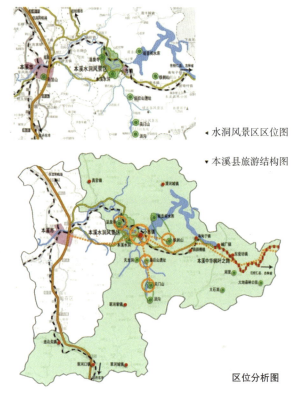

图 3-13 本溪水洞风景区区位图

图 3-14 本溪水洞风景区规划范围图

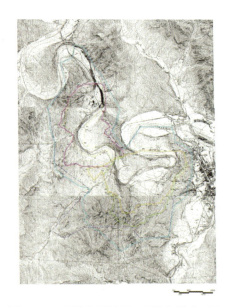

图 3-15 本溪水洞风景区原始扫描地形图

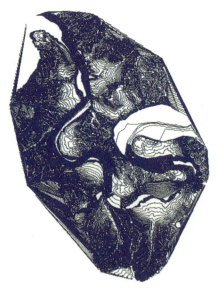

图 3-16 本溪水洞风景区 GIS 等高线图

路、居民点等数据，构成景区游憩适宜度分析的基础 GIS 数据。然后，根据扫描地形图所提供的经纬度坐标，通过 ArcGIS Georeferencing 工具和 Spatial Adjustment 工具，对地形图坐标进行几何粗纠正和精纠正，最终得到符合高斯克里格投影的实际 GIS 数据，作为游憩适宜度分析的支撑数据。

见表 3-30。

3.3.5.2 景区游憩适宜度评价结果

首先对露营活动的物理环境、景区游憩生态、景区游憩景观和景区游憩人文社会环境四方面适宜度分别评价，从不同角度得到适合景区游憩的各等级分类量化值及分类图。

游憩适宜度分析 GIS 数据		表 3-30
要素名称	要素描述	要素形式
等高线	存储高程信息	Polyline
道路	描述道路走向信息	Polyline
村庄	描述居民聚集信息	Polygon
村域	描述村庄外围边缘信息	Polygon
河流	描述河流走向信息	Polygon
景点	描述景点位置信息	Point
植被覆盖	描述植被分布情况信息	Polygon
水源保护	描述水源保护分布信息	Polygon

①由露营活动物理环境适宜度评价图（图3-17），结合人工判读可知，在本溪水洞风景区中，前河沿大片地形平坦的农田为最适宜开展露营活动的地段。

②由游憩生态适宜度分布图（图3-18）可知，本溪水洞风景区内游憩生态适宜度最佳的地段为翠屏山、发家峪西部山体及卧佛山等，其生态承载力较强，对外来人为干扰的消化能力较强，适宜开展对环境冲击较大的游憩活动，游憩容量也相对较高；太子河流域两侧由于植被类型多为农田且离河流距离较近，生态稳定性不高，一旦进行高强度游憩项目开发可能造成严重的水体污染和植被破坏，因此应加以保护，选择低强度游憩项目进行游憩活动规划，如设计野餐点、马道等对环境冲击较小、不需要大量基础设施建设的项目。

③由游憩景观适宜度分布图（图3-19）可知，本溪水洞风景区中游憩景观适宜度最佳的地段位于水洞周边及前河沿、温泉寺、卧佛山一带。这些地段不仅景观资源集中且景源价值较高，有良好的视域范围，适宜开展游赏类游憩活动。

④由游憩人文社会环境适宜度分布图（图3-20）可知，本溪水洞风景区中除发家峪周边与温泉寺周边外，其余村落均具有较好的人文社会环境适宜度，对游憩活动的开展具有一定程度的推动作用。

最后，景区游憩适宜度是一个综合的评价体系，需要整合四方面适宜度评价结果，对景区游憩适宜度进行全局的综合评价。评价方法为：将以上四方面适宜度量化指标以最小评价单元为基础，进行加权平均，得到适宜度综合量化结果。由于四方面从不同的角度来描述景区游憩适宜度，重要性相当，因此四方面量化结果的权值都选为0.25。在此基础上，通过加权相乘，得到综合评价结果图。见图3-21。

由该评价图可以看出水洞景区最适宜露营活动开展的场地位于前河沿村附近农田。游憩活动的多样性决定我们进行游憩活动适宜性评价时，将各单项活动评价图与景区生态适宜度、景观适宜度、人文社会环境适宜度评价图进行多次叠加，得出各项活动不同的总体适宜度评价图。本研究中仅以单项游憩活动为例进行说明。结合景区情况，选择多种游憩活动后，

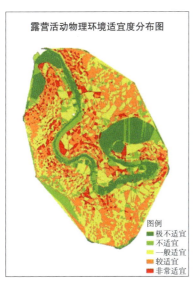

图 3-17　露营活动物理环境适宜度分布图

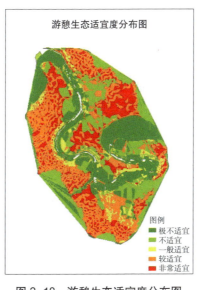

图 3-18　游憩生态适宜度分布图

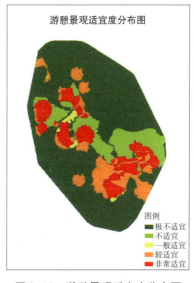

图 3-19　游憩景观适宜度分布图

遗产保护性利用与旅游规划研究

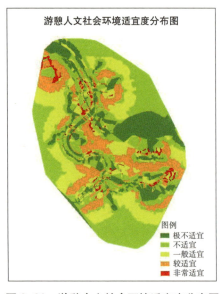

图 3-20　游憩人文社会环境适宜度分布图

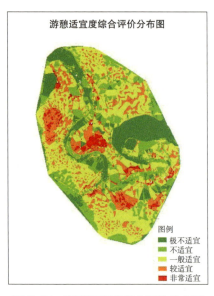

图 3-21　游憩适宜度综合评价分布图

根据游憩活动开展导则建立各种活动的评价体系，与综合评价图进行矢量叠加后，最终生成本溪水洞风景区各类游憩活动适宜度总图，在此指导下结合规划实际情况完成总体游憩活动规划（图 3-22）。

图 3-22　本溪水洞风景区游憩活动规划图

3.4 视觉质量评价方法

风景名胜区视觉资源是一种自然审美资源，具有审美价值，能满足人的最高层次的需求。人地关系紧张问题导致风景名胜区面临着重大威胁，风景视觉资源也受到严重破坏，风景视觉资源的保护变得越来越重要，风景视觉质量评价是其关键技术和方法。下面尝试通过指标分级结构，将视觉质量与视觉指标联系起来，建立有效的风景视觉质量评价指标集，指标的筛选遵循数据有效性、易于量化性、易于图示性等原则，结合地理信息系统技术和其他相关计算机制图技术，对扬州蜀冈－瘦西湖风景区进行风景视觉质量评价。然后采用公众评价法，检验了指标法评价的有效性，评价结果为视觉资源的分区管理、游赏活动规划布局、游线安排等提供科学的指导和依据。

3.4.1 视觉质量评价框架

3.4.1.1 评价方法和步骤

风景视觉质量评价方法及步骤如下：(1) 利用 ARCGIS 建立 DEM 高程模型；(2) 主导性指标评价，包括地貌多样性、视点及视域分析、土地类型多样性；(3) 辅助性指标评价，包括光线变化、水域、可见历史层次；(4) 修正性指标评价，包括长久植被覆盖、管理频率;(5)将 2、3、4 步骤中得到的结果进行叠加,得到综合视觉质量评价流程结构图如图 3-23。

蜀冈为界,蜀冈上地势较高,蜀冈下地势较低,但总体地势平坦,地形起伏不大。蜀冈上包括了整个唐子城,是地下文物核心保护区,地上面貌基本上还是村落和农田;蜀冈下是瘦西湖景区、宋夹城、绿杨村等景区,是旅游活动最为集中的地区。蜀冈上水域空间不连续,但规整大气,下水域空间连续,空间曲折,富于变化,中间的保障湖开阔、舒展,生态环境优良。

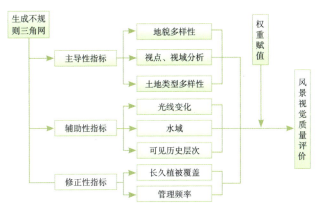

图 3-23 蜀冈－瘦西湖风景区视觉质量评价流程图

3.4.1.2 评价案例

以蜀冈－瘦西湖风景名胜区为例进行视觉质量评价和验证。蜀冈－瘦西湖风景名胜区位于扬州老城区的西北部,1988 年 8 月被国务院确定为第二批国家重点风景名胜区。蜀冈－瘦西湖风景名胜区以

3.4.2 主导性指标评价

将 CAD 生成的文件导入 GIS 中,导入与高程相关的高程点或等高线,这里根据已有数据,导入的是蜀冈－瘦西湖风景区的等高线,如图 3-24,然后选择 3D 分析模块中的生成不规则三角形网即 TIN 命令,在弹出的窗口中进行源数据(这里即刚刚导入的风景区等高线图层)选择和导出路径和名称的设置,设置完成即生成蜀冈－瘦西湖风景区的 TIN 图,有关视点、视域的以及地貌的分析都将在 TIN 图的基础上进行生成,这是评价的基础步骤。

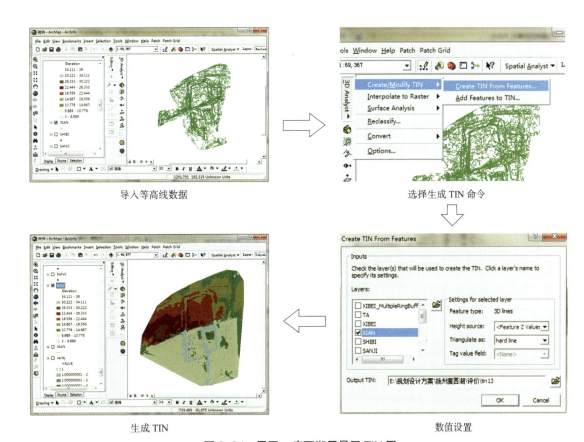

图 3-24 蜀冈－瘦西湖风景区 TIN 图

3.4.2.1 地貌多样性评价

地貌多样性主要与地形的起伏度有关，与之相关的可量化因子是相对坡度，相对坡度越陡，起伏度越高，地貌多样性越大；反之，相对坡度越平，则起伏度越低，地貌多样性也就越小。坡度分析应用的是ArcGIS 中的空间分析模块，是在 TIN 的基础上对坡度数据进行分类，一般以栅格的形式输出，在弹出窗口中进行相关设置，即可生成相应的坡度分析图，见图 3-25。

3.4.2.2 视点及视域分析

（1）视点的选取

视点选取的是否有效是评价结果是否准确的关键。扬州蜀冈-瘦西湖风景区进行的活动主要以游赏为主，按照游客的聚集数量，排除掉出入口、餐饮、购物、住宿、娱乐等非游赏性活动带来的影响，就能够确定主要的观赏点及它们之间的等级关系。根据游客分布特征及专家评判，选取的视点分布如图 3-26 所示。

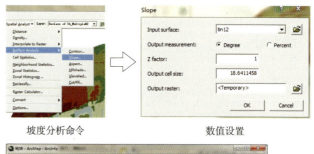

图 3-25 地貌多样性评价

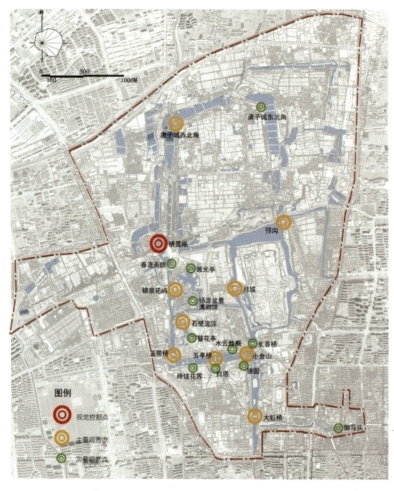

图 3-26 蜀冈-瘦西湖风景区主要视点分布

（2）视距区间的测定

针对不同尺度的研究区域，近、中、远的视距区间也不同（米勒，姜珊，2012；汤晓敏等，2010）。

确定具体研究区域的视距区间可以借助ArcGIS、CAD这样的测量工具，这里以使用CAD为例。随机抽取现场拍摄的照片，分析出每张照片中风景的近、中、远景位置；借助CAD测量工具，确定每处位置的距离；计算每张照片近、中、远距离数值的平均值，所得值即为最终的结果。见图3-27、图3-28。

由此确定蜀冈-瘦西湖风景区的视觉区间约为：近景距离为60m，中景距离为320m，远景距离为1000m。

（3）视域分析

基于GIS技术对每个观赏点进行视域分析，得出每个视点的视域范围、视域面积。见表3-31。

图3-27　视距测定-随机抽取照片

图3-28　视距测定-划分近、中、远区域

蜀冈-瘦西湖风景区主要视点的视域面积　　表3-31

视点	栖灵塔	五亭桥	二十四桥	大虹桥	西北角城墙	月城	邗沟	总面积
可见面积（hm²）	141.25	2.12	2.12	2.7	34.42	5.29	5.04	157.57
所占比例	81.9%	1.3%	1.3%	1.7%	21.8%	3.4%	3.2%	100%

然后将所有视点的视域分析结果进行叠加分析，叠加层次越多的区域，表示区域风景越受关注，风景视觉质量越好。由此获得在视点视域方面的风景视觉质量评价结果。见图3-29。

3.4.2.3　土地类型多样性评价

首先对蜀冈-瘦西湖风景区进行土地类型划分，划分依据为每种类型需对风景视觉具有正相关作用，这样评价获得的值与期望结果才具有一致性。土地类型分为林地、水域、草地、耕地、风景游赏观光用地、旅游点建设及观光用地、茶园七种视觉类型。

其次对研究区域进行地理单元划分，划分为不同10m*10m大小的地域单元，对每个地域单元的视觉要素进行分类分析，单元内土地类型越多，多样性越大。最后输出结果如图3-30。

3.4.3　辅助性指标评价

我国位于北半球，大部分地区处于北回归线以北，光线在不同坡向的作用效果差异很大。扬州东经119°26′，北纬32°24′，位于北回归线以北，因而坡向也是视觉研究的重要指标。这里根据光照条件将坡向分为4个等级。见表3-32。

坡向等级划分　　表3-32

坡向	面积（hm²）	所占比例	等级	赋值
东南、西南	21.92	12.7%	一级	10
正南、正东、正西	50.39	29.2%	二级	7
西北、东北	31.24	18.1%	三级	4
正北、平地	69.03	40.0%	四级	1

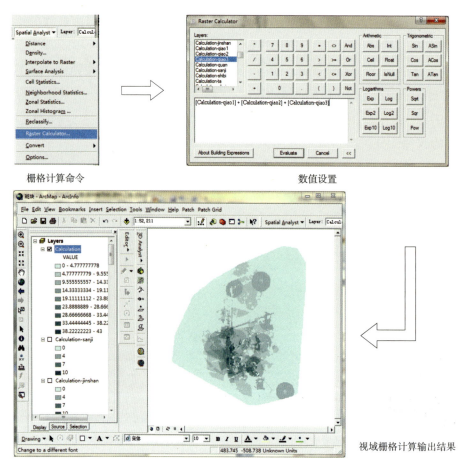

图 3-29 视域分析和评价

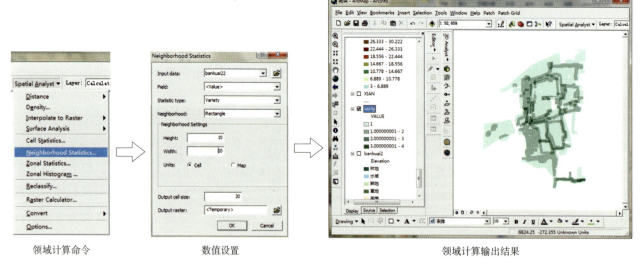

图 3-30 土地类型多样性评价

ArcGIS 中可以应用空间分析模块的坡向工具直接生成坡向分析结果，根据上述表格重新赋值处理；水域数据可直接提取；可见历史层次表如表 3-33。

将各类指标叠加后，获得辅助性指标的评价结果如图 3-31。

蜀冈－瘦西湖风景区可见历史层次表　　　　　　　　　　　　　　　　　表3-33

历史遗迹	历经朝代	可见历史层面数
邗沟	春秋、汉—隋、唐、宋、元、明清	6
广陵城护城河	汉—隋、唐、宋、元、明清	5
唐子城城墙、护城河	唐、宋、元、明清	4
宋夹城护城河	宋、元、明清	3
瘦西湖水系	宋、元、明清	3
绿杨村水系	元、明清	2
宋夹城	宋	1
瘦西湖	明清	1

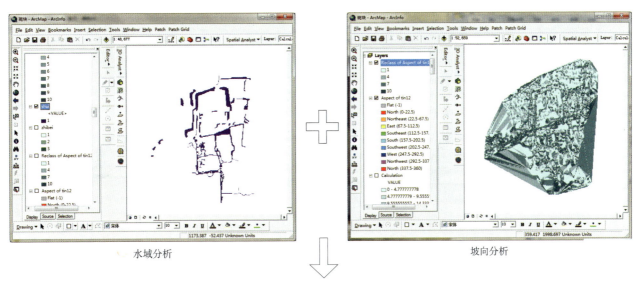

水域分析　　　　　　　　　　　　　　坡向分析

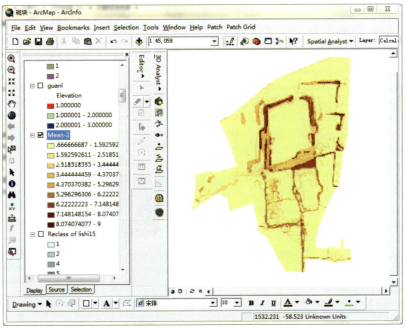

图3-31　辅助性指标评价结果

3.4.4 修正性指标评价

长久植被覆盖包括风景游赏用地、林地、茶园，这些地区被长期用作多年生植物自然生长和栖息地，植被覆盖率很高。虽然农田、草地也是植物的生长地，但由于时常的耕作更替和时令变化，所生长植物也只是一、两年生植物，因此这里不作为长久植被覆盖的区域。

根据管理的强度来估测出大致的管理频率，如进行收费的风景游赏地如瘦西湖景区、大明寺、宋夹城等收费景区，由于专门从事游客观光、游憩等活动，其管理频率应该是最高等级；景区外围的道路、附属绿地、林地等，由于与景区及城市形象密切相关，也是比较重要的管理区域；其他地区则缺少管理，为最低等级的管理区域。将长久植被覆盖图层与管理频率等级图层进行叠加覆盖，得到修正性指标等级结果如图 3-32。

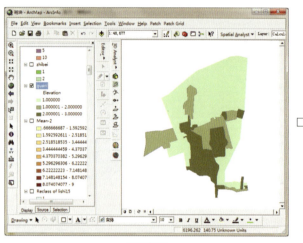

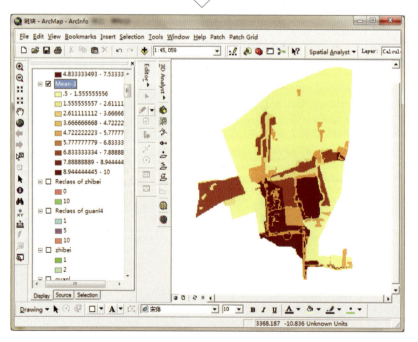

图 3-32　修正性指标评价结果

3.4.5 视觉质量评价结果及验证

3.4.5.1 综合视觉质量评价

将所有指标评价结果数值统一，这里全部采用 10 分制，由于每个指标的关联性不一样，因而其指标权重也不一样，主导性指标权重最大，辅助性指标次之，修正性指标最小，根据专家评测，分别将主导性指标结果、辅助性指标结果以及修正性指标结果的权重设为 0.7、0.2 及 0.1。加权计算所得结果如图 3-33 所示，颜色越深的区域表示风景视觉质量越高、颜色越浅则表示风景视觉质量越低。

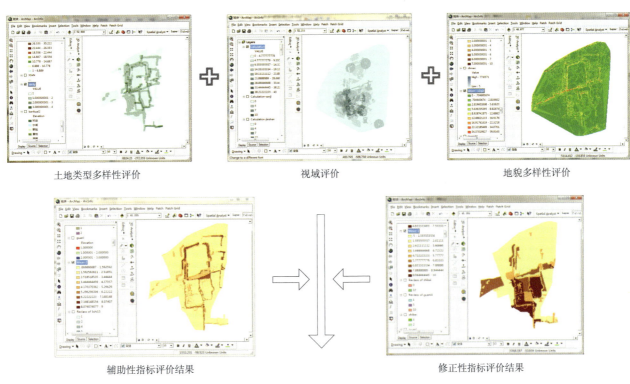

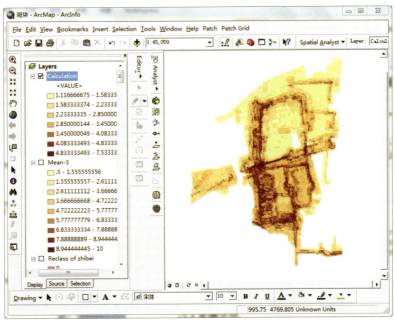

图 3-33 综合风景视觉质量评价结果

经过 Photoshop 绘图软件对最终输出结果进行图像处理后,得出最终的蜀冈-瘦西湖风景区视觉质量评价图(图 3-34)。结果显示瘦西湖景区水域、宋夹城外围、唐子城北侧城墙等区域视觉质量等级最高;二级视觉质量区域相当于一级视觉质量区域的缓冲区,处于一级视觉质量区域外围;三级区域范围在一、二级视觉质量区域范围上又有扩展,包含瘦西湖主景区、宋夹城景区、唐子城外围城墙、蜀冈以及绿杨村沿河绿带。四级视觉质量区域为剩下的绿地、水域、林地、农田区域。五级视觉质量区域主要为已建成区域,几乎不含有自然要素。

3.4.5.2 评价结果的验证

对于以上结果,我们作了一个小范围的抽样调查,有效问卷数目为 141 份,具体方法是选某一范围(这个范围比较具有整体性或风景要素类型比较一致),如瘦西湖主景区,将一组反映这一区域的风景照片集中在一起,让公众通过浏览感受对这个区域进行美景度的评分,评分以百分制为标准。详见表 3-34。

从评分结果看,从高到低依次为:瘦西湖景区>宋夹城>大明寺、唐城博物馆、城墙>蜀冈>

图 3-34 蜀冈-瘦西湖风景区视觉质量评价图

唐子城内城区,与用指标法使用 ArcGIS 评价所得结果大致相同,论证了本书采用方法的有效性。

风景质量评价抽样调查结果 表 3-34

分区	风景照片	得分直方图	打分
瘦西湖景区		0-20: 0, 21-40: 2, 41-60: 18, 61-80: 53, 81-100: 68	78.22
宋夹城景区		0-20: 2, 21-40: 7, 41-60: 20, 61-80: 61, 81-100: 51	73.04

续表

分区	风景照片	得分直方图	打分
大明寺、唐城博物馆、城墙		0-20:1, 21-40:10, 41-60:37, 61-80:55, 81-100:37	68.51
蜀冈景区		0-20:6, 21-40:19, 41-60:31, 61-80:57, 81-100:28	62.77
唐子城内城区		0-20:10, 21-40:19, 41-60:43, 61-80:44, 81-100:25	59.04

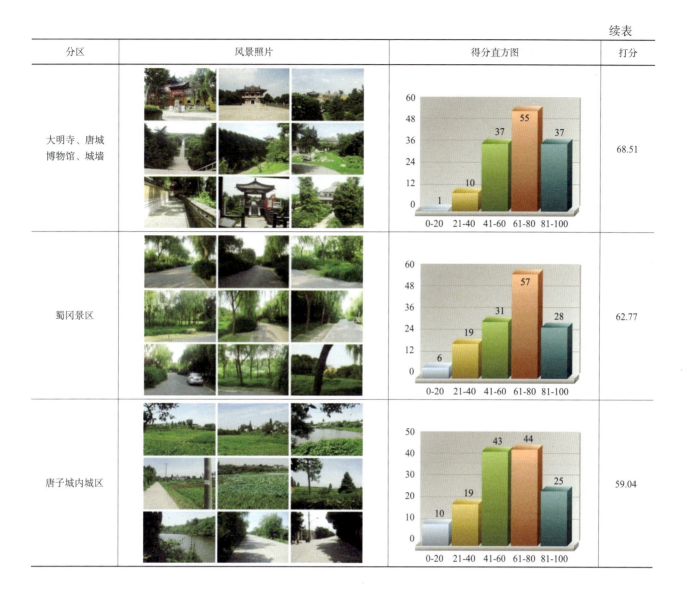

3.4.5.3 评价结果的应用

（1）划分风景视觉管理区域

根据风景视觉质量评价结果，我们可以进行视觉资源保护规划和管理，视觉资源保护层次构架为"一核、一圈、两廊"，"一核"为核心的保护视域，视域范围包括瘦西湖主景区和宋夹城，是视觉质量最高的区域，也是现在游憩活动最为集中的区域，这里视线的程度深浅不一，视觉尺度变化不一，视觉层次最为丰富，能满足多方面的视觉需求；"一圈"为沿蜀冈-瘦西湖风景区的主水系视觉资源圈，是现在视觉质量或者说潜在视觉质量较高的区域，也是长视线视觉空间最为集中的区域，具有较为宽广的视野和较为丰富的视觉层次。"两廊"为一横一纵的两个视廊，视廊囊括的区域为开敞的视线通透区域，是进行风景展望最广远的视角地带。见图3-35。

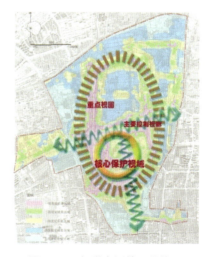

图3-35 视觉资源管理结构图

（2）协助选择游赏路径

根据 ArcGIS 生成的结果，我们可以利用空间分析命令实现在某一区域内通过最短路径获得视觉质量最大体验，这种结果输出能够为游赏路径的选择提供参考。

操作原理同 ArcGIS 中生成公路最低成本路径一样，只不过成本距离由视觉质量换算获得而已。操作步骤如下：（1）输入两点；（2）利用风景视觉质量输出结果生成成本图层，成本路径由视觉质量图层换算得来，即最高视觉质量栅格为最低成本栅格；（3）选用空间分析模块下的 Cost Weighted 命令生成成本距离；（4）选择 Shortest Path 命令即可获得最佳路径。见图 3-36 ~ 图 3-38。

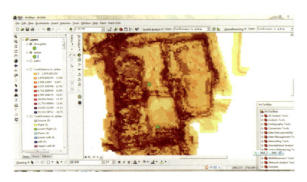

图 3-36　选择最佳路径两个目标点

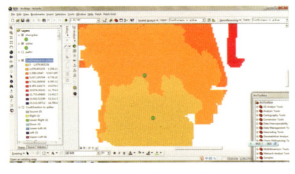

图 3-37　生成的成本图层

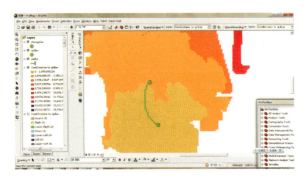

图 3-38　协助选择游线最佳路径图

3.5　客流调控预警方法

游憩容量这一概念自提出以来一直受到中外学界的广泛关注，最近 30 年来作为户外游憩管理工具的意义越来越突出。近年来，游憩容量已经成为我国旅游、遗产保护等部门工作推进的一项重点。然而，当前我国旅游景区普遍存在客流量过饱和、时空分布不均、游人活动破坏性强等问题，下面尝试在场地层面对游憩容量的定量分析提出新思考，试图建立适合我国旅游景区的客流调控预警体系。以蜀冈–瘦西湖风景名胜区中的主体"瘦西湖景区"为实证研究对象，采集游客期望及体验问卷作为游客心理样本数据，以及 GPS 游客轨迹作为游客行为样本数据，证明流量、流时、流速、流向四种指标是场地游人容量的主要表征，识别瘦西湖景区内现存的容量超标隐患，并提出相应的客流调控措施，为景区客流调控管理提供指导和参考。

景区客流调控预警体系的核心内容和操作流程分五个部分：①客流条件等级按场地划分；②游客游憩体验特征分析；③游客行为特征描述与分析；④游客容量指标标准制定；⑤客流调控措施实施与反馈。

3.5.1　客流等级与场地划分

3.5.1.1　客流条件等级划分方法

按场地划分客流条件等级的目的是区分一个景区内部不同场地的生态保护需要、资源价值取向和客流聚集水平，为客流调控实现游客游览效率最高、游憩活动最优配置奠定基础，也能够让管理者清晰地、快速地、实时地把握重点保护区域和一般性保护区域的实际游憩使用状况是否与管理目标保持一致。

一个景区的内部情况复杂：一方面，各个场地本身在资源种类和品质、自然或人工面貌、生态脆弱性等方面存在差距；另一方面，各个场地对游客的吸引力、提供的游憩体验类型也有所区别。因此，必须分类制定管理目标。客流条件分级正是分类制定管理目标的基础，也是景区游人容量精细化管理的一项基本手段。

客流条件分场地的依据包括了三大条件：地形地貌、景点（景群）空间分布、客流聚集程度（核心条件）。地形地貌包括地理信息要素（高程、坡度、坡向、植被、水文等）分析。具有独特价值的自然景源及人文景源是管理取向决定的，可以根据《风景名胜区规划规范》[1]绘制属于景源评价中高级别的景点的空间分布。客流聚集程度则依赖于数字信息技术的统计结果，如电子标签（RFID）技术、全球定位技术（GPS）等，区分出热门和冷门景点。

客流条件场地划分等级及依据　　表 3-35

条件	地形地貌	景点（景群）空间分布	客流聚集程度
建议划分依据	高程、坡度、坡向、植被、水文	风景区景源评价（GB50298-1999）	数字信息技术统计
建议划分等级	高、中、低三等		

我国景区类型众多，对于上述三大条件高、中、低等级划分的具体条件难以具有普适性，管理者可以按照每个景区的个体情况进行调整。虽然这三种条件的不同组合共有十多种可能，但有的组合是不存在或没有价值的，而且一个景区通常仅包含其中的几个组合类别。有时，景点在空间上存在相互交叉或重叠，这就必须视具体情况而定。划分级别和场地后，对所有场地进行分级和编号（表3-35）。

3.5.1.2 以瘦西湖景区为例进行划分

依据客流条件级别识别及场地划分方法，通过地形地貌、景点/景群空间分布、客流的聚集程度等分析，将瘦西湖景区分为18个场地，5大类。详见表3-36，图3-39。

3.5.2 游客游憩体验分析

下面进行瘦西湖景区游客游憩体验的调研和游客行为特征分析。游客游憩体验调查采用场地游客问卷法，分别在2015年客流旺季的5月2日~4日、客流淡季的10月22日~24日进行了调研。共回收120份问卷，其中有效问卷112份，有效率为93.33%。

瘦西湖景区客流条件场地划分等级　　表 3-36

客流条件级别	场地编号及名称
Ⅰ级 景点密集程度高、客流聚集程度高	1 长堤春柳，2 徐园，3 小金山+水云，4 五亭桥-白塔，6 熙春台-二十四桥
Ⅱ级 景点密集程度较高、客流聚集程度较高	5 玲珑花界，7 望春楼，8 静香书屋-石壁流淙
Ⅲ级 景点密集程度高、客流聚集程度中	9 锦泉花屿，10 罗城遗址-蜀冈朝旭，11 石马叶林，12 春江花月
Ⅳ级 景点密集程度低、客流聚集程度较低	13 水面，14 古树叶林，15 不可达，16 不可达
Ⅴ级 景点密集程度低、客流聚集程度低	17 城市（碑廊），18 大虹桥（免费）

图 3-39　瘦西湖景区客流条件分场地图

---

[1] 《风景名胜区规划规范》GB 50298-1999，中华人民共和国建设部编，中国建筑工业出版社，2008.

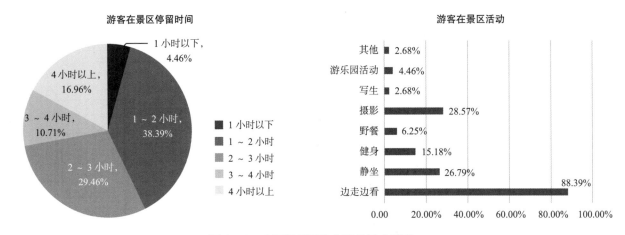

图 3-40 瘦西湖景区游客游憩活动类型

3.5.2.1 游客游憩活动整体感受

调研游憩活动类型和游憩感受的目的是了解就整体而言瘦西湖景区是否符合游客期望和满足大众基本的游憩需求。

调研结果显示,游客在瘦西湖景区内的停留时长集中在 1~3 小时,占 67.85%,平均停留时间约为 2.4 小时;值得注意的是,停留时间的悬殊较大,1 小时以下和 4 小时以上都占有相当比例。游客主要进行的活动比例中,88.39% 的游客都从事了边走边看的游赏活动,其余的主流活动为摄影、静坐和健身(图 3-40)。在客流管理中应当考虑调控措施可能对游客停留时间和从事的这些活动产生的影响。

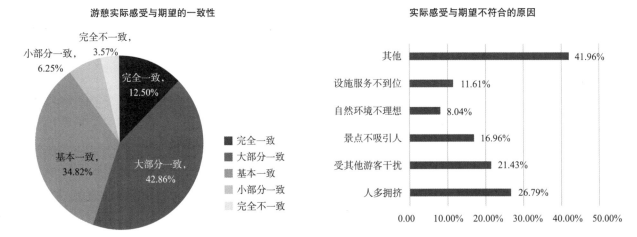

图 3-41 瘦西湖景区游客对景区的整体感受

调研结果显示,游客对瘦西湖景区的期望和实际感受的一致性比例中,55.36% 的游客认为完全一致或大部分一致,让人满意。但在实际感受与期望不符合的原因比例中,多达 48.22% 的游客认为景区内人多拥挤或受到了其他游客干扰影响了体验质量(图 3-41)。由此可见,虽然大众游客对瘦西湖景区的整体印象良好,但无管理调控状态形成的客流分布不合理是一项突出的问题。

3.5.2.2 游客对不同场地的感受

调研游客对不同客流条件场地的实际感受的目的是了解瘦西湖景区内部不同场所是否符合游客期望,并满足大众的多样化游憩需求。

调研结果显示,对于 Ⅰ 级和 Ⅱ 级客流条件场地,分别有 58.04% 和 41.07% 的游客认为存在人多拥挤或受到了其他游客干扰影响了体验质量的问题。对于 Ⅲ 级和 Ⅳ 级场地,这一问题则非常不明显,比较

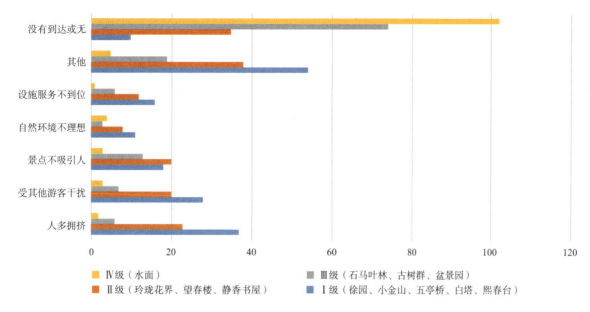

图 3-42　游客对不同客流条件场地的游憩感受

突出的问题是景点不吸引人。见图 3-42。

3.5.2.3 游客期望的游客密度

由于瘦西湖景区的游憩使用水平较高，课题的问卷以满意度为体验维度，采用视觉问卷法。在 5 类客流条件级别的场地中各选择 1-2 个代表性场景，根据实际的客流情况、制作场景和人眼视角完全相同仅游客密度不同的 4 张照片。

要求被访问者想象自己分别身处 4 张照片中的感受，从中分别选择自己认为游憩体验不受其他游客干扰所能满意的极限和合理（舒适）密度。

① 第一组：Ⅰ级

在第一组中选取两个场景的目的是检验面状空间和道路空间对游客体验是否存在不同。

代表场景一：五亭桥及硬地广场，表 3-37。

场景一游客期望密度　　　　　表 3-37

客流状态	照片场景空间范围	图一 50m²/人	图二 10m²/人	图三 4m²/人	图四 2m²/人
极限	150m²	0.89%	21.43%	50.89%	26.79%
合理		34.82%	61.61%	2.86%	0.89%

代表场景二：长堤春柳步道，表 3-38。

调研结果显示，在Ⅰ类场地中，游客对面状空间和道路空间的合理游客密度的选择并没有显著的差别。面状空间能让绝大多数游客满意的密度在极限情况下约为 4m²/人，在合理情况下约为 30m²/人；道路空间能让绝大多数游客满意的密度在极限情况下约为 6m²/人，在合理情况下约为 35m²/人，长堤春柳步道宽 5m，因此也可将这 2 个数据转换为游客之间的间距极限为 1.2m，合理为 7m。

场景二游客期望密度　　　　　表 3-38

客流状态	照片场景空间范围	图一 50m²/人	图二 10m²/人	图三 4m²/人	图四 2m²/人
极限	100m²	2.68%	19.64%	53.57%	24.11%
合理		45.54%	46.43%	7.14%	0.89%

② 第二组：Ⅱ级

代表场景三：望春楼周围，表 3-39。

场景三游客期望密度　　　　　表 3-39

客流状态	照片场景空间范围	图一 50m²/人	图二 20m²/人	图三 8m²/人	图四 4m²/人
极限	200m²	2.68%	14.29%	47.32%	35.71%
合理		37.50%	50.89%	10.71%	0.89%

调查结果显示，在Ⅱ类场地中，能让绝大多数游客满意的密度在极限情况下约为 9m²/人，在合理情况下约为 30m²/人。

③ 第三组：Ⅲ级

在第三组中选取两个场景的目的是检验有道路的空间和纯树林草地空间对游客体验是否有不同。

代表场景四：唐罗城遗址台地，表3-40。

场景四游客期望密度 表3-40

客流状态	照片场景空间范围	图一 120m²/人	图二 40m²/人	图三 20m²/人	图四 10m²/人
极限	120m²	2.68%	7.14%	44.64%	45.54%
合理		25.89%	54.46%	18.75%	0.89%

代表场景五：叶林，表3-41。

场景五游客期望密度 表3-41

客流状态	照片场景空间范围	图一 120m²/人	图二 40m²/人	图三 20m²/人	图四 10m²/人
极限	250m²	0.89%	14.29%	46.43%	38.39%
合理		30.36%	53.57%	14.29%	1.79%

调查结果显示，在Ⅲ类场地中，半硬质空间能让绝大多数游客满意的密度在极限情况下约为20m²/人，在合理情况下约为56m²/人。纯软质空间（树林草地）能让绝大多数游客满意的密度在极限情况下约为20m²/人，在合理情况下约为60m²/人。由此可见，有道路的空间和纯树林草地的空间对游客来说期望的密度几乎一致。

④ 第四组：Ⅳ级

代表场景六：长堤春柳西侧水面，表3-42。

场景六游客期望密度 表3-42

客流状态	照片场景空间范围	图一 600m²/船	图二 200m²/船	图三 120m²/船	图四 80m²/船
极限	600m²	2.86%	16.07%	46.43%	34.82%
合理		47.32%	37.50%	12.50%	2.68%

调查结果显示，水面能让绝大多数乘船游客满意的密度在极限情况下约为130m²/船，在合理情况下约为380m²/船，长堤春柳西侧被小道隔开的部分河道宽约25m，因此也可将这2个数据转换为船与船的间距极限为5m，合理间距为15m。

3.5.3 基于GPS的游客行为特征分析

瘦西湖景区游客游憩行为的调研采用在出入口发放和回收便携式GPS仪器的方法，于2015年10月22日（周四）15：00-18：00、23日（周五）9：20-18：00、24日（周六）9：20~18：00进行了为期两日半的调研，在瘦西湖景区的南大门入口、西门入口和北门入口共向80个游客团体发放GPS仪器，获得有效数据72条，有效率为92.68%。

GPS轨迹数据中包含了位置、时间、速度、方向等信息，从中可以分析游客到达各场地的频率、不同团体游客在各场地相遇的概率、游客在各景点停留的时间、游客偏好的游线等游憩行为规律。

3.5.3.1 游客流量

（1）游人到达率

游人到达率指的是游客到达各场地和各景点的比率。调研结果显示，在一天的游览中，临水的场地和有名的景点更易聚集客流。

分析游人到达率的意义在于，管理者通过统计一天内景区的总体接待人数，可以估算出一天内到达某个场地或景点，特别是Ⅰ级客流条件场地和游客到达热点的人次数，多统计估算几天，与一天流量容量比较，从而判断是否需要对这个场地采取客流调控措施。反之，通过控制这一比率，管理者可以限制游人对一个场地或一个景点的使用程度。

结果显示，五亭桥、白塔、桃花坞（徐园）是游人到达率最高的三个热点，63.89%进入瘦西湖景区的游客会选择到达五亭桥。就游人到达各场地的比率的而言，超过70%的游客都会到达客流条件Ⅰ级的场地；近半数的游客会到达Ⅱ级的场地；有35%的游客会到达Ⅲ级的场地；而仅有约20%的游客可能到达Ⅳ级场地，Ⅳ级的某些场地完全甚至没有人到达。详见图3-43。

（2）游人最大相遇率

游人最大相遇率指的是游人在一个场地或一个景点相遇的最大可能性，是在游人到达率的基础上增加了同一时间的概念。

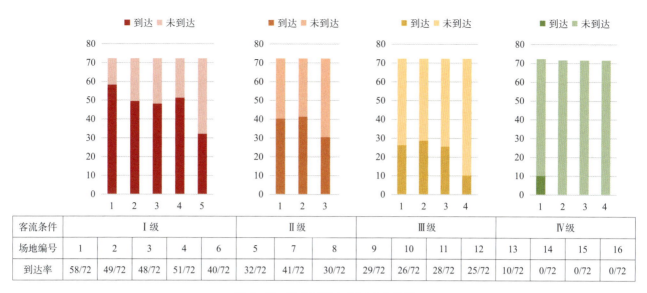

图 3-43 游客到达各场地比率分析

分析游人最大相遇率的意义在于，一方面，管理者可以将观测到的游客在各个场地的相遇概率与标准流量容量比较，从而判断是否需要对一个场地采取客流时间调控措施。另一方面，管理者可以根据总体接待人次反向估算出可能将要在一个场地同时相遇的最大瞬时人数，与瞬时客流数量容量比较，从而判断是否需要对场地采取客流数量限制或分流调控措施，以及在哪一小段时间必须重点调控。

调研结果显示，虽然发放 GPS 仪器的地点（南大门入口）属于 1 号场地（长堤春柳），但相遇率最大的情况却出现在景区中部白塔 - 五亭桥所在的 4 号场地。4 号场地的总体相遇特征为整体相遇率高、延续时间长。

横向比较 I 级客流条件的 5 个场地的最高相遇概率及发生时间，可以发现，下午 12：50～13：10 时段中 2、3、4（徐园、小金山、五亭桥）三个场地都达到了最高或次高的相遇概率，这一时段是客流调控必须重点考虑的。详见图 3-44。

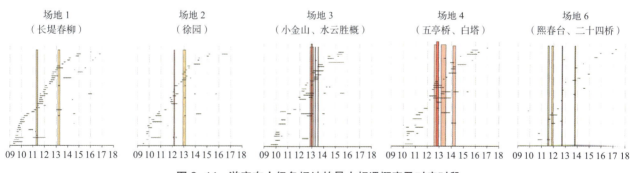

图 3-44 游客在 I 级各场地的最大相遇概率及对应时段

3.5.3.2 游客流时

分析游人在场地通过时间和景点停留时间的意义在于，在客流高峰期，管理者将观测到的游客在各个场地的通过时间与标准流时比较、将观测到的游客在各个景点的停留时间与标准流时相比较，从而判断是否需要对一个场地或一个景点发出客流预警并采取调控措施。

（1）场地通过时间

调研结果显示，被调研的 72 个样本游客团体在瘦西湖景区中的平均游览时间为 2.07 小时。从游人的场地通过时间来看，I 级场地中，游客在 4 号场地的通过的时间最长。4 号场地五亭桥 - 白塔呈集中式，可到达面积较小，四面环水，但51个到达该场地的游客团体通过该场地耗时30分钟以上的有18个，平均通过时间高达25.43分钟。Ⅱ级场地中，游客在5号场地玲珑花界的通过时间最长，这一场地沿河呈条带状，可到达的硬地以步道为主、游线长，平均通过时间约19分钟。横向比较Ⅰ级和Ⅱ级的场地的通过时间，虽然可到达面积相差无几，但Ⅰ级的场地停留时间普遍较长，比在Ⅱ级场地多平均停留近24分钟，游人通行效率较低。见图3-45。

（2）景点停留时间

从游人的景点停留时间看，4号场地中的五亭桥是整个景区中游客长时间停留的最热点，2号场地中的徐园入口是次热点，72个游客团体在这两点的停留时间叠加量分别达50209s/m²和41840s/m²，说明这两点存在显著的游客滞留不走的现象。5号场地玲珑花界所有点的游客停留时间叠加密度都低于8368s/m²，说明虽然通过时间较长，但几乎不存在游客滞留不走。另外，景区北部的场地面积大、游线多，游客通过时间却比较短，游客停留时间叠加密度也比较低，仅在锦泉花屿、盆景博物馆、宋井、北门口等点有短暂停留。见图3-46。

图3-45 游客在景点停留记录图

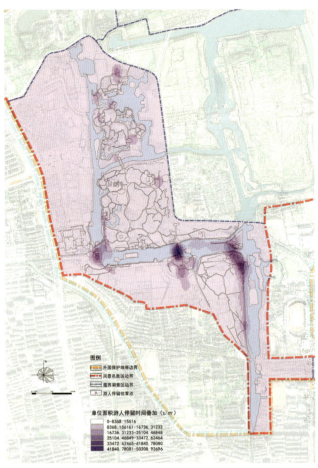

图3-46 游客在景点停留时间叠加分析图

3.5.3.3 游客流速

流速是游人在场地或景点的瞬时速度，游客在重要景观节点停留观赏或拍照，流动慢，游客滞留多，容易造成堵塞、拥挤等不安全事件的发生。

分析游人的通行速度变化的意义在于，管理者通过观测游人的速度大小，能够掌握在不同场地和景点的通行效率。在客流高峰期，管理者将观测到游人通行速度与标准速度相比较，从而判断是否需要对一个场地或一个景点发出客流预警并采取调控措施，维持流速的动态平衡。

调研结果显示，游人在Ⅰ级客流条件场地的通行速度集中在 1.9～5.5m/s 的慢行区间内，而在 13.2～22.3m/s 快行区间（坐船/坐车）比例明显偏低，与Ⅲ级客流条件场地的量相当。游人在Ⅲ级客流条件场地的通行速度在 9.3～13.1m/s 中快行区间、13.2～22.3m/s 快行区间的比例明显较高，详见图 3-47。

3.5.3.4 游客流向

流向的分析指游人对游线的选择。游线选择受到出入口位置、导览指示、游人心理等多种因素的影响。

游线选择比率的意义在于管理者将观测到的选择某一热门游线的比率与标准流向容量比较，判断是否需要对几个场地联合采取客流方向调控措施。无论是相同还是不同客流条件的场地之间的流动都对客流引导具有启发意义。

瘦西湖景区共有南大门、西门、北门、东小门 4 个出入口，南大门是出入客流量最大的主要门，西门出多入少，北门出入都比较少，东门客流量最小。几乎不存在北进东出、东进西出这样不到达水边的线路。在西门和北门发放的 25 次 GPS 仪器轨迹记录中，36% 的游客团体都选择南门作为出口；而在南门和北门发放的 61 次 GPS 仪器轨迹记录中，19.7% 的游客团体选择西门作为出口。见图 3-48。

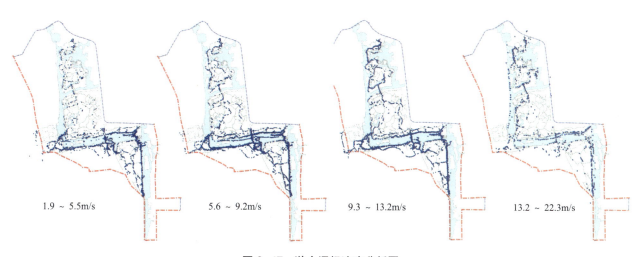

图 3-47 游人通行速度分析图

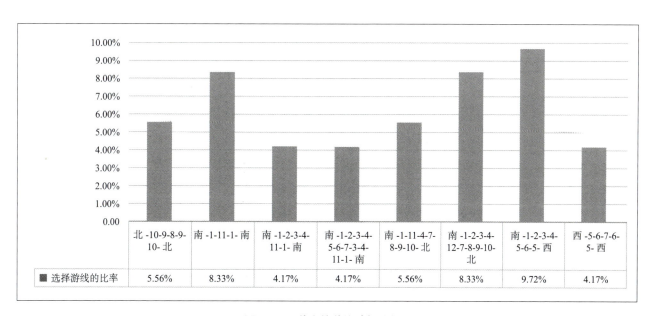

图 3-48 游客的游线选择分析图

通过GPS所记录的多个游客到达场地的次序，可以筛选出热门游线，从而进一步掌握客流在同级和不同级的客流条件场地之间的流动方向趋势和关系。游线选择的比率中，一些场地间的固定组合关系非常显著，沿湖的"┐"形游线是大部分游客的选择，换而言之，几乎所有游客都设法到达水边并停留。这种现象说明目前的景区导览没有向游客充分普及非临水景点的风景价值。

3.5.4 游客容量指标标准

3.5.4.1 客流容量指标初选

从客流现状管理的角度，在中观场地空间的层面，游憩容量不再笼统地考虑生态、设施、空间、心理这些分项容量，而是将客流的流量、流时、流速、流向作为决定游憩容量的指标。研究初步建立了瘦西湖景区的容量指标体系，包括场地层面6个指标，总体层面4个指标。其中，一个场地的瞬时客流密度、景区的瞬时人数可以任意时刻获取，是瞬时指标；景区一小时内人数变化率、景区一小时内各入口流入的人数每天估算几次，是小时指标；其余指标可以一天或几天估算一次，是全天指标。见表3-43。

3.5.4.2 客流容量指标标准

瘦西湖景区中的所有场地采用的容量指标都是相同的，但不同客流条件级别的场地遵循的标准却有所区别。在制定标准时，将游客游憩体验和行为的分析结果作为参考，并进行一些估算和推导。见表3-44。

瘦西湖景区客流容量指标体系 表3-43

	场地层面			总体层面
流量	①一个场地/景点的瞬时客流密度	②一个场地/景点的到达率	③一个场地/景点的相遇率	⑦瞬时人数
流时	④一个场地/景点的通过时间比例	⑤一个景点的停留时间比例	—	⑧游客总体平均游览时间
流速	—	—	—	⑨一小时内人数变化率
流向	⑥选择某种游线的比率	—	—	⑩一小时内南大门流入的人次与总体流入人次之比

瘦西湖景区场地容量指标标准 表3-44

	指标名称	级别	极限容量	合理容量
流量	①一个场地瞬时客流密度	Ⅰ级	≤50人/100m²	≤6人/100m²
		Ⅱ级	≤25人/100m²	≤6人/100m²
		Ⅲ级	≤10人/100m²	≤4人/100m²
		Ⅳ级	≤0.5人/100m²	
	②一个场地的游人到达率	Ⅰ级	≤45%	≤60%
		Ⅱ级	≤50%	≤65%
		Ⅲ级	≤60%	≤70%
		Ⅳ级	≤15%	
	③一个场地的相遇率	Ⅰ级	≤20%	≤15%
		Ⅱ级	≤20%	≤15%
		Ⅲ级	≤15%	≤10%
		Ⅳ级	≤10%	
流时	④一个场地的通过时间比例	Ⅰ级	≤1/8	≤1/6
		Ⅱ级	≤1/6	≤1/4
		Ⅲ级	≤1/4	≤1/3
		Ⅳ级	≤1/3	
	⑤五亭桥的停留时间比例	Ⅰ级	≤1/10	≤1/8
	⑤徐园入口的停留时间比例		≤1/12	≤1/10
	⑤小金山入口的停留时间比例		≤1/12	≤1/10
流向	⑥选择"4-3-7"/"1-2-3-4-5"游线的比率	Ⅰ级	≤20%/≤25%	≤15%/≤25%
	⑥选择"5-6-7"游线的比率	Ⅱ级	≤35%	≤30%
	⑥选择"10-9-8"游线的比率	Ⅲ级	≤35%	≤30%
	⑥选择乘游船的比率	Ⅳ级	≤20%	≤15%

瘦西湖景区总体容量指标标准　表3-45

	指标名称	极限容量	合理容量
流量	⑦景区的瞬时人数	24520	3910
流时	⑧游客总体平均游览时间	≥50%在2小时以内	无限制
流速	⑨景区一小时内人数变化率	每小时的增长率≤60%	每小时的增长率≤40%
流向	⑩景区一小时内南大门流入的人次与总体流入人次之比	≤75%	≤60%

指标①的标准制定主要依据了瘦西湖景区游客游憩体验研究中游客对不同客流条件场地期望的客流密度。

指标④、⑤和⑧的标准制定主要依据了游客游憩体验研究中游客对整体和不同客流条件场地的实际游憩感受，以及游客游憩行为研究中游客在总体和各场地的现状平均停留时间之比。

指标②和③的标准制定主要依据了游客游憩体验研究中游客对不同客流条件场地的实际游憩感受，以及游客游憩行为研究中游客在不同客流条件场地的相遇概率。

指标⑥和⑩的标准制定主要依据了游客游憩行为研究中游客对各出入口和不同游线的现有选择。

指标⑨的标准制定主要依据了游客游憩体验研究中游客对整体景区的实际游憩感受，以及与管理者访谈所了解到的景区现状每小时人数变化率。

指标⑦的标准制定主要依据的公式如下：

$$C_{总体瞬时} = \sum_{i=1}^{n} C_{i瞬时}$$

其中，

$C_{总体瞬时}$ 为整个景区瞬时最大人数

$C_{i瞬时}$ 为编号 i 的场地瞬时最大人数

n 为场地个数

指标②的标准制定依据的公式如下：

$$I_2 = \frac{C_{i瞬时}}{C_{总体瞬时}} \times \frac{t_{总体}}{t_{场地i}}$$

其中，

$C_{总体瞬时}$ 为整个景区瞬时最大人数

$C_{i瞬时}$ 为编号 i 的场地瞬时最大人数

$t_{总体}$ 为总体的人均游览时间

$t_{场地i}$ 为编号 i 的场地的人均游览时间

3.5.5 景区客流调控措施

3.5.5.1 客流预警识别

由于客流预警等级识别必须由瞬时/每小时/每日实际采集的不断变化的客流数据与客流指标标准对比得出，因此客流预警等级分布也是一个变化的过程。在此仅根据本研究在瘦西湖景区正式调研的2015年10月24日所采集到的数据，在场地层面对客流预警等级识别进行举例。需要注意的是，调研时期属于客流平峰期，因此Ⅰ级、Ⅱ级、Ⅲ级和Ⅳ级客流条件场地的容量均以合理容量为准；另外，调研的技术水平仅获取了全日的客流指标（②③④⑤⑥⑧）的数据，即全天指标，其余的瞬时指标（①⑦）和小时指标（⑨⑩）除外。详见表3-46。

根据这一客流预警识别举例的结果，瘦西湖景区中具有超标隐患的客流指标包括流量指标、流时和流向指标。一级预警的指标包括：Ⅰ级客流条件场地中的1、2、4号场地的游人到达率，4号场地

瘦西湖景区全日预警等级识别　表3-46

预警等级	判断方法	Ⅰ级	Ⅱ级	Ⅲ级	Ⅳ级	总体
一级（重警）	标准的120%以上	②（1、2、4） ④（4）⑤				
二级（轻警）	标准的80%~120%	②（3） ③（3、4） ④（1、3）⑤	⑥（4-3-7、1-2-3-4-5）			
三级（无警）	标准的80%以下	⑥	②③④⑤	②③④⑤⑥	②③④⑤⑥	⑧

（注：以2015年10月24日瘦西湖景区全日预警等级识别举例）

的游人场地通过时间，以及五亭桥上和徐园入口处的游人景点停留时间。二级预警的指标包括：Ⅰ级客流条件场地中的3号场地的游人到达率，3号和4号场地的游人相遇率，1号和3号场地的游人场地通过时间，小金山入口、熙春台的景点停留时间；Ⅱ级客流条件场地中的游线选择，"4-3-7"、和"1-2-3-4-5"这两种固定组合游线的比例偏高。这些属于一级和二级预警等级的指标正是客流调控措施所要解决的问题。

3.5.5.2 客流动态调控建议

根据瘦西湖景区总体和场地层面的客流的流量、流时、流速、流向四要素指标的标准，结合实地调研采集的信息、数据分析结果以及游客、管理者的意见，本研究在众多调控措施中进行多方案比较后，建议瘦西湖景区采取以下四大类客流调控措施。游客对客流调控措施的偏好见图3-49。

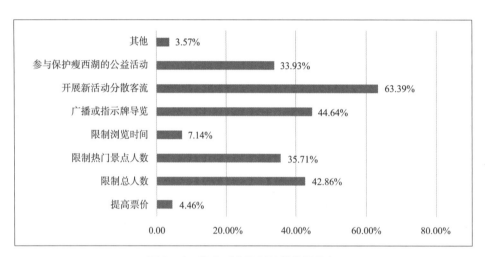

图3-49 游客对客流调控措施的偏好

（1）限制类措施

虽然限制性措施是以抑制大众游憩需求和剥夺游憩机会为代价的客流调控方法，但调研结果显示，瘦西湖景区中的游客对限制类客流调控措施的接受程度比较高，并且，相比于限制时间，更能接受限制数量。

限制总人数或热门景点人数：就现状而言，一方面，场地上存在小部分游客对同一景点（热门景点）多次到达的现象；另一方面，不少游客轨迹的一些片段多次反复，这意味着极限流量容量很容易超标。建议管理在客流高峰采取限制接待数量的措施，比如，预约进入、分时段开放部分景点等。

缩短总体或热门景点停留时长：就现状而言，一方面，场地上部分游客在热门景点停留时间过长；另一方面，游客在景区内总体停留时间的分异化明显。这意味着在客流高峰期可能出现部分游客对游憩资源过度占用的情况，为极限流时容量超标埋下了隐患。建议管理在客流高峰采取缩短游憩时间的措施，比如，按时收费、预约游览时间、宣传错峰游览等。

（2）引导类措施

引导类措施是对大众游憩计划和行为的引导，调研结果显示，瘦西湖景区中游客对引导类客流调控措施的接受程度比较高，超过了四成。

组织新的游线：就现状而言，一方面，旅游团游客和散客对游线的选择几乎一致，均随大众沿着河道走；另一方面，部分散客的意见表明，他们缺乏快速有效的游线导览及活动指示，容易受到旅游团的干扰，难以寻求高质量、多样化、与自我需求相符的体验。这意味着无论极限还是舒适标准下，流量容量和流向容量都有超标的隐患，建议管理在全年都采取分散客流方向的措施，比如，入口处设置指示牌快速说明各场地的特色和能够获得的体验、在线上网络平台和线下电子指示牌双线发布实时客流信息、在热点场地进行人工疏散指引等。

（3）替代类措施

替代类措施是为大众提供更多可选择的游憩机会的方法，调研结果显示，瘦西湖景区中的游客对替代类客流调控措施的接受程度非常高，超过六成。

宣传或重新包装非临水的景点：建议管理加大非临水的低热度景点和新产品的替代分流作用，比如，对瘦西湖北部近年来新建造的景点加大宣传力度，以形象重新包装、价格促销、与附加产品联合营销等方式，将一部分游客从热门景点分流。新游线的推广可能需要与旅行社合作，推出新产品实现。

（4）参与类措施

参与类措施是对资源利用与保护协调发展的推动，就现状而言，瘦西湖景区中的本地和本省游客对参与类客流调控措施的接受度比较高。

将科普教育融入活动：游客对场地空间内生态环境和景观资源的自觉维护将各个指标保持在容量标准以内。参与类措施的实施周期较长，是一个与文明程度相关的过程。比如，与学校或社会组织联合举办环保志愿者活动。

3.6 解说有效性评价方法

风景名胜区是人类文明发展历程中的精神胜地，拥有丰富的历史资源和文化价值。解说系统则是建立一种连接，连接游客的情感、智力、兴趣和自然的内在价值、意义、内涵的交流过程。风景名胜区解说系统的构建存在信息盲区，解说的表达在传播过程中存在信息偏差，而游客在接收解说信息的过程中存在信息缺失。下面以蜀冈-瘦西湖风景名胜区为例，通过构建风景名胜区解说指数（NPIC，Interpretation Connect Index of National Park）提供一种衡量解说有效性的新方法，选择"瘦西湖景区"范围，从信息保有量、信息表达量、信息输出量、信息输入量四方面开展调研，进行数据收集、分析、修正、综合进行蜀冈-瘦西湖的解说有效性评价，旨在提高风景名胜区的解说服务品质，建立更加完善的解说服务系统。

3.6.1 解说信息的内涵与结构

3.6.1.1 信息论的基本内涵

信息犹如空气一样普遍存在于人类社会时空之中，人类认识它经历了漫长的过程，直到20世纪40年代才正式提出了信息论的科学范畴。美国数学家、控制论的主要奠基人维纳（Winner）认为"人通过感觉器官感知周围世界"，"我们支配环境的命令就是给环境的一种信息"（田枫等，2009）。

哲学意义上的广义信息论强调了信息既不是物质，也不是能量，是客观存在物，但是与实体物质空间发生关系。因为在人与外部世界相互作用中，参与内容交换的还有物质和能力而不仅仅是信息。信息是独立与物质和能力之外存在于客观世界的第三要素。

3.6.1.2 信息结构的表现形式：符号

信息从结构上有三要素：作为信息的形式的符号，作为信息内容的意义，作为信息载体的媒介。如一本书的符号是语言，书的内容是意义，纸张是媒介。表征事物存在方式和运动状态的信息，只有被我们用符号序列表达出来的时候，才成为真正意义上的信息。同时也就开始了传播。因为传播行为一方面是将信息表达出来（即说或写），一方面则是对符号序列进行解读（即听或读）。不论是信息的表达还是信息的接受，都离不开符号系统。符号就是可以拿来有意义地代替另一种事物的事物。

3.6.1.3 信息的传递方式：信息载体

信息必须依附于一定的物质形式存在，这种运载信息的物质，称为信息载体。人类交换信息的形式丰富多彩，使用的信息载体非常广泛。概括起来，有语言、文字和电磁波。语言是信息的最早载体；文字和图像使信息保存得更持久、传播范围更大；电磁波则使载荷信息的容量和速度大为提高。

3.6.2 信息传播的媒介和效果

3.6.2.1 传播学的内涵

传播的本质是信息的交流，是信息的搬运工，是人类运用符号并借助媒介来交流信息的行为与过程。这个定义全面地揭示了传播者、受传者、信息、符号、媒介这五个任何传播活动都不可缺少的基本要素。传播的过程是人类自然、精神与社会文化行为的统一；是人类信息表达、分享和利用行为的统一；是人类技术、媒介材料和社会信息系统的统一（周庆山，2004）。

3.6.2.2 传播的媒介

人类传播或者说社会信息的流动必须借助一定的渠道或手段，即媒介。离开了传播媒介，信息交流活动是无法最终实现的。媒介指的是使事物之间发生关系的各种介质和工具。

根据媒介形态的产生、发展与变化，可以将人类的传播历史分为：口语传播时代、文字传播时代、印刷传播时代、电子传播时代、网络传播时代。需要注意的是，这五个过程并不相互替代，而是累加共存。见表3-47。

解说媒介的发展历程 表3-47

传播媒介	优点	缺点
口语传播	1. 最基础的传播方式 2. 最直接，最容易获得	1. 依赖人体自身的发声功能 2. 受到时间和空间的限制 3. 具有主观随意性，容易变形
文字传播	1. 第一套体外化的符号系统，摆脱了人体功能的局限 2. 信息可被记录、储存和交流，打破了语言的时空局限	1. 信息的传递量变得有限 2. 需要学习的人为过程才能接受 3. 信息被具有话语权的统治阶层所垄断
印刷传播	1. 可以复制，不断被分享 2. 拓展了传播范围和人群	1. 一次性成本较高 2. 信息内容难以修改
电子传播 （电报，电话，广播，电视）	1. 信息传递的速度大大加快 2. 传播覆盖面广、传播范围大、对象广泛、感染力强	1. 初始建设难度大、费用昂贵 2. 传送环节多、信号极易衰减
网络传播	1. 各种方式浑然一体，相互转换，实现传播方式的共享 2. 交互式传播的实现	1. 比较昂贵，花费金钱 2. 对网络信号的依赖较强 3. 需要电子设备的技术支持

3.6.2.3 传播的效果

在传播学研究中，个体传播效果主要是指带有说服动机的传播行为在受传者身上引起的心理、态度和行为的变化。对传播效果研究两个层面的分析——对效果产生的微观分析——研究传播主体、内容、媒介、技巧、对象与传播效果的关系；对效果产生的宏观分析——研究大众传播与社会认知、社会心理和行为的导向关系，大众传播与社会化、社会文化、社会发展和社会变迁的关系等。

传播效果依其发生的逻辑顺序或表现阶段划分为四个层面（郭庆光，1999）。

认知层面上的效果：认知效果是受传者对信息的表层反应，它表现为对信息的接受与分享。

情感层面上的效果：情感效果是受传者对信息的深层反应，是对信息内容进行有感情性色彩的分析、判断和取舍。

态度层面上的效果：态度效果是受传者接受信息后在态度上发生的变化。

行为层面上的效果：行为效果是受传者接受信息后在行为上发生的变化。

3.6.3 基于NPIC的解说有效性评价方法

我们希望建立一个新的评价体系，从一个新的视角来看待解说、认识解说，从而评价解说有效性。简而言之，解说系统是指使游客和风景名胜区建立密切联系的方法和手段。好的解说系统规划就是要构建一条能够把游客和风景名胜区资源的重要性和意义建立联系，这种联系应该是包括情感和理智上的双重联系。

3.6.3.1 解说的目的

解说的目的不仅仅是单纯地提供信息，更是建立在掌握风景区资源认知的基础上来传播价值，激发游客兴趣，从而改变游客对于风景区资源价值认知的态度和行为。当游客游览完风景区之后能够更加关注风景区的资源，从而形成了一个"获取信息-了解价值-引起兴趣-产生认知-凝聚态度-形成行动"的一连串过程。

所以我们可以把解说的目的归纳为：（1）协助游客对其所到访的地方发展出一种敏锐的认知、了解与欣赏，使其获得丰富而愉悦的游览体验。（2）协助风景区环境经营管理目标的达成。（3）促进公众了解风景区的目标与宗旨，从而参与到支持风景区建设发展的工作中。

一个成功的解说系统是把我们能够看得见摸得着的物理特性（有形资源）和我们看不见摸不着的东西（无形资源）联系起来，比如事物的变化过程、历史事件、思想、价值等等，它和人类普遍的情感相联系，包括勇气、牺牲、家庭、爱、责任感、正确和错误、忠诚与背叛、骄傲与谦虚等。

3.6.3.2 解说连接指数

在对风景区重要基础资源价值认识和评价的基础上，构建解说价值信息数据库，数据库的信息作为衡量解说资源全部价值的信源，即信息总量。信源既是对风景区所有资源价值的认识之后提炼出的重点资源介绍，也是衡量资源重要性的依据。信源是认识风景区资源价值的起点，也是解说开始的起点。

信源通过转化、传递、接受到游客，需要经历一系列传播过程。每个过程都会存在信息的偏差和流失，导致最后到达游客所能接受的信息量与最初信源总量存在差别，这个差别越大，说明解说指数较低，即解说效果较差；差别越小，说明解说指数较高，即解说效果较好。解说连接指数（NPIC）的大小直接能够从微观角度反映风景区解说系统效果的高低。

（1）TA 信息保有量：信源总量，即价值信息数据库中全部信息量。

（2）TE 信息表达量 = 信息保有量 – 信息缺失量 – 信息偏差量

（3）TO 信息输出量 = （使用人数 / 总人数）× 信息表达量

（4）TI 信息输入量 = 信息表达量 × 信息接受强度

从传播学角度认为，一般信息受传者的对待信息的传播存在四种不同状态：未接受，偶然接受，予以注意和形成反馈，每种状态则反映了信息的接受程度不同，对每个状态予以赋值，来评价信息的输入量。因而信息接受强度分别为四个等级，A 级：未接受，记 0%；B 级：偶然接受，记 50%；C 级：予以注意，记 80%；D 级：形成反馈，记 100%。

（5）NPIC（解说链接指数）= TI（信息输入量）× TO（信息输出量）/ TE（信息表达量）× TA（信息保有量）

3.6.3.3 解说连接指数与有效性

认识到解说本质是以依靠不同媒介来传播信息的过程，我们运用解说链接指数来分析信息通过媒介传播的全过程，从信源的信息保有量，到媒介传播的信息输出量和传授者的信息输入量的不断变化，来判断信息传播的有效性。从信息论和传播学的理论角度来看待解说这一本质过程，"解说"本身作为一种传播行为，即是让风景区的价值信息完整地传递到游客，被其所接受。因此我们通过对信息传播的整个微观过程的分析，来以解说连接指数（NPIC）评价解说的有效性。见图 3-50。

3.6.3.4 解说规划的过程

美国国家公园管理署在长期的管理过程中，建立了一整套的解说规划体系，被称为综合解说规划（CIP，Comprehensive Interpretive Planning）。综合解说规划是一种架构，更是一个过程，包含了解说的主题以及达成主题的来龙去脉。综合解说规划强调，首先明确国家公园的重要基础资源，在此基础之上，应用这些基础信息来创建未来解说项目的框架和内容。

美国国家公园管理署把解说系统的发展构架称为 5W + H 模式，分别是解说目标（WHY），解说资源与解说主题（WHAT），解说据点（WHERE），解说对象（WHO），解说媒体运用（HOW）及解说时机（WHEN），在此基础之上，进行解说区域，解说路线，解说据点，解说目标，解说媒体发展等方面的规划。

认识了解说资源的重要性，建立了价值信息数据库之后，需要概况出解说的中心思想——确定解说主题，再选择不同解说主题的背景信息，以故事的形式强化主题信息——确定次级解说主题，使得游览者把风景区的重要自然文化资源与游赏机会联系起来。最终根据不同的次级解说主题特点，确定使用不同的解说媒介，并进行针对性的解说服务，将次级主题与具体的解说服务相互联系，构成解说规划的全部过程。见图3-51。

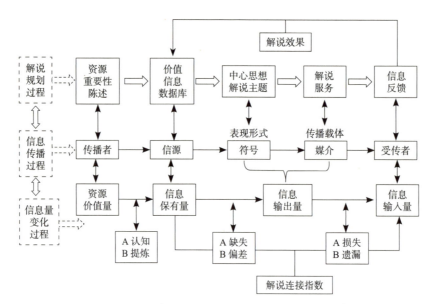

图 3-50　解说连接指数与解说有效性分析图

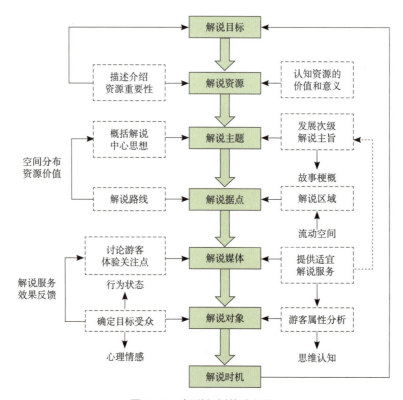

图 3-51　解说规划的流程图

3.6.4 瘦西湖景区解说有效性评价

3.6.4.1 风景区价值信息数据库

首先需要对瘦西湖景区的资源特点、价值重要性、自然人文资源情况进行重新梳理和认知，提炼出风景区的资源特征和内涵。我们借用《保护世界文化与自然遗产公约》操作指南上对于自然文化遗产价值的分类描述，建立瘦西湖风景名胜区突出普遍价值的评估标准，对瘦西湖资源价值共分为5大类，计19个小项的基本信息。

（1）基本信息：19项

① 年代，② 有关人物，③ 有关事件，④ 历史背景，⑤ 风格形态，⑥ 结构，⑦ 设计水平，⑧ 规模及数量，⑨ 装修及材质，⑩ 工匠技艺，⑪ 造园手法，⑫ 园艺科学，⑬ 自然环境，⑭ 植物特征，⑮ 生态资源，⑯ 民间传说，⑰ 象征作用，⑱ 名人名家，⑲ 诗词歌赋

（2）价值属性：5大类

根据风景区遗产价值自身的特殊内容和表现形式，其包含的突出意义和普遍价值包括以下几个方面：历史价值、艺术价值、科学价值、自然价值、文化价值。各类不同价值的体现有着各自的相关的基本信息要素。

——体现历史价值的基本信息要素

年代：年代久远程度，遗产完好程度；

有关人物：是否与历史上著名的人物、家族、社会结构相关；

有关事件：是否和历史上著名的事件有关；

历史背景：是否代表了当时社会发展的时代特征。

——体现艺术价值的基本信息要素

风格形态：是否是著名的、唯一的或一种特殊的类型；

结构：是否罕见或孤例，或是一种特殊材料、特殊方式的结构物；

设计水平：设计思路布局、构图、工艺和特色；

规模及数量：现存的规模及完整程度；

装修及材质：装饰装修、施工技艺，材质使用和色彩特点。

——体现科学价值的基本信息要素

工匠技艺：在结构、用材和施工等方面的科学成就；

造园手法：形式放映出来的历史上的造园手法和特征；

园艺科学：在植物，景观，园艺水平上的特殊技艺。

——体现文化价值的基本信息要素

民间传说：是否包含有特色的民间故事，传说，神话描述；

象征作用：是否为某种精神、形态、美学或信仰的象征物；

名人名家：是否有历史上著名的作家，诗人，书法家的艺术作品；

诗词歌赋：是否包含历史上重要的诗词，绘画，音乐，书法等。

——体现自然价值的基本信息要素

自然环境：景点与周边自然风景的和谐关系；

植物特征：包含的植物类型、群落组织和特征；

生态资源：是否有保护良好的水、植物、环境等生态资源。

对瘦西湖54处景点，每处景点的5大类价值，计19项基本信息进行汇总统计，由于涉及所有景点的总信息量巨大，下面以西园曲水景点为例说明如何构建该景点的资源信息数据库（表3-48）。

3.6.4.2 解说信息表达量调查

针对瘦西湖景区所有景点解说设施的走访调查情况，景区内共涉及五种类型的解说媒介，与之前理论部分提到的传播学的大众传播媒介类型相似，从表3-49中我们可以看出每种类型媒介随着时代发展的技术特征及其优缺点，并且不同媒介对于传播上的时间性、空间性、范围、可接受人群都有所不同，信息的可存贮性，媒介使用的轻便性，解说的趣味性也存在很大不同，从而带来不同的传播效果。

信息表达量主要对各个景点解说的不同媒介进行摸底调查，拍照核对并记录风景信息的表达情况，包括解说牌上的文字、图片、印刷物上信息、导游词、讲解员的解说内容、微信信息、电子仪的语音信息等数据进行汇总统计，并与原始价值信息数据

西园曲水资源价值信息数据库　　　　　　　　　　　　　　　　　　　　　　　　　　　　　表 3-48

西园曲水					
历史价值	年代	有关人物		有关事件	历史背景
	1）起于明代中期 2）乾隆乙酉（1765年）隆乾帝第四次南下时所建	1）本张氏故园 2）乾隆初，盐商黄晟购得，加以修葺 3）乾隆四十四年候选道汪羲重修 4）乾隆四十八年汪羲的族弟候选知府汪颧重修 5）乾隆后期又归徽州鲍志道所有 6）"民国"年间，先归金德斋 7）后归丁敬诚所有，改名"可园"		1）清兵攻打扬州，由此破城而入 2）长屿之上，筑有轩屋，系有城内魏氏园中迁来	1）明代中期建有维扬馆。 2）清时为西园茶肆，继改园 3）1949年后，园之高墩、荷池旧迹尚存 4）清代扬州北郊二十四景之一
艺术价值	风格形态	结构	设计水平	规模及数量	装修及材质
		墩之顶，置六角亭子	1）以水取胜，水中有岛，岛外有桥 2）池之中，徒来舫屋 3）水曲折逶迤，廊也随势造型，起伏跌宕。	1）东西长为500m，面积4.2hm^2（不包括水面） 2）园有门厅三间	1）石船瓦顶，雕栏隔扇 2）小桥流水，怪石兀立
科学价值	工匠技艺		造园手法		园艺科学
	利用园中水和坡坎来建筑		以水为湖，以坡为山		
自然价值	自然环境		植物特征		生态资源
	1）水边建成沿水曲道 2）坡上堆成高低不等的丘陵 3）瘦西湖水和南湖水，北城河水交汇处 4）两面环水，河势曲折		1）又称盆景园 2）树桩盆景与水石盆景 3）黄杨盆景最为突出 4）堂外环以苍松高柳 5）松下有芍药牡丹花圃 6）墩之四周多植红梅、桃李、海棠 7）夹岸多柳，柳下间以木芙蓉		
文化价值	民间传说	象征作用	名人名家		诗词歌赋
		1）"西园"二字取自"古西园茶市" 2）"曲水"取东晋王羲之《兰亭集序》中"行曲水以流觞"之意	1）山水画家江轸光，绘《西园曲水图》 2）书法名家林散手书门额上题 3）现代书法家陈叔亮书横额"西园曲水"		1）"以少胜多，瑶草琪花荣四季" 2）"即小观大，方丈蓬莱见一斑"

瘦西湖景区解说媒介类型及特点　　　　　　　　　　　　　　　　　　　　　　　　　　　表 3-49

传播媒介	优点	缺点
导游解说	1. 信息接受较为容易 2. 人对人的直接传播，有互动 3. 解说的内容具有延伸性	1. 解说内容转瞬即逝，不易记忆 2. 受环境，噪声等不确定因素影响 3. 不同导游解说具有主观随意性 4. 信息接受出现遗漏，失真，误解
解说牌	1. 费用低廉，不受使用时间限制，信息可以提前预制 2. 牌示信息可被记录、储存，反复使用	1. 解说牌上信息一次成型，制作，呈现信息总量非常有限 2. 解说牌位置固定，影响范围有限 3. 信息的接受需要被解释、学习和理解的过程
纸质印刷物	1. 可以复制，不断被分享 2. 轻便易携带，容易储存记忆 3. 拓展了传播范围和人群	1. 不易被识别和解读，缺乏趣味性 2. 与现场实景环境的结合关系较弱 3. 信息内容比较固定，难以修改
电子解说仪	1. 信息的存贮可被反复使用 2. 与现场实景环境的结合关系较强	1. 操作使用需要受众主动学习 2. 依赖GPS和电子技术，信号不太稳定
微信，网站和手机APP	1. 最新的时效性和最快的传播速度 2. 声音，图片，文字，视频等多种解说方式并存 3. 可以反馈信息，提出需求	1. 使用趋于年轻化，信息受众有限 2. 对网络信号的依赖较强 3. 需要电子设备的技术支持 4. 纯虚拟空间的解说，与现实脱节

库进行比对，发现现状解说信息的遗漏和缺失，即得出总体解说信息的表达量。同时在空间分布层面，我们记录不同媒介的信息表达量及在风景区中的分布特点，绘制解说地图。如图 3-52。

图 3-52　瘦西湖景区解说地图

3.6.4.3　解说信息输出量调查

信息输出量指标采用现场计数结合导游和讲解员访谈获得。

a）每个景点的解说牌周围记录一次总体游客人数 N，并记录仔细观察或阅读解说牌信息的人数 M，M／N 即为解说牌影响人数比例。

b）瘦西湖景区导游及讲解员在职人数共计 70 人，每人每天平均接待 2～3 个团队（以考察的旺季时节计算），每个团队为 1～40 人不等，平均每天解说覆盖人数在 3500 人左右（不考虑未请导游服务而跟随旁听的游客数量）。

c）景区四个大门的电子解说仪全天租赁情况

全园在 160～200 台/天，由于电子解说仪每次一人一台，即覆盖人数在 180 人左右。

d）景区纸质出版印刷物每天发放量在 2000 份左右，按照平均每份的阅读人次为 2 人计算，可覆盖游客数量为 4000 人左右。

e）景区有志愿者 30 人，游船解说导游 20 人和黄包车解说 4 人，游船每天运送旅客达 500 人，黄包车每天接待 10 次左右，每次 2 人，计 80 人次。总游览覆盖人数共计 580 人。

f）按调查比例推算，使用微信或手机 APP 游客人数为 100 人左右。

g）旺季当日景区全天游览人次在 60000 人，可计算得出不同解说媒介的影响人数。

3.6.4.4 解说信息输入量调查

信息输入量指标由对游客的问卷调查获得，访谈中我们选取风景区的重要景点信息，每个景点信息设置 4 个不同的答案，在游客游览结束后对该信息进行作答，来判断游客对风景信息的接受程度。4 个不同答案分别为"你对该信息的了解程度：A 不知道，B 好像听过，C 有些了解，D 非常清楚"，以此对应信息接受强度的四个等级。

3.6.4.5 瘦西湖景区解说连接指数——以西园曲水景点为例

在西园曲水景点的价值信息数据库基础上，我们实地走访进行调研，按照上述指标获取方法，对每种不同类型的传播媒介方式进行纪录，对现场解说牌、印刷物、导游词、电子仪和手机 APP 的解说情况进行扫描纪录，掌握一手数据，得出信息输入量；并与游客和导游进行跟踪访谈，记录使用解说的人数，了解它们的解说需求和解说效果反馈。然后将各个基本数据录入表格，按照解说有效性模型公式计算出该景点的解说连接指数。最后计算得出西园曲水景点的解说指数为 0.45。见表 3-50。

西园曲水解说连接指数评价表 表 3-50

		年代				有关人物				有关事件				历史背景		
	信源	媒介	输出	输入	信源	媒介	输出	输入	信源	媒介	输出	输入	信源	媒介	输出	输入
历史价值	2	A	0	0	7	A	3	0.5	2	A	0	0	4	A	2	0
		B	1	0.5		B	2	0.5		B	1	0.5		B	1	0.5
		C	1	0.5		C	4	0.8		C	2	0.5		C	2	0.8
		D	1	0		D	3	0.5		D	1	0.5		D	1	0.5
		E	1	0.8		E	3	0.5		E	0	0		E	2	0.5

		风格形态				结构				设计水平				规模及数量				装修及材质		
	信源	媒介	输出	输入	信源	媒介	输出	输入	信源	媒介	输出	输入	信源	媒介	输出	输入	信源	媒介	输出	输入
艺术价值	0	A	0	0	1	A	0	0	3	A	0	0	2	A	1	0.5	2	A	0	0
		B	0	0		B	1	0.5		B	1	0.8		B	0	0		B	1	0.5
		C	0	0		C	1	0.5		C	2	0.5		C	1	0.8		C	1	1
		D	0	0		D	1	0.5		D	1	0.5		D	1	0.5		D	1	0.5
		E	0	0		E	0	0.5		E	1	0.5		E	1	0.8		E	2	0.8

		工匠技术				造园手法				园艺科学		
	信源	媒介	输出	输入	信源	媒介	输出	输入	信源	媒介	输出	输入
科学价值	1	A	0	0	1	A	0	0	0	A	0	0
		B	1	0.5		B	0	0		B	0	0
		C	0	0		C	1	0.5		C	0	0
		D	1	0.5		D	1	0.8		D	0	0
		E	0	0		E	0	0		E	0	0

续表

西园曲水													
	自然环境				植物特征				生态资源				
	信源	媒介	输出	输入	信源	媒介	输出	输入	信源	媒介	输出	输入	
自然价值	4	A	2	0.5	7	A	4	0	0	A	0	0	
		B	1	0.5		B	2	0.8		B	0	0	
		C	3	0.8		C	5	0.5		C	0	0	
		D	1	0.5		D	3	1		D	0	0	
		E	2	0.8		E	4	0.8		E	0	0	
	民间传说				象征作用				名人名家				诗词歌赋
	信源	媒介	输出	输入	信源	媒介	输出	输入	信源	媒介	输出	输入	信源	媒介	输出	输入
文化价值	0	A	0	0	2	A	0	0	3	A	1	1	2	A	1	0.5
		B	0	0		B	1	0.8		B	1	0.5		B	2	0
		C	0	0		C	2	0.5		C	2	0.8		C	2	0.8
		D	0	0		D	1	0.5		D	1	0.8		D	1	0.5
		E	0	0		E	0	0		E	1	0.5		E	1	0.5

(注：表中 A：印刷物　B：解说牌　C：导游　D：电子仪　E：微信及手机 APP)

3.6.4.6 瘦西湖解说有效性评价

整体来看，瘦西湖景区大部分的景点解说有效性都不足 50%，景区整体的信息的输出量在 60% 左右，很多景点的指示牌和印刷物的信息输出还非常有限，使得资源价值的输入端十分薄弱，目前景区解说系统主要存在以下问题：

（1）解说系统性不够：解说的组织和规划缺乏系统性和引导性，各个景点没有相贯通和衔接；解说内容缺乏良性的相互渗透，有些内容间互相排斥。如图 3-53。

（2）趣味性和可读性低：传播媒介缺乏趣味性，信息内容可读性不高，知识含量较低，对景区的各种价值未进行深入挖掘，总体解说绩效低。如图 3-54。

（3）传播方式单一：景点资源的自然文化价值主要依靠导游的口述，而使用导游的人数又很有限，使得资源价值的输入端十分有限；指示类解说内容主要依靠解说牌和印刷物，内容有限，对游客的吸引力较低，同时存在很多信息盲区、盲点。如图 3-55。

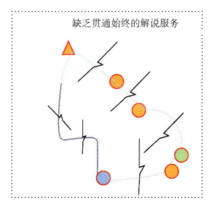
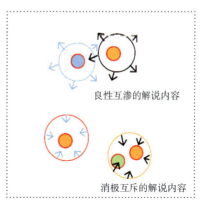

图 3-53　解说的系统性问题

图 3-54 解说趣味性和可读性问题

图 3-55 解说信息盲区问题

（4）解说形象不统一：解说牌示系统形式多样，没有统一形象元素；且解说信息与实体空间的结合度较差、相关度低，存在信息重复、混乱、无法识别的情况。如图 3-56。

因而，从解说系统的传播过程来看，媒介是传播的基本载体，也是核心，不同的媒介对于解说的效果带来很大的影响，一方面需要提高整体景区的信息输出量，增加更多的解说牌信息和可携带物，另一方面需要提高解说的趣味性。瘦西湖景区中大部分景点的解说媒介还比较有限，只有保证多样性的解说媒介共存、相互配合，并且充分结合解说主题有针对性地进行解说，才能提供个性化的解说服务。未来景区应使得解说媒介在空间分布中更加合理和多元化，景区实体物理空间与虚拟的信息空间相互融合，让解说媒介更多发挥引导游客关注、激发游客兴趣的作用，提高解说的服务品质和有效性，建立更完善的解说服务系统，从而更好地阐释和展现风景区的资源价值和特征。

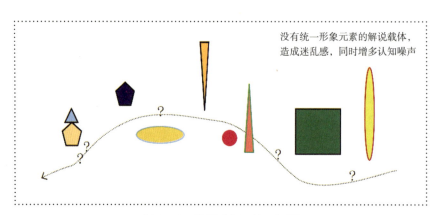

图 3-56 解说形象不统一问题

3.7 风景遗产旅游规划

风景遗产旅游是风景遗产社会功能实现的重要途径之一，旅游规划内容一般包括资源特色与价值评价、规划目标与容量规模、规划结构与功能分区、风景游赏规划、旅游服务设施规划、道路交通规划、社区发展规划、旅游影响评价、旅游分区发展计划等，以蜀冈－瘦西湖风景名胜区为例说明风景遗产旅游规划的基本方法。

3.7.1 资源特色与价值评价

3.7.1.1 风景资源类型

依据《风景名胜区规划规范》的风景资源分类标准，蜀冈－瘦西湖风景名胜区内风景资源共计2大类、8中类、22小类；自然景源单体19处，人文景源单体96处，总计115个单体。其中非物质文化景源单体33个，物质景源单体82个。见表3-51。

蜀冈－瘦西湖风景区风景资源类型表　　　　表3-51

大类	中类	小类	风景资源单体	景源数量
自然景源	天景	日月星光	蜀冈朝旭	1
	地景	山景	蜀冈西峰、笔架山	2
	水景	江河	瘦西湖、宋夹城护城河、明清护城河、邗沟运河源	4
		湖泊	保障湖	1
		潭池	天池	1
		瀑布跌水	石壁流淙	1
	生景	古树名木	银杏、蜡梅、桂花、黄连木、圆柏、榉树、紫薇、瓜子黄杨	8
		珍稀植物	琼花	1
人文景源	园景	历史名园	卷石洞天、西园曲水、长堤春柳、荷蒲熏风、小金山（梅岭春深）、桃花坞、四桥烟雨、水云胜概、白塔晴云、筱园花瑞、锦泉花屿、玲珑花界、平山堂西园、东园	14
		现代公园	蜀冈西峰生态公园	1
		植物园	堡城花木观赏园	1
		专类游园	扬州盆景精品园、琼花园、叶林、唐子城茶园、茶果观赏园	5
		陵园墓园	扬州革命烈士陵园、石涛墓园	2
	建筑	风景建筑	大虹桥、春波桥、长春桥、钓鱼台、莲花桥、白塔、凫庄、熙春台（春台祝寿）、小李将军画本轩、望春楼、二十四桥、栖灵塔、平远堂、谷林堂、御码头、冶春茶社	16
		民居建筑	傍花村	1
		宗教建筑	天宁寺、重宁寺、法海寺、大明寺、观音禅寺	5
		纪念建筑	史可法祠、墓、扬州唐城遗址博物馆、宋文化展览馆、汉陵苑、鉴真纪念馆	5
	胜迹	遗址遗迹	绿杨城郭、宋井、倚虹园遗址、唐西、北城墙遗址、平山堂城遗址、唐子城东华门遗址、唐子城北门遗址、宋堡城东城墙遗址、宋夹城城门、北门、乾隆行宫遗址、唐罗城西门遗址	13
	风物	文化节庆	中国扬州万花节、观音禅寺庙会	2
		民间文艺	扬州评话、扬剧、弹词、清曲、木偶戏等	5
		文化名人	吴王夫差、刘濞、鲍照、隋炀帝、张若虚、鉴真、李白、刘禹锡、崔致远、白居易、欧阳修、苏轼、杜牧、姜夔、石涛、王士慎、康熙、乾隆等	18
		地方物产	牛皮糖、漆器工艺、毛绒玩具、雨花石、扬州八刻、扬州剪纸、扬州风味小吃、扬州三把刀等	8
合计			115项风景资源单体	

3.7.1.2 风景资源评价

本规划采用《风景名胜区规划规范》的五级评价标准，对蜀冈－瘦西湖风景名胜区内82个物质景源单体进行评价。评出特级景源2个，占参评景源的2%；一级景源21个，占参评景源的26%；二级景源23个，占参评景源的28%；三级景源19个，占参评景源的23%；四级景源17个，占参评景源的21%。详见表3-52～表3-54。

蜀冈－瘦西湖风景区景点分级评价表　　表3-52

景区	景源级别	景源名称	数量	合计
瘦西湖景区	特级景源	莲花桥	1	39
	一级景源	白塔、钓鱼台、瘦西湖、熙春台（春台祝寿）、望春楼、白塔晴云、小李将军画本轩、二十四桥、小金山（梅岭春深）	9	
	二级景源	卷石洞天、西园曲水、长堤春柳、桃花坞、四桥烟雨、水云胜概、荷蒲熏风、石壁流淙（水竹居）、凫庄、扬州盆景园精品园	10	
	三级景源	筱园花瑞、蜀冈朝旭、锦泉花屿、大虹桥、倚虹园遗址、玲珑花界、琼花园、宋井、绿杨城郭	9	
	四级景源	叶林、唐罗城西门遗址、法海寺、东园、春波桥、长春桥、紫薇、桂花、瓜子黄杨、榉树	10	
蜀冈景区	特级景源		0	15
	一级景源	栖灵塔、大明寺、观音禅寺、鉴真纪念馆	4	
	二级景源	平远楼、谷林堂、平山堂西园、蜀冈西峰	4	
	三级景源	扬州革命烈士墓园、天池、石涛墓园	3	
	四级景源	蜀冈西峰生态公园、圆柏、琼花、黄连木	4	
唐子城景区	特级景源	汉陵苑	1	11
	一级景源	唐西、北城墙遗址、平山堂遗址	3	
	二级景源	东华门遗址、北门遗址、宋堡城东城墙遗址、扬州唐城遗址博物馆	4	
	三级景源	堡城花木观赏园、唐子城茶园、茶果观赏园	3	
	四级景源		0	
宋夹城景区	特级景源		0	8
	一级景源	保障湖、笔架山	2	
	二级景源	宋文化展览馆、宋夹城东门、北门	3	
	三级景源	宋夹城护城河、邗沟运河源	2	
	四级景源	傍花村	1	
绿杨村景区	特级景源		0	9
	一级景源	天宁寺、御码头、重宁寺	3	
	二级景源	史可法祠、墓、明清护城河	2	
	三级景源	冶春茶社、乾隆行宫遗址	2	
	四级景源	银杏、蜡梅	2	
合计				82

蜀冈－瘦西湖风景区各级景点比例表　　表3-53

景点级别	景源总数（个）	所占百分比
特级景点	2	2%
一级景点	21	26%
二级景点	23	28%
三级景点	19	23%
四级景点	17	21%
合计	82	100%

蜀冈－瘦西湖风景区各景区景点比例表　　表3-54

景区名称	景源数量（个）	所占百分比
瘦西湖景区	39	48%
蜀冈景区	15	18%
唐子城景区	11	13%
宋夹城景区	8	10%
绿杨村景区	9	11%
合计	82	100%

3.7.1.3 风景资源特征

本规划认为蜀冈-瘦西湖风景名胜区人文景源丰富，历史积淀深厚，自然景观优美，形成了自然与人文景源交相辉映、相互作用的风景结构。具有独特的审美价值、文化价值和科研教育价值。其主要特征表现为：

（1）历史悠久的古城遗址

古城遗址占地约5.8km²，唐宋城的城墙、护城河、十字街道路等城市形制保留完好，规模宏大；记录了扬州从吴王建立的邗沟邗城一直到明清古城约2500年的城市建设史，历史文化内涵丰富深厚。

（2）天人合一的文化景观

蜀冈-瘦西湖风景名胜区的水网结构全由人工开挖而成，区别于自然形成的江南水网景观。以军事文化为基础的线性水网文化特色突出，护城河从军事防御逐步向园林文化、生态文化演进，形成了多层次网络化水文化景观格局。体现了扬州这一历史文化名城从古至今人类活动和精神文明（商贸水运、军事防御、游憩造园、生活居住、诗词歌赋、自然人文观）作用于自然的持续演进过程。

（3）清秀典雅的湖上园林

瘦西湖湖上古典园林风光清瘦狭长、婉丽典雅，形成于明清古城与蜀冈中峰之间的4.2km长、相对高差50m的河道之中。众多私园依水而建、合分有序、主宾得体、巧于因借，形成"两堤花柳全依水，一路楼台直到山"的意境。在组景、植物造景、色彩搭配技术上展现出高超杰出的艺术水平，独具审美价值，是江南湖上园林的杰出代表。

（4）诗情画意的文化氛围

蜀冈-瘦西湖风景区拥有独具特色的文化活动及丰富的精神文化作品。诗词歌赋、书法画卷、名人韵事共同增加了瘦西湖的意境美，诗词文化独一无二。

3.7.1.4 风景资源价值

景源单体多样而独特，集成了四幅卷轴画：城市变迁卷轴画、大地风景卷轴画、人类生态变迁卷轴画、人类休闲生活卷轴画等。

（1）文化价值

蜀冈-瘦西湖风景名胜区承载了古典园林文化、盐商文化、宗教文化、民俗文化、水文化、古城遗址文化、皇家文化等。从古邗城、汉（三国、六朝）广陵城、隋江都城（宫城）、唐城、宋城、元平山堂城、明清城，蜀冈-瘦西湖风景区将呈现一幅完整的水运商贸城市变迁图谱，这个图谱包括城市空间形态的历史图谱、城市制度变迁的历史图谱（隋唐子城制度、废除里坊制的先驱、唐南方较早使用瓮城的城市）、城市与环境关系的历史图谱。唐子城是中国最完整的穿越时间隧道的城市博物馆——城市历史变迁的实景卷轴画。在城市发展史上具有极其重要的意义和价值，是东方城市文明变迁的重要实证。

（2）美学价值

蜀冈-瘦西湖风景名胜区是线性河道大地景观艺术的杰作，以水上游览为主线集盆景与画舫、园居与寺塔、植物与桥岛、水与山冈等多类要素于一体的多层次视觉景观体系，起承转合浑然一体，是一幅大地上的卷轴风景画。

（3）科学价值

蜀冈作为古长江北岸线具有重要的古地理研究价值，唐宋城的古代引水、排水、防洪排涝等技术具有古城水工程价值，同时古城遗址本身具有历史考古学价值。古长江北岸线的不断南移伴随的是扬州城的不断南扩，从冈上之城逐步向滩上之城演变，古城的选址、形成与发展记录了自然环境的变迁如黄河改道、长江南移等，长江岸线南移、运河东移与城池扩大密切相关。反映了自然环境变迁与人类活动主动、被动关系，是一本长江河道变迁史、人地关系变迁史、人类建城史、运河兴衰史的活态教科书，完整地记录了东方水运文明的孕育、发生、发展、兴衰的历史过程，是一幅人类生态变迁画卷。

（4）游憩价值

瘦西湖湖上园林是明清时期休闲文化的产物，修禊雅集、琴棋书画、赏月踏花、画舫游赏、盆景园艺、社会交往、宗教活动、皇帝巡游等浓缩了古往今来休闲生活场景，展示了一幅完整的东方生活画卷。

（5）生态价值

作为扬州城市中心最大一块绿地，树种与鸟类

资源丰富，具有碳汇与氧源功能，调节雨洪，涵养水源，具有突出的自然生态价值

3.7.2 规划目标与容量规模

3.7.2.1 规划目标

建构完整的风景文化体系与保护管理框架，完整保存、保护古城遗址空间格局特色，延续水-城景观肌理，不断丰富、充实风景名胜区文化内涵，实现三大和谐：景区价值与功能的和谐，风景游憩与旅游服务的和谐，景区与城市关系的和谐，打造融"人文、生态、休闲"于一体、国内一流、国际知名的风景名胜区。

（1）资源与环境保护目标

①全面保护蜀冈－瘦西湖风景名胜区古城遗址空间格局的真实性和完整性。

②全面保护蜀冈－瘦西湖风景名胜区独特的湖上园林风貌及其视域环境。风景区周围的建筑高度使用"放气球"法严格控制。

③保护并修复蜀冈－瘦西湖风景名胜区生态环境，杜绝污染源，提高水体自净能力，改善水质。水环境达Ⅱ-Ⅲ类水标准，声环境达0类-1类标准，空气环境质量达一级标准，土壤环境达Ⅰ级标准，固体废弃物无害化处理率达100%。

（2）旅游发展目标

①旅游管理目标：打造"人文、生态、精致、宜游"的国家级风景名胜区的旅游形象，成为精致扬州、幸福扬州的标志。创建品质一流的旅游环境和居民休闲的游憩环境，成为省内、国内和国际市场上具有一定影响力的风景名胜区。

②旅游经济目标：优化旅游经济结构，丰富旅游体验活动。形成文化经济、服务经济、休闲经济和养生经济等4种经济类型，为风景的文化与生态保护提供持续的经济动力。远期游人数达855万人次/年，人均消费达300元，平均逗留时间延长至二日游。

③旅游服务目标：挖掘蜀冈－瘦西湖风景名胜区的文化旅游资源，保护和传承风景区的非物质文化遗产，形成融"食、住、行、游、购、娱"为一体的旅游特色产品。远期风景区和城区共同形成旅游服务区、旅游服务点和旅游服务部三级旅游设施配套系统。风景区内提供约1384个床位。餐位数约1140个。

（3）居民社会调控目标

①严格控制风景名胜区人口规模，企事业单位以及有碍风景的农业生产用地。远期风景区居民人口缩减为450人，居民点建设用地缩减约为27.1hm²。

②全部迁出第二产业。引导淘汰型产业的劳力合理转向，以传承乡土文化、地方特色为目标，建立适合风景名胜区特点的社会运转机制。

3.7.2.2 游客容量与控制

综合采用面积法、线路法和卡口法测算得到蜀冈－瘦西湖风景名胜区的游人容量：按平均年游人总量875万人次，瞬时容量20000人次，平均日游人量29000人次进行控制。水上游览按瞬时游船容量119只，瞬时游人量1190人，日游人量4760人进行控制。见表3-55。

蜀冈－瘦西湖风景区各景区游人容量控制表　表3-55

景区名称	平均日游人容量（人）	高峰期游人容量（人）	年游人量（万人）
瘦西湖景区	4679	9358	140.37
蜀冈景区	5020	10040	150.60
唐子城景区	11921	23842	357.63
宋夹城景区	5721	11442	171.63
绿杨村景区	1817	3634	54.51
总计	29158	58316	874.74

3.7.2.3 发展规模预测

游人规模预测：近期2020年蜀冈－瘦西湖风景名胜区游客人数达720万人次/年；远期2030年游客人数达855万人次/年。

建设用地规模预测：规划至远期2030年，蜀冈－瘦西湖风景名胜区建设用地达231.74公顷，占风景区面积的28.57%。

旅游床位规模预测：规划至近期2020年，蜀

冈-瘦西湖风景名胜区旅游床位数达1084床，至远期2030年床位数达1384床。

社区居住人口规模预测：规划至远期2030年，蜀冈-瘦西湖风景名胜区内居民从2010年的8130人降至450人，外围保护地带常住人口从2010年的9031人降至5447人。

服务人口主要由风景名胜区以外的城市居民承担。

3.7.3 规划结构与功能分区

3.7.3.1 总体布局结构

蜀冈-瘦西湖风景名胜区在总体布局上顺应古城文化脉络，突出"网络状"的结构形态，风景区总体发展格局形成"一轴、四带、五区、二心"的布局结构和"东联西进、北延南下"的发展方向。

一轴：沿唐子城十字街、宋夹城十字街、明清西护城河，形成唐宋、明清古城南北轴线。称之为2500年城市文化时空轴；

四带：分别是唐子城东西大街文化展示体验带、平山堂东路文化展示景观带、盐阜路大虹桥路明清文化生态景观带、环唐宋古城遗址风景游赏带；

五区：分别是瘦西湖景区、蜀冈景区、唐子城景区、宋夹城景区、绿杨村景区；

二心：傍花村综合服务中心、唐子城十字街旅游服务中心。

3.7.3.2 功能分区

根据风景名胜区的使用要求，统筹整合区内各类用地类型，并考虑其地理、自然条件，规划对各景区进行功能分区，把风景名胜区分为五类功能区，分别为：风景游览区、史迹保护区、休闲活动区、旅游服务区及考古预留区。详见图3-57、表3-56、表3-57。

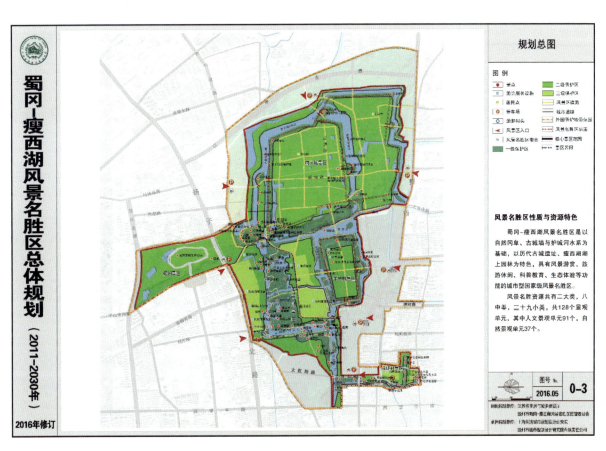

图3-57 总体规划图

蜀冈－瘦西湖风景区功能分区一览表 表3-56

景区	功能区	面积（hm²）	主要功能	适宜日容量（人）	
瘦西湖景区	风景游览区	144.23	陆上、水上游览	4679	4679
蜀冈景区	风景游览区	22.85	登高眺望、宗教朝拜、名人寻踪、品茶、修禅、问佛、学佛	695	5020
	休闲活动区	95.15	生态公园健身活动	4325	
唐子城景区	史迹保护区	163.45	唐宋城壕保护、大唐揽胜、登高眺望	3012	11921
	考古预留区	220.50	考古研究、虚拟展示、文化教育	8269	
宋夹城景区	史迹保护区	67.29	环城墙游览	1426	5721
	休闲活动区	51.22	体育休闲活动、民间游戏活动	2328	
	旅游服务区	19.67	温泉养生、美食体验、康体保健	1967	
绿杨村景区	风景游览区	13.20	名人寻踪、佛事活动、民俗体验、水上游览	470	1817
	旅游服务区	13.47	住宿、美食、购物	1347	
合计	—	811.00	—	29158	29158

功能分区与保护级别分区的衔接关系表 表3-57

	一级保护区	二级保护区	三级保护区
史迹保护区	●		
风景游览区	●	●	
考古预留区		●	
休闲活动区		●	●
旅游服务区			●

3.7.4 风景游赏与产品策划

3.7.4.1 风景游赏规划

（1）景区规划

规划将蜀冈－瘦西湖风景名胜区分为五大景区，分别为：瘦西湖景区、蜀冈景区、唐子城景区、宋夹城景区、绿杨村景区。

1）瘦西湖景区

瘦西湖景区总面积1.44km²，其中水域面积0.36km²。景区范围东至长春路、瘦西湖路一线，南至白塔路，西至瘦西湖西岸100m一线，北至平山堂东路。瘦西湖景区以湖上园林风光为特色，以"两堤花柳全依水，一路楼台直到山"为游赏主题，具有陆上风景游赏、水上画舫游览等功能。

2）蜀冈景区

蜀冈景区总面积1.18km²，其中水域面积0.07km²。景区范围东至观音禅寺东边界一线，南至平山堂西路、平山堂东路一线，西至邗江北路，北至西峰路。蜀冈景区以佛教文化和生态山林为特色，以"焚香清斋、西峰叠翠"为游赏主题，具有风景游赏、休闲活动和佛教活动等功能。

3）唐子城景区

唐子城景区总面积3.84km²，其中水域面积0.64km²。景区范围东至唐子城东护城河东岸线，南至邗沟南岸线、平山堂东路，西至平山北路，北至唐子城北护城河北岸线。唐子城景区以隋唐宋古城遗址为特色，以"城外芳尘、十里栽花"为游赏主题，具有遗址展示、考古预留等功能。

4）宋夹城景区

宋夹城景区总面积1.38km²，其中水域面积0.30km²。景区范围东至宋夹城东护城河以东30m，南至长春路，西至南护城河、长春路一线，北至平山堂北路。宋夹城景区以宋城遗址为特色，以"古宋遗风、芳草湿地"为游赏主题，具有休闲体育活动、文化体验和旅游服务等功能。

5）绿杨村景区

绿杨村景区总面积0.27km²，其中水域面积0.02km²。景区范围东至史可法路，南至盐阜西路，西至瘦西湖路，北至史可法西路、大虹桥路一线。绿杨村景区以文化史迹为特色，以"绿杨城郭、画舫轻游"为游赏主题，具有风景游赏和旅游服务等功能。

（2）景点规划

蜀冈－瘦西湖风景名胜区规划涉及景点共100

个,其中现状景点 82 个,规划新增景点 18 个。现状景点是现状已具备一定景观条件或者已进行了一定程度的开发建设,规划加以完善充实、提高利用;规划新增景点是根据规划的环境条件和规划需要,确定新的景观建设内容,目的是提高风景名胜区的景观价值,充实游览内容。见表 3-58、表 3-59。

蜀冈－瘦西湖风景区景点规划一览表　　　　　　　　　　　　　　　　　　表 3-58

景区名称	编号	景点名称	景物	现状	规划
瘦西湖景区	1	蜀冈朝旭	高咏楼、双流舫、丁字屋、清韵室、廊、假山、水池等	地表已无遗存,但有适当的展示	保护
	2	石壁流淙	西爽阁、花潭竹屿、清妍室、天然桥、观音洞、阆风堂、丛碧山房等	地势地貌保存尚好,景点已恢复	保护
	3	荷蒲薰风	水亭、清华堂、青琅玕馆、浮梅屿、春雨廊、杏花春雨之堂等	建/构筑物已不存,广植荷花	保护
	4	叶林	裸子植物园、刺槐林	一片茂密的树林,古树参天,绿树成荫	保护
	5	卷石洞天	群玉山房、桥廊、四面八方亭、湖石假山	基本完好	保护
	6	西园曲水	清堂、浣香榭、石舫、丁溪水榭、妙远堂、杨派盆景	基本完好	保护
	7	长堤春柳	长堤春柳亭、两堤桃柳	基本完好	保护
	8	四桥烟雨(趣园)	锦镜阁、涟漪阁、澄碧堂、四桥烟雨楼等	基本完好	保护
	9	桃花坞	听鹂馆、吟榭、疏峰馆、澄鲜水榭等	建筑物已不存,广植桃花等	保护
	10	梅岭春深(小金山)	梅岭春深、香海慈云、月观、琴室、风亭、湖上草堂、绿筱沧漪、梅树、松竹等	基本完好	保护
	11	水云胜概	吹香草堂、隋喜庵、春水廊、胜概楼、小南屏等	现存桂花厅	保护
	12	琼花园	琼花观赏园	种植万株琼花	保护
	13	东园	醉烟亭、凝翠轩、梓潼殿等	现有凫庄遗存	保护
	14	白塔晴云	积翠轩、曲廊、山石水池、林香榭、花南水北之堂等	已在旧址上复建	保护
	15	玲珑花界	曲廊、轩屋、观芍亭、玲珑花界水榭、芍药圃	基本完好	保护
	16	筱园花瑞	芍药田、瑞芍亭、仰止楼、梅亭小亭	基本完好,但被扬州铁道宾馆侵占	保护
	17	锦泉花屿	水牌楼、清远堂、藤花书屋、绿竹轩、碧云亭、清华亭、香雪亭等建筑,东部清华亭下"高山流水"的叠水景观	现已复建	保护
	18	瘦西湖	瘦西湖堤、岛、山水地形,狭长曲折	基本完好	保护
	19	紫薇	古树,树龄 100 年	基本完好	保护
	20	桂花	古树,树龄 120 年	基本完好	保护
	21	榉树	古树,树龄 100 年	基本完好	保护
	22	瓜子黄杨	古树,树龄 100 年	基本完好	保护
	23	春波桥	春波桥	基本完好	保护
	24	长春桥	长春桥	现为公路桥	保护
	25	钓鱼台	钓鱼台	基本完好	保护
	26	莲花桥	五亭桥	基本完好	保护
	27	白塔	白塔	基本完好	保护
	28	凫庄	水榭、曲廊、亭等	基本完好	保护
	29	熙春台(春台明月)	熙春台、亭、台、假山、十字阁	基本完好	保护
	30	望春楼	望春楼	基本完好	保护

续表

景区名称	编号	景点名称	景物	现状	规划
瘦西湖景区	31	小李将军画本轩	小李将军画本轩	基本完好	保护
	32	二十四桥	落帆栈道、单孔拱桥、三曲平板桥、听箫亭等	基本完好	保护
	33	大虹桥	大虹桥	基本完好	保护
	34	扬派盆景博物馆	盆景观赏	基本完好	保护
	35	法海寺	藕香桥、荷花、弥勒殿、大雄宝殿、藏经阁、白塔、云山阁	基本完好	保护
	36	绿杨城郭	角楼、城墙、桃、柳	地势、地貌保护尚好	保护
	37	唐罗城西门遗址	唐罗城遗址	已对遗址进行保护性展示	保护
	38	宋井	宋代古井	基本完好	保护
	39	花文化展览馆	花艺坊	暂无	新建
	40	虹桥修禊遗址	饮虹水榭、涵碧亭	昔日盛景已废，地势地貌保护尚好	展示
	41	接驾厅遗址（春流画舫）	接驾亭、茶坊、清荫堂、旷观楼、涵清阁、酒肆等	景点用地	展示
	42	万松叠翠	桂露山房、假山、石桥、万松森力	旧址位于瘦西湖景区北端	恢复
蜀冈景区	1	蜀冈西峰	八卦塘、双墩、玉钩斜、果园、植物园	地形保存完好，现为蜀冈西峰公园	保存修缮
	2	蜀冈西峰生态公园	—	基本完好	保护
	3	天池	"天池"为乾隆皇帝所赐	池四周环境亟待改造	保护
	4	双峰云栈	九曲池、九曲亭、风台、月榭、听泉楼、露香亭、环绿阁、竹心亭、栈道等	待恢复，原有地势地貌完好	恢复
	5	扬州革命烈士墓园	纪念广场、纪念馆、松柏	基本完好	保护
	6	观音禅寺	天王殿、大雄宝殿、摘星楼、紫竹林等	基本完好	保护
	7	大明寺	山门殿、大雄宝殿等	基本完好	保护
	8	鉴真纪念馆	鉴真纪念堂门厅、鉴真和尚纪念室、鉴真纪念堂	基本完好	保护
	9	栖灵塔	栖灵塔	正在建设之中	保护
	10	平山堂	平山堂、谷林堂、欧阳祠	基本完好	保护
	11	平远楼	平远楼	基本完好	保护
	12	谷林堂	谷林堂、"谷林堂"额、"谷林堂"诗	基本完好	保护
	13	石涛墓园	石涛墓	基本完好	保护
	14	黄连木	古树，树龄120年	基本完好	保护
	15	琼花	古树，树龄300年	基本完好	保护
	16	圆柏	古树，树龄400年	基本完好	保护
	17	品茶问禅	古典茶室	暂无	新建
唐子城景区	1	堡城花木观赏园	堡城花木场内的盆景园、月季、献插花基地等	现为风景区用地，有待整治、提升游赏品质	保护
	2	茶果观赏园	茶园、桃园、苹果园、梨园等	现为风景区用地，有待整治、提升游赏品质	保护
	3	遗址花海	琼花园、芍药园	现为堡城花木场，有待扩建、改造	新建
	4	茶园	茶田	现为风景区用地，有待整治、提升游赏品质	保护
	5	西门遗风	西华门（瓮城）	现为风景区用地，有待整治、提升游赏品质	展示
	6	汉陵苑	天山汉墓	基本完好	保护
	7	唐子城西、北城墙遗址	土城墙、疏林群落	基本完好，城墙上的居民点有待整治	保存修缮
	8	唐城遗址博物馆	延和阁、仿古阙楼、城墙	基本完好	保护

续表

景区名称	编号	景点名称	景物	现状	规划
唐子城景区	9	唐子城南城门遗址	南门（瓮城）	待恢复，地形地貌尚存，目前正在进行考古挖掘	展示
	10	唐子城北门遗址	唐子城北门	待恢复，地形地貌尚存	保存修缮
	11	平山堂城遗址	城墙	有待进一步考古挖掘	保存修缮
	12	宋堡城东城墙遗址	宋堡城东门	待恢复，地形地貌尚存	保存修缮
	13	唐子城东门遗址	唐子城东门	待恢复，地形地貌尚存	保护
	14	唐十字街	节度使衙门、遗址碑亭、商胡驿楼	现在的十字街和唐代十字街的宽度基本吻合，只是东西向路较唐代略偏北，现两边被居住工厂侵占	展示
	15	唐子城古城垣	城墙遗址、角楼遗址	部分地形地貌尚存，部分被农村居民点和公墓侵占，有待恢复	保存修缮
	16	盛唐揽胜	城墙角楼（推测）	地形地貌尚存	展示
	17	大唐渔村	护城河遗址、鱼塘、民居	有待清理、疏浚	改造
	18	鸟语森林	树林、鸟类栖息地	基本完好、生长良好	改造
宋夹城景区	1	傍花村	傍花村	现已改造原有民居，成为餐饮住宿等旅游服务设施	保护
	2	宋文化展览馆	宋文化展览馆	基本完好	保护
	3	笔架山	笔架山	基本完好	保护
	4	宋夹城东门	宋夹城东门	已恢复，景点用地	保护
	5	宋夹城北门	宋夹城北门	已恢复，景点用地	保护
	6	邗沟运河源	邗沟	基本完好，滨水景观有待改善	保护
	7	保障湖	保障湖	现为风景区用地，基本完好	保护
	8	宋夹城护城河东段湿地景观	湿地植被	基本完好，已整治疏浚	保护
	9	温泉文景	温泉文化展示、体验	暂无	新建
	10	白鹭飞天	鸟类保护和启智设施	生态环境良好，游览条件需完善	改造
	11	户外运动	户外活动场地和设施	生态环境良好，游览条件需完善	新建
	12	城河青堤	湿地栈道、解说指示	生态环境良好，游览条件需完善	改造
绿杨村景区	1	城闉清梵	杨派盆景、花鸟鱼虫	绿杨村现为扬州市盆景出产基地，拟将其建成集生产、旅游一体化的单位	展示
	2	史可法祠、墓	梅花岭、史公祠、史公墓	基本完成	保护
	3	天宁寺	山门殿、大雄宝殿、华严阁等	基本完好	保护
	4	重宁寺	天王殿、大雄宝殿、藏经楼等	基本完好	保护
	5	御马头	御马头、御马头石碑	基本完好	保护
	6	冶春茶社	水绘阁、香影廊等	基本完好	保护
	7	明清护城河	绿杨城郭、垂柳、御码头	基本完好，已整治疏浚 滨水景观有待提升	保护
	8	银杏	古树，树龄260年	基本完好	保护
	9	蜡梅	古树，树龄220年	基本完好	保护
	10	乾隆行宫遗址	无	现状有解说牌	保护
备注			总计100个景点，其中包含"扬州三十六景"中的18个景点		

蜀冈－瘦西湖风景区新增景点构成引导简表　　　　　　　　　　　　　　　　　　　　表 3-59

景区名称	景点名称	选址位置	景源类型	景点构成意向引导	
				主导功能	所属功能区
瘦西湖景区	花文化博物馆	长春路旁	建筑	花文化展示	风景游览区
	接驾厅	大明寺山脚	建筑	恢复帝王巡游文化	风景游览区
	万松叠翠	瘦西湖北段西岸	园景	恢复历史景观	风景游览区
	虹桥修禊	西园曲水附近	建筑	恢复历史景点	休闲活动区
蜀冈景区	双峰云栈	大明寺与观音禅寺间	水景	水文化展示	风景游览区
	品茶问禅	鉴真纪念馆附近	建筑	茶文化展示体验	风景游览区
唐子城景区	盛唐揽胜	唐城墙西北角制高点	胜迹	遗址展示	风景游览区
	鸟语森林	唐城墙西北角附近	生景	生态展示	风景游览区
	西门遗风	唐宋古城西城墙	胜迹	文化展示	风景游览区
	大唐渔村	宋堡城东护城河	建筑	文化展示体验	风景游览区
	遗址花海	唐子城发展控制区	生景	文化展示体验	发展控制区
	十字街	唐子城发展控制区	建筑	文化体验与旅游服务	发展控制区
	唐城南门	平山堂路北侧	建筑	文化展示	风景游览区
宋夹城景区	城河青堤	宋夹城西护城河	水景	滨水休闲	休闲活动区
	温泉文景	宋夹城服务区	建筑	文化体验	休闲活动区
	白鹭飞天	宋夹城南门附近	园景	自然教育	休闲活动区
	户外运动	宋夹城内	园景	运动康体	休闲活动区
绿杨村景区	城闉清梵	御码头附近	建筑	恢复历史景点	风景游览区

3.7.4.2 旅游产品策划

根据蜀岗－瘦西湖风景名胜区的风景资源内容和特点，以及风景名胜区环境的场所条件和传统民俗文化条件，本规划选择与其协调适宜的旅游产品。详见表 3-60，图 3-58。

3.7.4.3 游线组织规划

（1）精品游线组织

根据蜀冈－瘦西湖风景名胜区风景结构的空间序列特征，确定大虹桥路瘦西湖路交叉口和宋夹城东两大风景区入口为精品游线的最佳入口。

蜀冈－瘦西湖风景区游赏项目规划一览表　　　　　　　　　　　　　　　　　　　　表 3-60

产品类别	游赏项目	体验时段	主要活动景区
佛教文化旅游产品	佛事活动、佛教休学 禅茶问道、禅修度假	一年四季	蜀冈景区
休闲文化旅游产品	美食文化、画舫文化 园艺活动、民艺活动 赏月活动、踏花活动 修禊活动、书画活动	季节性、时段性	瘦西湖景区、宋夹城景区、唐子城景区、绿杨村景区
养生文化旅游产品	温泉文化、保健文化	不同季节不同养生要求	宋夹城景区
生态文化旅游产品	观鸟垂钓、花卉观赏 野餐露营、文化认知	季节性	瘦西湖景区、蜀冈景区、唐子城景区、宋夹城景区
名人文化旅游产品	名人寻踪、皇帝巡游 名诗感知、名事探访	季节性	瘦西湖景区、蜀冈景区、唐子城景区、宋夹城景区、绿杨村景区

第 3 章 风景遗产旅游规划方法

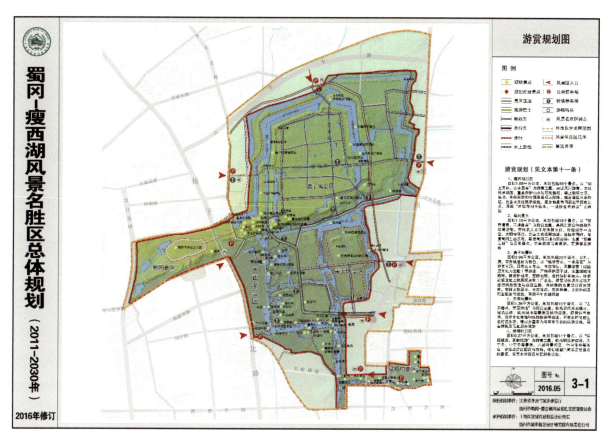

图 3-58 游赏规划图

1) 一日游

本规划设计的一日游线路有：

①线是瘦西湖二十四景游。综合水陆观光、名人文化、诗词花卉文化等主题游览。起点是御码头或虹桥入口，终点是大明寺、观音禅寺；

②线是唐宋遗韵观光游。综合佛教文化、水岸游憩、保健养生等主题游览。起点是宋夹城东入口或宋北门遗址，经汉陵苑或宋夹城北门、保障湖、唐南门、十字街、唐北门、西城墙，终点是大明寺、观音禅寺；

③线是唐宋古城科教考古游。综合科普修学、登高瞭望、考古体验等主题游览。起点是大明寺，经鉴真纪念馆、西城墙城门、唐城墙制高点、古城水利工程博物馆、北门、大唐渔村、遗址花海、十字街、南门、汉陵苑，终点是宋夹城东门或宋博物馆；

④线是明清风光体验游。综合水陆结合、湖上园林、名人文化等主题游览。起点是明清古城南门，沿护城河北上至大虹桥、长堤春柳、长春桥到夹城唐子城中轴线。

2) 二日游、三日游

二日游是瘦西湖与唐宋古城遗址的组合游。

三日游是蜀岗–瘦西湖风景区与明清老城区的组合游。

（2）主题游线组织

佛教文化线：天宁寺——重宁寺——法海寺——大明寺——观音禅寺——鉴真纪念馆——佛学院——茶禅区——养心文化区。

修禊雅集线：虹桥修禊——冶春诗社——冶春茶社——熙春台——平山堂。

古城遗址考察线：宋夹城–唐子城中轴线——唐宋明清城墙护城河陆上游览线和水上游览线。

赏月文化线：瘦西湖水上游览线——月观——风亭——吹台——云天胜概——莲花桥——二十四桥。

帝王巡游线：御码头——瘦西湖——接驾厅。

（3）游览方式

提高游览品质，缓解游客超载状况，采用多种游览方式组合：步行、自行车、电瓶车、循环巴士、游船等。设置不同游览方式的换乘节点与中转枢纽，便于游客及时选择。

1) 瘦西湖画舫水上游览

画舫船只以非机动船或太阳能等清洁能源作为主要动力。设置7座游船码头，御码头、卷石洞天码头、虹桥修禊码头、长堤春柳码头、莲花桥码头、二十四桥码头、接驾厅码头。

2) 水上巴士游览

提供大运河至景区的水上游览。形成三条线路：大运河——邗沟水上巴士线、大运河——漕河水上巴士线、大运河——明清护城河水上巴士线。水上巴士成为路面交通的备选方案，减轻路面交通压力。

3) 旅游巴士游览

为方便游客快速到达各景区，规划设置一条景区旅游环线，串联城市景点和景区，最大化实现来自四面八方的游客都能便捷进入风景名胜区。在风景区出入口、旅游服务区及城市重要节点处设置9个停车场。

4) 自行车游览

自行车游线主要是辅助景区旅游专线游线、水上巴士等交通形式的一种慢行交通方式，在各主要交通节点设置自行车驿站，便于为游客提供自行车游览方式。

5) 电瓶车游线

由于景区游览面积比较大，以线型游览为主，在主要景点之间辅助电瓶车游览，以满足部分游客需求。规划设置瘦西湖景区电瓶车游线、平山堂东路电瓶车游线、十字街电瓶车专线、宋夹城电瓶车专线。

3.7.5 旅游服务设施规划

3.7.5.1 旅游服务设施布局

蜀冈-瘦西湖湖风景名胜区的旅游服务设施网络按三级配置，依次为旅游服务区（旅游村）、旅游服务点和旅游服务部。旅游服务区7处（含旅游村1处），旅游服务点9处，旅游服务部12处。旅游服务区禁止出现在核心景区、文物保护单位内。见表3-61。

蜀冈-瘦西湖风景区旅游服务设施规划表　　　　　表3-61

级别	名称	位置	功能	服务设施	所在区域
旅游服务区	瘦西湖路玉带河服务区	平山堂路—大虹桥路之间，瘦西湖两侧	文化艺术、商务会议、休闲娱乐、康体养生	文化艺术中心、高档酒店、会议中心、运动休闲设施、玉带河老街、保健园	外围保护地带
	大虹桥路服务区	大虹桥路以北与瘦西围墙之间（含新天地街区）	文化创意、住宿购物、餐饮娱乐	不同等级酒店、风情街、手工艺作坊、画廊	外围保护地带
	扬子江路瘦西湖服务区	瘦西湖北段西侧与扬之江路之间	餐饮住宿保健、休闲运动	高等级酒店、特色餐馆、保健中心、市民活动场所	外围保护地带
	傍花村服务区	原傍花村位置及其北侧	住宿餐饮、养生文化体验	温泉酒店、养生文化体验中心、快餐店	风景区
	十字街服务区	唐宋古城古街区	文化体验、餐饮住宿、购物娱乐	大唐古街、宋街	风景区
	禅茶服务区	佛学院以北唐城西城墙以西	佛学研修、禅修养生、禅茶问道	特色酒店、茶道中心、禅修度假村	外围保护地带
	民俗旅游村	唐宋城墙之间综合村	扬州传统民艺民俗文化展示、体验、住宿餐饮	乡村精品酒店、盆景园、手工艺作坊、花艺坊、戏剧坊	风景区
旅游服务点	宋夹城东入口游人中心	瘦西湖路与邗沟交叉口西侧	旅游咨询及商业服务	设停车场、入口集散广场、旅游咨询中心、商店	外围保护地带
	大虹桥入口游人中心	现状入口	旅游咨询及商业服务	设停车场、入口集散广场、旅游咨询中心、商店	外围保护地带
	宋夹城长春路南入口	宋夹城景区南部	旅游咨询及服务	旅游咨询点、小型商店及文化娱乐设施	外围保护地带
	瘦西湖西入口	扬子江路上	旅游咨询及服务	旅游咨询点、小型商店及文化娱乐设施	外围保护地带

续表

级别	名称	位置	功能	服务设施	所在区域
旅游服务点	大明寺入口	扬子江路上	旅游咨询及服务	设停车场、入口集散广场、旅游咨询中心、商店	外围保护地带
	唐子城西入口游人中心	鉴真纪念馆附近	旅游咨询及服务	设停车场、入口集散广场、旅游咨询中心、商店	外围保护地带
	唐子城北入口游人中心	古城北门遗址附近	旅游咨询及服务	设停车场、入口集散广场、旅游咨询中心、商店	外围保护地带
	唐子城东入口游人中心	瘦西湖大道上	旅游咨询及服务	旅游咨询点、小型服务部	外围保护地带
	御码头游人中心	天宁寺附近	旅游咨询及服务	旅游咨询点、小型服务部	风景区
旅游服务部	小金山	梅岭春深景点	服务部	饮料、食品、小卖部	/
	莲花桥	桥北岸			
	白塔	白塔附近			
	二十四桥	桥北岸			
	接驾厅	大明寺入口附近			
	大明寺	大明寺内			
	唐城博物馆	观音禅寺附近			
	鉴真纪念馆	纪念馆内			
	古城水工程博物馆	唐北城墙水闸遗址附近			
	汉陵苑	汉陵苑入口			
	唐城南门	南门入口			
	宋夹城休闲公园	宋夹城遗址内			

3.7.5.2 旅游服务设施分级规划

规划近期至2020年，风景名胜区内应适当增加旅游度假设施的用地与床位规模，并充分利用现状旅游服务设施。

规划远期至2030年，风景名胜区内按发展需求开发各景区的度假和休闲设施，配置必要的服务部，建设完善风景名胜区主要出入口的游客中心，逐步改造利用现状景区内村庄。游览设施分级配置见表3-62。

蜀冈－瘦西湖风景区游览设施分级配置表　　表3-62

类型	设施项目	旅游服务区	旅游服务点	服务部	备注
一、旅行	1. 非机动交通	●	●	○	步道、自行车道、存车、修理
	2. 邮电通信	●	○	○	邮亭、电话亭
	3. 机动车船	○	●	○	码头
二、游览	1. 导游小品	●	●	●	标示牌、标志
	2. 休憩庇护	●	●	○	风雨亭、座椅、集散场地
	3. 环境卫生	●	●	○	弃物箱、公厕、垃圾站
	4. 宣传咨询	●	○	×	展示室、游人中心、解说中心
	5. 公安设施	○	○	×	派出所、消防站、报警点
三、饮食	1. 饮食点	●	●	●	饮料、乳品、糕点、糖果
	2. 饮食店	●	●	○	快餐、小吃
	3. 一般餐厅	●	○	×	饭店、食堂
	4. 中级餐厅	●	○	×	有停车车位
	5. 高级餐厅	●	○	×	有停车车位

续表

类型	设施项目	旅游服务区	旅游服务点	服务部	备注
四、住宿	1. 简易旅宿点	●	●	×	包括野营点，公厕
	2. 一般旅馆	●	×	×	普通，青年旅社
	3. 中级旅馆	●	×	×	一、二星
	4. 高级旅馆	●	×	×	三星
	5. 豪华旅馆	●	×	×	超五星、五星、四星
五、购物	1. 小卖部，商亭	●	●	●	小店
	2. 商店	●	●	×	旅游购物店
	3. 综合商业	○	×	×	商业街、储蓄所，银行
六、娱乐	1. 文博展览	○	○	×	文化、图书、博物展览
	2. 艺术表演	○	○	×	影剧院
	3. 游戏娱乐	○	×	×	游乐场、歌舞厅、活动中心
	4. 体育运动	○	○	×	体育健身场地
七、保健	1. 门诊所	○	×	×	无床位、卫生站
	2. 医院	○	×	×	有床位
	3. 救护站	○	×	×	无床位
	4. 休养度假	●	×	×	有床位
	5. 疗养所	○	×	×	有床位

限定表明：●应该设置，○可以设置，× 禁止设置

3.7.5.3 旅游服务设施规模预测

（1）床位数预测

作为城市型风景名胜区，风景名胜区和外围保护地带解决15%的游人住宿需求，其余85%游人住宿需求由城市供给。结合游人过夜率、床位利用率，确定风景名胜区床位规模：近期2020年为1084床，远期2030年为1384床。旅宿服务人员近期2020年为542人，远期2030年为610人。

（2）餐位数预测

本规划确定风景名胜区餐位数规模：近期2020年为960个，规模1218m^2；远期2030年为1140个，规模1447m^2。

3.7.5.4 入口区、游客中心及徽志设置

（1）入口区

入口区应配有游人集散广场、游客中心、标志物、标识牌和停车场。主要入口区应通过景观构筑物、植被景观等凸显风景区的地域特色，起到方向引导的作用。道路交通组织应实行人车分流，流线畅通，通行安全。

（2）游客中心

风景区共设置10处游客中心，其中2处为主要游客中心，位于宋夹城服务区和唐子城服务区，除上述服务外，还提供餐饮、住宿等服务；8处为次要游客中心，位于风景区各入口，提供广场集散、售票、解说设备、咨询等服务。游客中心的建筑设计应体现风景区的文化特色，并与整体风貌相符。

（3）徽志设置

主要入口的标志物上必须镶嵌由住房和城乡建设部统一标准并监制的国家级风景名胜区徽志。国家级风景名胜区徽志须置于风景名胜区入口标志物正面。徽志的设置必须严格遵守《国家级风景名胜区徽志使用管理办法》的规定。

3.7.6 道路交通规划

3.7.6.1 规划原则

①协调好风景区交通与城市交通的关系，减少城市交通对景区的影响。

②依托景区周边现有停车场和码头，建设风景

区边缘换乘中心，完善风景区与城市交通的转换和接驳，完善水陆交通的转换。

③大力发展景区旅游专线车、观光巴士、水上交通系统、自行车系统、步行系统，形成风景区独立的综合游览交通系统，多元化游赏方式。

④增加游览步道、自行车道等慢行交通系统，同时满足城市居民日常活动和游客游赏的需求。

3.7.6.2 道路交通结构规划

出入口规划近期可保持风景区原有出入口不变，考虑到未来主要客源方向、对外交通需要、风景区联系方便等因素，共设置8处风景名胜区出入口，目的在于引导风景区外围游客方便进入。

①北部1号入口位于唐子城北门以北，靠近江平北路。

②西部1号入口位于平山北路，靠近鉴真纪念馆、唐子城西门以西。

③西部2号入口位于扬子江路和平山堂东路交叉口，靠近蜀冈中峰脚下。

④西部3号入口位于扬子江路和念泗桥路交叉口，靠近瘦西湖西门。

⑤东部1号入口位于瘦西湖路与唐十字街交叉口，靠近唐子城东门以东。

⑥东部2号入口位于宋夹城东西向十字街和瘦西湖路交叉口，靠近古邗沟。

⑦东部3号入口位于长春路与瘦西湖路交叉口，靠近宋大城北门遗址。

⑧东部4号入口位于大虹桥路与瘦西湖路交叉口，考虑到原南入口停车场取消，改到虹桥坊地下停车场，以此减少大虹桥路车流量。

其中风景名胜区主入口5个，分别为瘦西湖南入口、宋夹城东入口、唐子城东华门、西华门入口、大明寺入口；其余3个为次入口。每个主入口设一个游客中心、一个换乘中心；次入口设游人服务部。

3.7.6.3 道路交通结构

蜀冈-瘦西湖风景名胜区道路交通以"城景分流、外围环线、内部棋盘路网"为基本结构。道路规划见表3-63。

蜀冈-瘦西湖风景区主要道路规划　　　　表3-63

	道路名	道路红线（m）	道路长度（m）	车道	路面形式	交通方式
1	景区主环路	14	10687	2	沥青路面	旅游巴士、电瓶车
2	景区主路	14	8407	2	沥青路面	旅游巴士、电瓶车
3	景区支路	3～4	17113	—	沥青路面	电瓶车、步行
4	景区步行道	1.5～2.5	26743		石板路	步行
5	城市干道	45	4523	6	混凝土路面	机非混行
6	城市支路	10	3645	2	混凝土路面	机非混行

（注：主游览路道路红线按14m控制，车行道按7m控制。）

完善外围城市道路与景区道路的分流，通过建地下隧道的方式解决过境交通穿越风景名胜区的问题，变长春路为景区内部道路。

完善风景区内部道路建设形成"一环、三横、一纵"的道路体系。

"一环"是在景区外围快速连结各景区的通道，双车道双自行车道，红线14m；

"三横"分别是唐子城东西大街、平山堂路、长春路等，宽度分别为6m、14m、14m，分别与风景名胜区外围的城市道路相接。

"一纵"由贯穿南北的宋城中轴线构成，长3.37km，宽4～6m。

风景区内实施以景区旅游专线和观光巴士为骨干、水上交通为特色，具备完善的自行车及步行系统的景区综合游览交通系统。游径规划见表3-64。

蜀冈－瘦西湖风景区游径规划一览表　　表3-64

游线	长度（m）	宽度（m）	路面材质
游步道	44586	1.5-2.5	石板、木栈道
电瓶车道	25492	3-4	沥青
巴士车道	10297	10-12	沥青
自行车道	35867	1-1.5	沥青、塑胶
水上游线	12709	—	—
空中游线	—	—	—

3.7.6.4 陆上交通体系

（1）城景旅游巴士专线

在风景区的出入口、老城区、新城区城市中心、交通枢纽等主要游客集散点设站点，串联起景区外围的城市节点及风景区，最大化实现来自四面八方的游客都能便捷进入风景名胜区。

（2）景区观光巴士游览线

环绕整个风景名胜区的观光巴士环线，串联五大景区，并在各主要出入口处设置观光巴士驿站。主要景点附近均设置停靠点，游客可在任意景点上下车。

（3）自行车游览

设置专门的景区自行车道，方便游客灵活多样地组织安排自己的行程。组建自行车租赁公司，发展联网自行车租赁系统，在风景名胜区出入口及各主要节点设立驿站，实现"快捷租车，异地还车"的特色交通。

（4）水上交通体系

1）水上游线

建立四通八达、多样化的水上游线，包括：画舫游线、生态观光游船线、水上巴士线，用以增加游人的游览方式和停留时间。远期考虑形成瘦西湖——邗沟——大运河水上游览的联动发展，开发下至长江上至高邮湖的水上风情游线。恢复观音山前河道，保证瘦西湖至保障湖的畅通，保证水深达到通航条件。改造部分低矮桥梁，老城区游览河道还必须改造穿越河道的地下管道，确保船只顺利通过以及河道景观的优美。

2）水上码头

建立完整的水上交通接驳网点，水上码头应配置统一的标识指示牌、护栏、救护、座椅等设施，设计风格应与各段水上游览路线的风格和主题相协调。共设15个水上码头。蜀冈下设置10处，分别是盐阜西路御码头、虹桥修楔码头、小金山码头、二十四桥码头、接驾厅码头、唐博物馆停车场滨水码头、保障湖码头、宋夹城东门码头、宋夹城北门码头。在保障湖邗沟入口处设置一个特色游船码头：春秋战船码头。蜀冈上设置5处：唐子城西华门码头、禅修度假村码头、博物馆码头、唐子城北门码头、宋堡城东门码头。

3.7.6.5 道路交通设施规划

（1）旅游停车场

旅游停车场是接待外来车辆，包括私家车和旅游巴士的停车场地。风景区应积极建设停车指示系统，对进入风景区的车辆进行引导；应集约、节约用地，鼓励建设地下停车库；保护生态环境，建设生态型停车场。

规划设置9处旅游停车场，2737个车位，占地63480m²。主要依托现有停车场进行适当改造和增设。详见表3-65。

（2）专用停车场配置

专用停车场是用于风景区物资补给、旅游服务接待的停车场，停放货车和私家车，主要位于旅游服务区和休闲活动区，规划设置3处专用停车场，179个车位，占地6175m²。主要依托现有停车场进行适当改造，不再增设。见表3-66。

（3）转换停车场配置

转换停车场是供电瓶车接驳和停自行车的停车场地，主要位于景点和各景区入口处。转换停车场应结合景区入口广场进行场地设计，入口广场设计时考虑为转换停车场预留电瓶车集散、自行车停放和休息等候的设施和空间。规划共设15处转换停车场，分别是瘦西湖二十四桥转换点、瘦西湖东门转换点、瘦西湖北门转换点、唐城遗址博物馆转换点、唐子城西门转换点、唐子城十字街转换点、唐子城南门转换点、唐子城北门转换点、汉陵苑博物馆转换点、唐子城东门转换点、堡城村转换点、综合村转换点、宋夹城十字街转换点、宋夹城南门转换点、宋夹城东门转换点。

蜀冈-瘦西湖风景区主要停车场位置和泊位数　　表3-65

序号	停车场位置	现状停车泊位（个）	规划停车泊位（个）	面积（平均34.5m²）	备注
1	瘦西湖南门停车场	120	500（文化休闲广场下）	17250	原南门停车场取消
2	瘦西湖西门停车场	230	230	7935	保留原停车场
3	维扬广场停车场	263	300	10350	利用原维扬区政府办公楼停车场
4	唐子城西华门停车场	0	60	2070	规划增加
5	唐子城北门停车场	0	60	2070	规划增加
6	公交停车场	0	350	12075	与东华门入口停车场、动物子窗停车场合并
7	宋夹城东门停车场	0	250	8625	规划增加
8	长春路瘦西湖路停车场	0	60	2070	—
9	御码头停车场	60	30	1035	规划增加
合计		1060	2737	63480	其中17250m²在地下

蜀冈-瘦西湖风景区专用停车场泊位数和规模　　表3-66

序号	停车场位置	现状停车泊位（个）	规划停车泊位（个）	面积	备注
1	宋夹城服务区停车场1	86	86	2967	宋夹城东西向十字街与长春路交叉口
2	宋夹城服务区停车场2	58	58	2000	掬花楼、傍花村停车场
3	鉴真图书馆停车场	35	35	1208	鉴真图书馆
合计		179	179	6175	—

3.7.6.6 道路交通分期改造

（1）近中期规划

①建设长春路隧道，解决长春路城市交通穿越问题。

②改造平山堂东路道路景观，在道路临水一侧增加生态缓坡及游憩停留空间。

③在蜀冈西峰与中峰之间架起一座人行生态天桥，在视觉上构成中峰与西峰之间山体自然天际线，成为扬子江路上一道美丽的风景线。

④完善环风景名胜区交通建设，基本建成较为成熟的环风景名胜区车行道路骨架，并逐步对进入景区的交通流实施管制。

（2）远期规划

建设平山堂东路穿越隧道，最终形成"隧道穿越、入口换乘；人车分流、水陆分层"的交通系统格局。

3.7.7 社区发展规划

3.7.7.1 现状居民人口规模与分布

现状居民点主要分布于唐子城景区，其他4个景区均没有居民点。现状共有居民6722人，占地74.69hm²。其中堡城村3692人，综合村3030人，丁魏村978人，雷塘村430人。

3.7.7.2 居民点分类调控措施

规划远期2030年居民人口450人，居民点建设用地缩减约为27.1hm²。规划将现有景中村划分为搬迁型和缩小型两类进行调控。根据风景名胜区总体布局和景区、景点对规划建设的要求，分别采取不同的调控对策。见表3-67。

蜀冈-瘦西湖风景区居民社会人口规划一览表　　表3-67

序号	居住点	人口现状（人）	人口规划（人）	面积（hm²）	类型	街道
1	堡城村（全部）	3692	300	15.70	控制型	瘦西湖
2	综合村（全部）	3030	150	11.40	控制型	瘦西湖
合计		6722	450	27.10	—	—

①搬迁型：搬迁唐子城北城墙、东城墙以及宋堡城东城墙遗址上居民点、厂房等不适宜设施，根

据遗址保护要求进行景观恢复；搬迁唐子城东护城河上的公墓，恢复护城河与城墙遗址景观；

②控制型：唐子城城池内在考古遗址还不明朗的情况下，保留现有居民点，发展特色农业与乡土文化经济。但在"只出不进"的原则下，控制村落的扩张，人口的扩大。

3.7.7.3 其他社会用地调整

规划风景名胜区内工厂逐步搬迁，同时控制风景名胜区内学校教育用地及特殊用地的扩张和发展。

3.7.7.4 居民社会协调发展措施

保留传统的乡土文化与乡村风貌，保留合理的人口规模，村民就业主要是从事传统乡土文化产业如花卉、园艺盆景、果园、菜园等；风景名胜区通过用地的开发，产业的调整，通过各类游赏项目为原住居民提供就业机会。

3.7.7.5 社区产业发展规划

（1）经济结构引导

①内部经济

优化旅游服务业结构，丰富旅游体验活动，促进体验经济发展，为风景区文化与生态保护提供持续的经济动力。体验经济要求严格控制客流量，以此保证体验质量。市场手段与行政手段相结合来保持文化性、生态性与商业性之间的平衡。避免过度商业化。

②外部经济

风景区外围控制地带在景观上是风景文化的延伸，在功能上是风景区的补充，在经济上分享风景名胜区保护带来的红利，以旅游服务、社会服务、文化产业为主，适度发展旅游地产。

（2）经济类型引导

蜀冈-瘦西湖风景名胜区是以古城遗址与湖上园林为特色，社会公益为主，商业经济为辅。商业经济以特许经营为主，主要经济类型包括文化经济、服务经济、休闲经济、养生经济等4种经济类型。禁止工业发展和住宅房地产发展，严格限制粗放农业发展，鼓励精致化的园艺产业发展。

（3）空间布局与发展重点

①发展基于佛教文化的禅修经济

在蜀冈景区已经形成的佛教文化基础上，继续深化佛教文化经济产业，提升香火、素食等佛家生活的平民体验品质。扩建禅寺规模，在与蜀冈景区毗邻的外围保护地带建设禅修度假区，发展心灵文化产业。

②发展基于扬州休闲文化的体验经济

发展扬州具有传统特色的休闲文化，增加旅游消费、延长游客逗留时间、提升旅游效益。适当发展风味小吃餐饮产业、康体保健产业和旅游演艺产业。

③发展基于温泉资源的养生文化经济

以高效集约利用为原则，结合高科技与康复保健文化合理利用风景区内的温泉资源，以中高端保健产品为导向，发展温泉文化经济。

④发展基于乡土文化的园艺经济

唐子城景区应该延续种花赏花、郊游吟唱、盆景园艺的文化传统，利用广阔的文化遗址区，发展适宜的乡土园艺经济，除了满足风景区自身文化建设的需要外还可以适度满足城市发展的需求。

⑤发展基于风景游赏的服务经济

风景游赏是风景区的基本社会功能，需要不同类型与级别的服务设施来保障，如餐饮、交通、购物、交往、导游、接待、医疗、金融、住宿等，其中医疗、金融、住宿等在景区外围地带发展。

第4章 历史街区文旅融合的更新模式

4.1 历史文化风貌区综合发展模式
——上海新天地

古往今来，城市历史文化风貌区一直作为城市中最能显示城市价值的地区而存在。其健康有序的建设与发展不论对于振兴其自身或是提升城市整体综合效益而言都具有非常重要的意义。上海新天地的成功开发和运营，开创了城市风貌区发展的新模式，它不仅成为上海市的重要旅游景点，也成为中国都市休闲游憩的标杆。由此，新天地成了国内各大城市政府和开发商模仿的对象。据统计，全国模仿上海新天地模式的历史文化风貌开发区有南京新天地、福州新天地、西湖天地、宁波新天地、重庆新天地等。其中除西湖天地开发较为成功外，其余案例均未能取得预期效果。下面通过对上海新天地发展模式特点的研究，总结其成功发展的内在动力和深层原因。为其他地区历史文化风貌区的发展提供借鉴。

4.1.1 新天地研究综述

对"新天地"的已有研究成果内容主要集中在以下几个方面。

（1）从旧城改造与古建筑保护的角度出发，主要从建筑风貌的完整性、历史的原真性、生活的真实性方面探讨了新天地的改造模式，讨论的焦点集中在新天地采用功能置换的方式是否合适，是否保留住了城市的真实的历史（罗小未，2002）。

（2）从太平桥地区这一更大范围的整体开发模式分析和阐述了新天地所具有的联动功能（徐明前，2002）。一般认为，新天地采用的嵌入式空间策略对太平桥地区公共空间组织模式产生整体性改变，这种改变全面颠覆了原有的公共空间模式并深刻地影响了与周边地区的相互关系。"新天地"和"太平桥公园"的建设，为太平桥地区创造了良好的外部生活条件，从而带动了整体地块的发展。

（3）从商业运作与开发模式的角度探讨新天地独特的营销、管理模式。一般认为新天地的成功的营销模式具有以下特点："文化"营销、体验营销、通过节事进行"活动营销"等（朱娜，2010）。同时市场化的经营管理模式是其成功的另一个保证。

（4）从新天地与其他相似类型的历史街区开发模式的比较研究，如：多伦路、七宝老街等游憩街区，分别从空间结构、业态结构和游憩价值三方面分析（孙淼，2008）。还有将新天地作为旅游房地产的模式与其他的房地产模式进行比较（胡庆庆，2005），见图4-1。

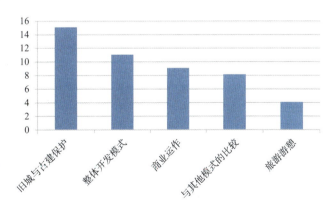

图4-1 新天地相关文献分类与统计

本研究强调从综合影响因素中抓住重点，即着眼于规划设计、经济发展、开发管理等环节，采用现场调研与历史追踪相结合的研究方法，通过分析归纳，总结出较好的经验模式，提出具体实践的建议。

4.1.2 新天地历史沿革及区位特征

新天地所在区域的前身是具有近一个世纪历史的石库门里弄住宅区，拥有中西合璧的石库门建筑9000多处，曾占上海市区全部住宅面积的六成以上，是上海海派文化的突出代表。然而随着城市社会经济的不断发展，具有历史文化意义的石库门不能满足居住需求而渐渐淡出历史舞台。1990年代初期，上海开始了大型的重建和开发，不少石库门老房子被拆除，取而代之的是一幢一幢的高楼，一片又一片充满怀旧风情的老房子在重建中渐渐消失，人们才意识到要去保留这些上海独有的文化地标。上海新天地也正是在这种价值观转变的情形下得以被保护性开发利用的。

从地理区位方面分析（图4-2），新天地紧邻淮海路商圈，车流、人流量大。此外，淮海中路段本身有大量的甲级写字楼，如瑞安广场、中环广场、香港广场等，大量的商务人群和白领人群带来日常的休闲和餐饮娱乐消费需求。另外，新天地项目临近豫园商圈，外地游客在游览其中一个景点之后，会选择游览另一个景点。因此新天地目前也成了上海的旅游名片——"新天地发展模式"。

图4-2 新天地区位图

4.1.3 新天地发展模式主要特点

上海新天地以一种全新的方式诠释历史风貌区的现实意义，对传统的石库门建筑空间的开发利用具有自身鲜明的特征，具体表现为综合开发模式、市场化经营管理、合理的业态类型及布局和完善的支撑体系。

4.1.3.1 综合开发模式

太平桥地区靠近老牌的商业街——淮海中路，功能上的对接，及对其人流的吸引，成为太平桥地区开发要考虑的首要问题。

（1）淮海中路东段地域经济发展与综合开发的定位

根据城市总体规划，淮海中路将主要集中建设现代化国际性商业街，到2002为止，淮海中路周边已基本形成布局合理、具有功能优势和多元化、开放型的商业格局（莫天伟，岑伟，2001）。目前，淮海中路东段聚集了大量商务办公建筑，初步形成了多功能、现代化的国际性商务办公中心。

依据淮海中路东段的定位，该地段的综合再开发应该着力提升其以服务贸易为主体的大商业功能，引进带有集聚和辐射能力的国内外大企业、大集团、跨国公司入驻，引进符合中心城区布局的高新技术企业、中介服务业和娱乐业。

与此不同，西段开发的目标为大力发展品牌专营、专卖店，吸引国内外知名品牌的入驻。在卢湾区规划层面上保证了地区间的功能差异与互补，为太平桥地区的开发提供了较好的外部条件。

（2）太平桥地区的整体规划

至太平桥地区规划实施前，该地区共有自然街坊23个，占地52hm^2。

根据规划的总体构思，太平桥地区包括居住区、办公区、商业娱乐区和历史文化保护区四大片区。南面为居住区，共约21hm^2；北面为办公区，共约6hm^2；东面为商业娱乐区，共约4hm^2；西面为历史文化保护区，共约3hm^2。以及位于基地中心位置的中心湖区用地，约合4hm^2（吕国昭，2007）。

太平桥地区的开发是综合的、有机的整体，它们之间是相辅相成的。中区4.4hm^{2}的湖泊、绿地为该地区造就了优良的生态环境和游憩景观。南区的万余套高档住宅楼宇造就了几万人的消费群体，给地区带来了人气。东区、北区的商务办公楼、商住楼造成百万平方米的办公、物流空间，提供了近4万~5万个就业岗位。新天地南北广场及东区商场数以千计的商业、休闲、文化、餐馆等极具特色的高档服务设施，极具历史文化氛围的环境风貌，为该地区造就了现代时尚、开放多元、品位高雅的服务空间，并吸引了北侧百余米远的淮海中路购物人群和人民广场旅游观光人群前来消费（胡庆庆，2005）。各地段有利条件互为影响，互相衬托，使本地人气旺盛，商机无限（图4-3）。

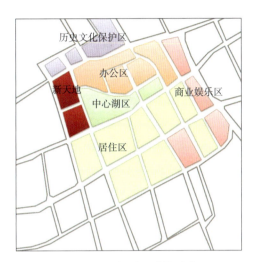

图4-3 太平桥地区功能分布图

（3）新天地与太平桥绿地的建设先行

在决定开发时序的问题上，采取先实施环境建设和历史街区保护性改造，后进行商业性开发的策略（徐明前，2002）。通过环境改善和品位提升拉动地价，再利用地价的杠杆撬动作用实现经济价值的飞跃。可以说，新天地和太平桥绿地是整个太平桥地块开发的生长点。

通过对新天地原有的石库门建筑进行改造，将原有居民外迁，充分挖掘街区特有的历史文化内涵及其可能衍生的旅游、休闲、文化娱乐等商业价值，实现街区功能置换性改造。对建筑外部环境进行必要的调整，增设绿地、小广场等公共活动场所。对街区交通空间进行梳理，将其改建成富有人情味、现代与历史有机融合的步行商业娱乐街区。

这样的一种改造，一方面为整个地区聚集了大量人流，另一方面以其特有的中西交融、内涵深厚的文化氛围深深吸引了大批的中外游客驻足其间，成为地域的一个新的文化、休闲、娱乐中心，极大地提高了地区的品位。

2000年又启动了太平桥地区大型公共绿地的建设。如果说"新天地广场"旨在重塑和再生地区的历史文化环境，"太平桥公园"的建设则是从根本上改善和优化了地区的生态环境和景观环境。

新天地地段的历史文化风貌及其文化商业与太平桥绿地湖泊极富自然风光的景观，对周边商务、商业、住宅建筑带来巨大的积极影响——产生了强大的吸引力，使该地区房地产"身价"一路上涨，为整个地区的成功奠定了良好的基础。

4.1.3.2 市场化经营管理

上海新天地管理模式为只租不卖，管理者与经营者相分离（罗小未，2002）。目前国际商业街运营大多采用此模式，同时该方式也被国内大部分专家认可。新天地的招商引资、物业管理和大型活动的策划都由香港瑞安集团统一管理。由此，新天地能够以整齐统一的面貌示人，得以打造出更具有鲜明特色的整体内涵。与此同时，新天地在选择引入项目和入驻单位的时候非常严格，并根据其目标定位来挑选客户，不单纯追求高入驻率，确保新天地有一个良好的整体氛围和明确定位，保证今后的长久发展。现在入驻新天地的单位都是全世界知名的品牌（朱娜，2010）。新天地引入的项目都追求特色化的经营，以世界多元文化为辅助形成相互支持、交相呼应的整体商圈，在商户引入方面做到所选商户各具特色，避免雷同。在保持整体步调一致的同时又充分展示了各个入驻单位独特的经营内容和品牌形象。

4.1.3.3 合理的业态类型及布局

（1）多样的业态构成

新天地引进时尚娱乐商家一直遵循多样化的原则。根据实地调查收集得知新天地北里的入驻单位共有97家（2011年），主要分为餐饮、购物、酒吧、文化和服务这五大类。其中餐饮类38家，经营来自全世界各地风味多样的餐厅。购物类商家包括珠宝首饰店、服装店、茶行、家居店、工艺品店等。文化类商家有屋里厢（石库门民居陈列馆）和钲艺廊（陶瓷手工艺品店）等6家。服务类商家包括英语培训机构、美甲美发沙龙、游客咨询中心、新天地邮政所等。

从商家构成中可以发现，新天地北里改造后的石库门主要以提供餐饮类服务为主。人们来到新天地游览参观，挑选独特具有创意的旅游纪念品、工艺品等，还可通过参观石库门民居陈列馆里的图片、录像和环境摆设等了解20世纪初上海平常人家的生活形态和新天地的发展历程。南里则以现代建筑为主进驻了许多各有特色的商户，成为吸引消费者及游人的多元化的休闲娱乐热点（表4-1）。

新天地业态构成表（2011） 表4-1

类别	餐饮	购物	酒吧及娱乐	文化及艺术	服务及其他
数量	38	29	11	6	13
比例	39%	30%	11%	6%	14%

（2）不断调整经营项目结构

负责新天地招商引资、物业管理的瑞安集团，自新天地改造完成后一直根据市场需求和对新天地的定位调整不同业态的比例，采取优胜劣汰的方式，不断更新进驻新天地的商家，以保持新天地的活力，使其能不断适应变化的市场，吸引消费人群的进入。

① 业态年际调整

根据2009年的调查数据与2011年的调查数据（图4-4），对比可发现，管理者提高了餐饮业商家比例，这也就使得新天地在近几年日间也聚集了大量的消费人群，而过去酒吧业态比例很高的新天地只有夜间才充满生机活力。提高餐饮业商家比例的依据之一是临近新天地的淮海中路段有大量的甲级写字楼，大量的商务人群和白领人群有日常的休闲和餐饮娱乐消费需求。

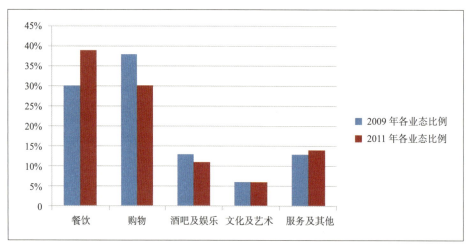

图4-4 新天地2009年与2011年业态比较

② 业态日变化

对比一天当中，日间与夜间两次调查数据可发现，香啡缤、TMSK等8家商家日间营业项目为餐饮，而夜间营业项目为酒吧娱乐和文艺节目表演。数据表明，一天之中新天地的部分商家营业项目也有所变化，以吸引更多消费人群，保持新天地的持久生命力。

4.1.3.4 科学合理的空间布局

新天地将原来作为生活居住为主要功能的两个街坊改造成以公共活动为主的商业性场所，并在其周边营建了以水面（太平湖）为核心的开放性公共空间（周岚，何流，2005）。就其与整个地区的相互关系而言是极其典型的嵌入，并彻底替换了其所涉及的街坊的社会特征（何强为，2005）。

新天地改造前，其所在的太平桥地区的里弄式住宅，在整体架构上通常是"外铺内里"，也就是沿着一个街坊的外侧形成了一些商业、服务业的店铺。而除此之外的整个街坊则是作为居住使用，以主弄、支弄串联起行列式的、大部分是背靠背式的石库门住宅。从空间形式上看，整个街坊内的居住区对外是封闭性的,只有一条主弄连接外部城市道路,其他的内部道路呈枝丫状布置,且均是尽端路。"外铺内里"的空间模式,以边缘地带的开放性,并将边缘地带划入外部区域,从而保证了内部的封闭,既保持了传统街市的繁华,又适应了内部现代生活所需的邻里感和私密性的要求。大量的城市活动都集中在街坊的外围,也就是城市道路上;街坊内部的公共空间实质上最多是半公共的空间。从街坊内部对空间使用来看,更多的活动是发生在支弄的,过去经常发生的吃饭、纳凉、青少年和儿童游戏等活动往往都是在支弄上,由支弄所连接起来的十来户、二十来户人家之间也往往有更为密切的联系,支弄就成为他们所共有的半私人空间(图 4-5)。

改造后的"新天地",保留了原址上的大部分建筑物,但由于使用功能的转变而迫使其对原有的空间组织方式进行了重构,强化了城市活动的"内空"的形态,形成了以广场或扩大的步行街道为核心,建筑物环绕其周边布置,并仍然保持了总弄、支弄的形式,最多也就是将总弄拓宽成广场。但如果从人的聚集程度或活动分布来看,中心的聚集性或高密度使用是其最基本的特征。所有的活动或行动轨迹内向化,呈中心辐射型。将"街市"方式的布置引入街坊内部,围绕内部广场或街道组织(聚散)周边建筑内的活动。从而使原来城市活动的"虚空的中心"转变为"充实的中心"(孙施文,2007)。在该地区中,人流由边缘向中心汇聚,从而形成了典型的"核心—边缘"格局,即喧闹的中心和沉寂的边缘。这样的一种步行街式的格局,让内部空间变得十分适宜人行,成为新天地最吸引人的空间布局方式(图 4-6)。

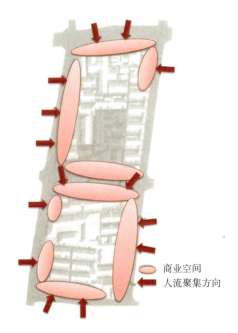

图 4-5 新天地改造前空间布局

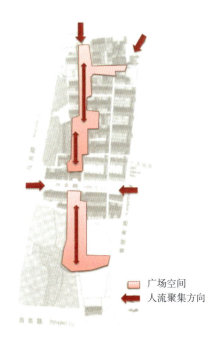

图 4-6 新天地改造后空间布局

4.1.3.5 完善的支撑体系

新天地健康发展,不仅是因为它具有区位优势,采用综合开发,市场化的经营管理模式,同时也得益于其完善的支撑体系。

(1)服务设施

新天地的消费人群主要为商务人士,他们到达新天地采用的主要交通方式为自驾车。新天地的规划设计充分考虑了这一因素,在旧区改造中设置三个停车场,分别位于马当路、太平桥公园、企业新天地,满足不同来向的消费群体的停车需求,同时也为旅行团大巴的停车提供了方便(图 4-7)。

另外,在马当路和兴业路上分别有中国银行自动取款网点和东亚银行,服务范围覆盖了新天地北里和南里。

确定其开发的潜力与可行性。避免随意开发造成资源浪费。对于确定开发的项目，须经过前期详细的市场调研与定位，科学合理的规划设计，还要配合良好的经营管理措施，与完善的配套服务体系。对于不同类型、处于不同环境的城市历史风貌区，其开发模式应根据自身条件进行分析探讨，不可完全照搬新天地模式。

4.2 历史街区创意产业发展模式——田子坊

城市老工业区衰败是20世纪后期国际上普遍出现的现象，对于这些老厂房是拆除还是再利用面临不同的命运，更重要的是城市更新的不同道路，城市历史文化保护和发展的不同选择。其中保留老产房，产业更新、功能置换为老工业区带来新的生机，创意产业园成为城市更新的世界性的模式。

田子坊是上海创意产业和旅游业融合比较成功的例子，随着文化创意企业的进驻，开始赋予老里弄新的生命，将居住功能置换成创意功能，通过旅游发展激发活力，商业繁荣。田子坊创意产业街区这种文旅融合的新型业态的成功，可以是说中国城市老工业区城市更新的里程碑，也是老工业区通过文化旅游发展激发生机的里程碑。

4.2.1 田子坊发展背景

田子坊位于上海市中心城区，是20世纪50年代典型石库门里弄建筑和弄堂工厂分布区，具有公共建筑、石库门里弄和工业遗存等多样的历史风貌，是上海保存历史文化遗存类型最丰富的街区之一。上海人民针厂、上海食品工业机械厂、上海钟塑配厂、上海新兴皮革厂、上海纸杯厂、上海华美无线电厂与街坊居民生活等集聚混杂在一起。1990年代末期，著名画家陈逸飞、尔东强等入驻田子坊，开始汇集了众多创意艺术人士，2003年英国女设计师克莱尔对老厂房进行了重新设计，目前已进驻了十多个国家和地区的近百家视觉创意设计机构，成为上海最大的视觉创意设计基地（于丽丽等，2010）。

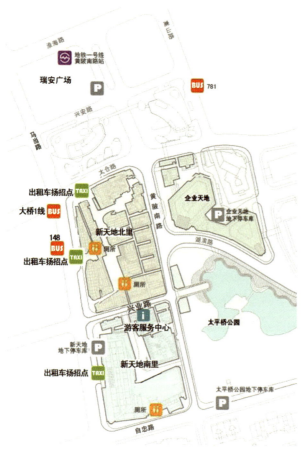

图 4-7 新天地服务设施分布图

（2）标识设施

上海新天地具有较为完整的标识系统，其标识设施主要以标志牌的形式出现，包括解说性标志牌、指示性标识牌和管理警示性标识牌，其中以各商铺的接待服务指示性标牌为主。它们都经过精心设计，虽然风格各不相同，但在高度、伸出墙体的长度、材质、色彩等方面经过协调，整体较为统一。既显示出环境的高品质，同时增强了历史街区的商业气氛。

综上，新天地模式的成功不仅依赖于其繁华的地理区位，周边畅通便捷的交通系统与良好的商业氛围等外界因素，同时其综合开发模式、市场化的经营管理、不断变化的业态构成、合理的规划布局、完善的支撑体系均是其得以可持续发展的内在动力。

通过以上对于新天地的分析，可以得出对于城市历史风貌区的开发，首先要经过全面的项目评估，

4.2.2 田子坊资源特征分析

4.2.2.1 区位分析

从大的环境来看,田子坊位于打浦桥商圈辐射范围内,对面是日月光中心商业大楼,距离不远的徐家汇、新天地又是上海地区最主要的商业街,可以说田子坊周边商业已相当完备。同时交通便利,附近有地铁九号线打浦桥站,东面的南北高架是城市主干道,去往静安寺、新天地、世博园的交通都十分便捷。田子坊的区位条件为其商业氛围和交通可达性奠定了基础,带来了发展的机遇(图4-8)。

图4-8 田子坊区位图

4.2.2.2 建筑风貌

田子坊的历史建筑存量相当丰富,有二十几种不同地域不同派别不同时期的建筑风格,其历史建筑风貌和海派文化的内涵都具有很高的保护价值。其空间格局是典型的上海老式里弄,鱼骨状的弄堂和小型场地决定了这里的空间氛围。

田子坊的旧城改造基点在于城市风貌的保护。这里的建筑和人口密度较高,发展空间较为有限,决定了如果以保护为前提,田子坊的发展模式应该不同于以往的纯商业模式(以新天地为代表)或纯创意产业模式(以M50为代表);而是将历史风貌街区改造成创意产业及商住混合街区的模式,通过对外立面改造以及内部空间的再次分割,体现出强烈的文化氛围。

4.2.2.3 文化底蕴

在街巷经济时代,田子坊(当时名为志成坊)街区有六家轻工业工厂与居民区互为倚伏。它们遗留下的厂房在今田子坊的东面,即田子坊1-5号。来自香港的公司购置后打造起了创意地产,并由境外设计师进行厂房改造。

田子坊艺术氛围的产生,早在20世纪30年代。画家汪亚尘夫妇入驻志成坊内的隐云楼,创办了上海新华艺术专科学校和艺术家协会"力社"。1998年,陈逸飞在此开办工作室。田子坊1999年得名,源于中国最早画家名字的谐音。此后,田子坊创意产业园逐渐成型,逐渐吸引了艺术家和各类艺术设计或咨询公司、工作室进驻。艺术家对低廉租金和创作灵感的需求在这里都能得到满足。田子坊的艺术氛围和老厂房作为物质空间载体的双重条件成就了其文化底蕴。

4.2.2.4 业态结构

(1)业态统计。在规模上,田子坊总共有761户居民,开店出租410户,租给打工者约250户,目前实际住在内的居民越100户,总规模是35000m²,商店规模是5000m²,商店体量占创意园区总规模的比例为7.0%。主要业态情况如表4-2。

田子坊业态分布表　　表4-2

业态 (单位:家)	2004年	2005年	2006年	2007年	2008年	2009年	2010年	2011年
餐饮	2	2	5	14	54	63	71	70
服装	6	6	12	37	56	58	58	58
首饰	2	6	17	18	26	25	25	26
工艺品	7	4	6	13	75	55	46	47
文化/艺术	37	40	44	55	61	69	94	93
其他	0	4	0	7	34	67	43	43
总计	54	62	84	144	306	337	337	337

注:根据相关资料及实际调研汇总编制。

(2)租金水平。创意园区是以产业为主的办公园区,办公部分的租金体现了整个园区的成熟度水平，田子坊位于中心城区，地段优势带动租金的水平，2011年租金达到10.21元/m²天。见图4-9。

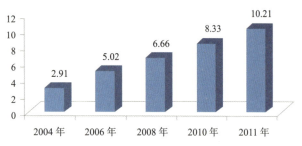

图4-9　田子坊创意园区租金水平（元/m²/天）

（3）业态分布。田子坊大致可分为两大区块：厂房区（1-5号楼）和居民区（210弄、274弄、248弄等）。老式弄堂工厂改建后基本上以创意产业为主，有设计公司、私人艺术工作室、画廊等等；底层有少量服饰、手工艺品等商铺；居民区的业态以服饰、手工艺品、餐饮为主，小开间的商铺镶嵌在老式里弄住房之中，而较为开敞的户外空间是餐厅人气颇高的露天场所。

田子坊的资源特征决定了其主导产业的类型必须是"高附加值型、知识服务型、低耗资源型"（朱荣林，2009），因此创意产业是田子坊街区改造主导产业模式的正确选择，业态结构是田子坊资源特征决定的发展模式的核心。见图4-10。

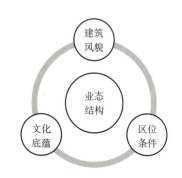

图4-10　业态结构与资源特征关系图

4.2.3　田子坊创意产业发展模式

田子坊的发展是人民智慧同市场需求相结合的产物，在发展初期面临一系列体制的制约，但在改革总体思路指导下逐步探索，当地居民和入驻企业自主先行，后期政府引导，在产品开发过程中，基于市场需求特征，把商业、居住、文化和旅游业态有机结合起来。田子坊各种业态变化趋势见图4-11。

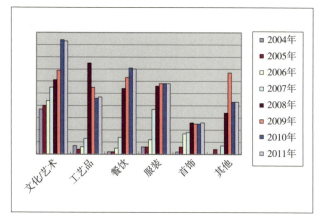

图4-11　田子坊各种业态变化趋势（2004～2011年）

4.2.3.1　民间参与机制

（1）原住民租房自救

田子坊在其开发的早期，区政府计划将泰康路地段进行拆迁，将土地批给经济利益更为直接明显的房地产公司建造高级住宅。原住民为保存历史文化遗产，同时为通过租金来改善生活条件，借鉴陈逸飞改造6厂房的经验，将6厂房后弄中的民居出租改为创意工作室，顺风顺水地搭上了前期6厂房的"便车"，后被称为"民间田子坊"，新添31家创意机构。可以说，原住民是形成现在田子坊的重要推动力量。

（2）名人效应

1998年，随着陈逸飞先生、尔东强先生等著名文化创意领军人物的入驻，媒体开始关注这条原本默默无闻的里弄街道，2005年田子坊成为上海十大最具影响力的创意产业集聚区并位列首位，2006年成为国内首家"中国最佳创意产业园"，吸引了众多媒体和文化学者的关注。认为田子坊"保留了具有原建筑美学特征的砖石墙体、屋梁架构，又将现代材质的设施、设备通过艺术手段融汇其中，推动了历史与未来、传统与现代、东方与西方、经典与时尚在田子坊的交融，构成上海崭新的文化景观（黄震，2010）。"

（3）学者推动

上海当地的专家学者和有识之士，在田子坊的保护与开放中发挥到了重要推动作用，同济大学阮仪三教授发表了《严重关注上海的"苏荷"》、《保护上海"苏荷"》等文章，引起媒体关注和大众讨论，最终促成了政府明确予以保护而非拆迁，制定《上海市泰康路历史风貌区保护与利用规划方案》，也使得这个街区的发展始终具有一种鲜活的民间气息和原生态性。

4.2.3.2 市场主导机制

（1）文化企业占主导地位。

从业态调查看，田子坊商铺业态中，文化艺术占主导地位。从2004年到2011年各种业态呈增长趋势，但文化企业增幅明显。在那些石库门组成的弄堂中，不仅有许多艺术家的创意工作室，还有不少异国特色酒吧、中西式餐饮、时尚展示发布、个性零售店等，将世界各地区不同的娱乐、艺术和时尚文化潮流汇聚。通过互动体验和快乐消费，为消费者倡导了一种新的生活概念："生活艺术化，艺术生活化。"创意产业逐渐形成了以创意和设计为主的产业集聚效应乃至产业集群。创意产业从原先的单纯招商、招租来获取利润，逐渐在集聚区内形成产业链，实现技术、资金、市场客户、劳动力及信息资源共享的产业运行业态过渡，最后形成完整的产业链（陈晓霞，2010）。

（2）地产企业蓬勃发展。

田子坊厂房、民居在文化创意产业发展中如何实现最大的商业价值？其中旧厂房文化价值内涵的挖掘和空间表达成为关键，文化空间转化为商业资源通过租赁费和租金来实现，办公商业的合理分布比例和空间布局也是商业资源最大化的重要策略。核心产业进入带动民宅出租率和租金的提升，形成独特的地产经营特色，实现较高的地产商业价值。

（3）其他企业齐头并进。

文化产业发展带动配套服务业发展和相关衍生产业发展，其中餐饮和服装店增加最多，分别为70和58家（2011年），占调查所得店面中37%。这些产业的发展通过空间布局和经营策略实现入驻吸引力和持续发展的结合。一方面，在创意园区设计定位时对商铺进行选址定位，尽可能扩展商铺的沿街面，使商铺价值在设计时就达到最优化，同时，给予一定的租金优惠，以吸引优质商铺。在日常管理中，将入驻企业和商铺之间建立联动关系，园区内经常举办展示活动，可聚集相当人气，为客户提供良好的商业机遇。

（4）文化与业态的融合

田子坊业态主要是产业办公和服务商业，其中服务商业是创意产业园的根本，是整个园区的灵魂，占整个园区的比例在80%左右，产业办公占整个园区的比例在5%左右。田子坊外立面保持海派里坊风貌、引入文化元素这个核心，体现其特色定位和独特魅力，园区整体环境体现闹中取静的休闲氛围，历史文化街区与现代休闲商业共生共存，完整保留老上海的城市肌理与生活肌理，在其生活的肌理上嫁接现代生活的符号，在怀旧的休闲情境中激发无限的商机，这就是创意产业的魅力——把历史休闲化，把旧城新生化，这是上海田子坊创意产业园区给我们最大的启发（王晓军，2009）。

①文化产品开发。田子坊汇集了许多公司的展厅、画家工作室、设计室、画廊、摄影室、演出中心、陶艺馆、时装展示厅等，每个展厅都是一个风格独特的艺术馆，吸引了澳大利亚、美国、法国、丹麦等19个国家和地区以及国内的105家中外创意企业入驻，就业人数达550余人，每年为国家创税200万元，其产品和样图源源不断地成为国内市场的品牌和产品，有的已走向世界。这里80%至90%的租户是外国人和海归派，文化创意产业园区的形态比较容易被他们接受，海外背景人士也为田子坊拓展了产业链（钱敏杰，2009）。

②文化旅游发展。田子坊老厂房的转型发展为城市旧城更新极大地开阔了思路，引起社会的广泛关注，参观访问者日渐如潮，也因此成为上海重要的旅游热点景区，2007年开始，上海市政府开始为田子坊发放"上海工业旅游年票"，2008年被评为"国家AAA级旅游景点"，2011年上海都市旅游中心圈建设进一步推动了田子坊同周边旅游景区的联

动，田子坊已成为上海文化的一座新的地标。

4.2.3.3 社区自治机制

田子坊模式的重要特点是社区自治化管理，政府在管理机制中的作用是统筹、引导和协调，通过1+3组织架构，发挥社会力量，促进社会发展。"1"指田子坊工作联席会议，"3"指田子坊管理委员会、田子坊发展促进会和永业田子坊物业管理公司。

田子坊工作联席会议由区长任总召集人，常务副区长任常务召集人，其他副区长任召集人，区政府有关部门和单位组成联席会。联席会议的职责主要包括讨论决定田子坊的发展规划、管理制度、改造保护、产业发展和公共安全等重大事项，明确各成员单位的任务和职责，并对田子坊管理委员会、田子坊发展促进会、永业田子坊物业管理公司在工作推进中需要协调的事项加以协调。联席会议确立有例会制度、重要情况报告制度和督察制度。田子坊管理委员会，由区政府相关职能部门和单位人员组成，职责是落实文化创意产业、加强公共管理、提高公共服务质量，在共建、共享中不断拓展功能，扩大品牌效应。

田子坊发展促进会是由政府、社区、入驻者和原住民代表组成，由政府推动田子坊内相关利益者组成的共建、共享、共治的自律性组织，接受政府委托，履行专项管理、服务和协调的职能。永业田子坊物业管理公司是由永业集团负责组建，其职责是加强建筑物的修缮管理、改革公房租赁管理、着力提升管理能级、公共设施配套和社会资源整合等。

4.2.4 田子坊开发模式总结

上海田子坊是创意产业比较成功的例子，通过以上分析总结出其发展模式的优势主要有几方面：

（1）开拓田子坊的保护利用模式。田子坊因为艺术家发现并开发再利用，在民间自发并获得成功的基础上得到政府的大力支持，将工厂区功能置换，保存原有形制，形成了石库门区生活和创意产业有机并存的态势，已经成为成功典型的开发模式。简言之就是民间参与、市场主导、政府指导。见图4-12。

（2）打造田子坊的"创意文化"品牌。田子坊最初因为文化名人企业的入驻而引发的示范效应和集聚效应，将一系列艺术、文化、时尚、商业等元素云集成为"田子坊"的独特文化氛围，入驻的商业团体及个人也将其商业品牌提升为具备一定文化价值的商品。此种良性互动的艺术与商业开发模式在园区的国际化势态发展中起到积极的促进作用。田子坊文旅融合的成功是市场、政府、居民互动协作的产物，创意文化既是动因又是成就，互为因果。田子坊的未来发展要不断丰富、充实、优化、提升这一动因机制，既要维护这一文化基因的健康活力，又要放大文化基因的联动效应，延伸产业链，优化服务环境，加强文化动能，释放田子坊"创意文化"品牌的城市能量。

（3）延伸"创意文化"的产业链。文旅互动、商旅互动，放大创意产业的品牌效应，创立地域空间品牌形象，吸引集聚更多企业参与，形成更有深度、更高质量的商业提升。

综上所述，田子坊历史风貌街区的创意产业发展模式是由其资源特征决定的，此外，在时代背景之下政策的扶持也起到了至关重要的作用。创意产业及商住混合街区的模式既避免了纯商业模式的文化底蕴表面化，也不会是纯创意产业园模式的曲高和寡。它是面向所有市民、旅游者、艺术家的，它仍然属于本土居民，也属于世界。田子坊的历史风貌街区和创意产业园区双重身份是它成功的关键。

旧城改造的可持续性必须立足于保护与发展。田子坊的生产性不仅在于商业价值带来的经济利益，更在于艺术和创意产品带来的社会利益；而田子坊对于历史建筑和文化底蕴的保护性则通过物质层面显而易见。在文化经济的时代，"田子坊模式"是一种明智的选择。更重要的是，城市历史风貌街区必须充分尊重和利用其资源特征，找到各自的发展模式。

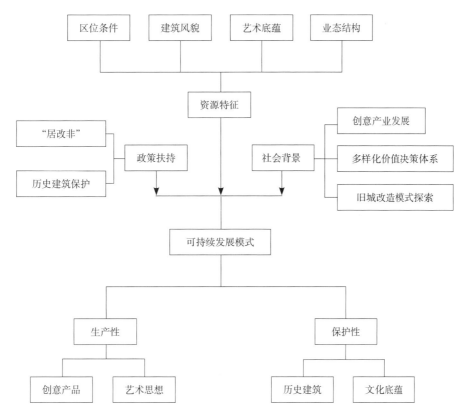

图 4-12 田子坊的保护和利用模式

4.3 历史名街可持续利用模式——多伦路

多伦路同新天地是同时代的旧区更新作品，均更新于 20 世纪 90 年代末，但社会和经济影响力完全不同。多伦路的更新定位是"名人故居，海上旧里，文博街市，休闲社区"的步行街。更新后的突出问题是街区活力不足。

4.3.1 多伦路建设背景

多伦路全长 550m，南傍四川北路商业闹市，北临鲁迅公园、虹口足球场，背靠内环高架、轻轨明珠线，属于山阴路历史文化风貌区。承载了上海一个多世纪以来的历史印迹和文化缩影，素有"现代文学重镇"、"海派建筑博物馆"之称，众多文化名人在此留下足迹：如鲁迅、茅盾、郭沫若、叶圣陶、冯雪峰、丁玲、柔石、瞿秋白、赵世炎、王造时、内山完造等，知名建筑如左联纪念馆、孔公馆、汤公馆、白公馆、景云里、中华艺术大学、上海艺术剧社等，具有浓郁的海派文化气息。从 20 世纪 50 年代起，多伦路成为一个马路菜场，路两侧风格各异的建筑由于年久失修变得破败不堪，"脏、乱、差"使多伦路昔日的文化韵味荡然无存。

1998 年，虹口区政府本着"修旧如故，整体保护，尽量留存体现上海和虹口历史文化传承的文化符号、文化象征等元素和载体，复原多伦路的历史建筑和文化景点，重现多伦路海派文化风貌"的原则对多伦路进行了一期改造，希望经过 2-3 年的时间，把多伦路打造成能体现虹口乃至上海城市文化形象和都市旅游亮点的文化休闲街区。通过一期的动迁居民，拓宽道路，拆除违章，修缮故居，建设绿化灯光等措施，多伦路从一条原本道路狭窄、建筑凌乱的"马路菜场"改造成为了"路通、灯亮、树绿、钟响"的文化名人街。但更新初心同实际使用效果差距较大，入住的很多文化企业又逐渐退出，文化街变成居民出勤通行街，文化业态没有实现预期的发展。为此 2002 年开始对多伦路进行了二期改造，拟通过充分挖掘多伦路内在的人文精神展示上海的与时俱进、海纳百川的胸怀，将"多伦"打造成为具有文化、旅游、休闲、时尚为一体的知名品牌。但是由于种种原因，二期建设于 2010 年 10 月才正式起步，且进展缓慢。

4.3.2 多伦路研究综述

已有对于多伦路的研究主要归于以下几个方面：（1）从规划设计和建筑保护角度，介绍多伦路的保护、更新和发展的规划目标、对策及措施，提出近代建筑保护再利用与城市经济发展相结合的观点（郑正，2003）；从地区定位、功能配置和空间状态组织等方面对多伦路文化名人街的规划设计进行评价，认为其定位本身缺乏适当性（孙施文，董轶群，2008）。（2）从游憩角度出发，剖析游憩街区的结构、客源市场，认为上海游憩街区存在的主要问题有宏观控制欠缺、交通问题凸显、公共空间不足等（孙淼，朱立新，2008）；（3）从休闲业态角度，梳理了上海休闲街商业网点的特征（宋长海，楼嘉军，2007），提出了优化休闲街商业网点的建议；（4）从文化艺术角度，分析了多伦路文化名人街的成因（蔡继福，2003）。

4.3.3 多伦路发展的问题探究

4.3.3.1 商业网点类型单一

商业网点是文化街区的重要组成单元，它是反映经营项目配置的主要载体，其业态结构的合理与否将直接决定街区的市场地位及发展成败。在此将商业网点整理为以下 5 大类 18 小类：文化类（书店音像、画室展厅）、休闲娱乐类（网吧、美容会所、酒吧茶室）、餐饮类（酒店旅馆、餐饮小吃、快餐店）、购物类（纪念品、时装服饰、地方特产、日用百货）、公共服务类（药店诊所、银行、咨询中心、摄影照相、邮政、其他）。见图 4-13。

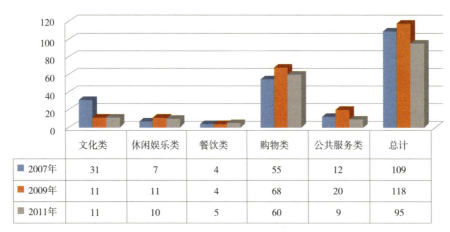

图 4-13 多伦路文化名人街商业网点类型分析

通过对多伦路商业网点在 2007 年、2009 年和 2011 年的数据分析，从整体上看，商业网点的数量变化不大，多伦路现有商业主要有：纪念品商店、酒店旅馆、日用百货、酒吧茶室、画室等，其中购物类商店（纪念品商店、古玩、工艺品、画廊）所占比例最大，超过 50%，商业类型单调划一。虽然这与多伦路"海上旧里，文博街市"的定位相符，即强调文化休闲功能，但由于对"文化"概念的理解过于狭隘，导致设施配置局限在非常狭小的类型中，使得街区内设施门类单一、商业服务业单调，形成了某些看上去具有文化意味的商业类型在极小的范围内的过度重复，造成游客极大的厌倦心理。

因此，在对多伦路的业态进行调整的时候，不能够仅仅停留在狭隘的文化理解层面上，而是应该

图4-14 多伦路商业网点空间分布图

同时探求新时代的创新文化。在充分挖掘多伦路内在的人文精神的基础上，从体验、时尚、品质三大角度对概念进行延伸拓展，按照时尚生活群体、时尚趋同群体及特殊休闲群体等不同群体制定产业开发的业态，设计相应的文化象征物、文化体验项目，满足文化休闲消费者的文化需求，表达他们的文化意志和文化追求。同时通过旅游功能、休闲功能、文化功能的扩展和放大，强化多伦路文化产业的整体功能。打造多伦路文化休闲区，并按照不同休闲群体兴趣、年龄、休闲时段和消费能力等方面的差异调整休闲结构，同时对不同风格的文化休闲形态进行协调。

4.3.3.2 逗留时间短，消费水平低

调查发现50.3%的游客在多伦路的逗留时间不足1小时，84.2%的被调查者在多伦路的人均消费水平集中100元以下，仅有10.3%的调查者的人均消费为100～300元，数据显示旅游者在多伦路老街的逗留时间较短，消费水平低。见图4-15、图4-16。这种现象有以下两方面原因。

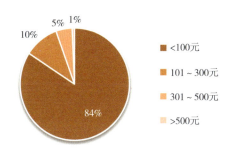

图4-15 多伦路游客实际消费

（注：引自孙森，2008）

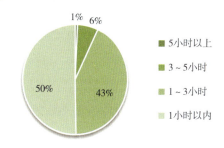

图4-16 多伦路游客实际逗留时间

一是消费人群定位的错位。商务办公与休闲娱乐业的结合，是当今社会工作与休闲相结合的基本趋势。多伦路主营文化产业，特别是古玩字画玉器等高端文化消费。这种定位服务的消费人群大多为文化人士和办公室工作者，因此需要街区的周边有大量的从业岗位。而就虹口区范围而论，商务办公设施相对比较缺乏，数量少且分布较散，而且与多伦路都有相当的距离。另外，多伦路紧挨市级商业中心，但是由于区位条件的限制，其所依托的四川北路商圈正处于逐渐衰败的状态，高收入客流有限，与依托徐家汇商圈的衡山路在市场反应上有明显的差异，因此不能使大多数人群驻足消费。

二是多伦路的开发是"一层皮式的开发"，空间布局为线性的模式。开发局限在沿街地带，致使优秀历史建筑与旧区棚户混为一体，整个街区处于杂乱状态。优秀建筑的内部功能和旅游休闲功能未能进行深度开发，经营方式单一。同时，多伦路有"街"之名，无"街"之实。多伦路公共空间层次不明确，缺乏相应的设施。众所周知，步行系统通常需要提供停留休息的面状公共开敞空间，线性空间不具备这种功能。而多伦路地段的绿地只是见缝插针地分布于各个建筑的空隙，较大的绿地几乎没有，只有在北边入口有一处绿地，另外三处绿地分布在三幢建筑前主要是供使用建筑的人使用，不为

一般游客服务。公共开敞空间的缺乏使顾客不能停留太多时间,致使游客产生紧张和劳累的心理。游客的停留时间较短,随机消费就难以产生,从而影响商家的经营状况。见图4-17。

图4-17 多伦路线性布局及点状绿地

在二期的规划中,已经注意到了这方面的问题,将多伦路区块向周边的石库门里弄延伸,形成完整的网络面状格局,划分成由文化游览区和艺术展示区组成的两大主功能区和由主题酒店、别墅酒店和商务别墅构成的三大副功能区。并通过文化怀旧、文化休闲、风格休闲的各式场景烘托来丰富文化资源的产业价值,但是由于资金和拆迁的问题,规划一直被搁置。

4.3.3.3 街区可达性差

多伦路街区可达性差主要表现在以下两个方面:

(1)停车场地不足

多伦路文化名人街在规划初始及后来的改建方案中,都没有在其周边设置专门停车场,虽然方舟大厦、时装大厦西侧等绿地安排一定的公共停车位,但依然没有解决多伦路的停车问题。笔者现场调查发现不少机动车辆直接停留在多伦路上,不仅阻碍行人过往,更成为游客观光的视觉污染源。

多伦路街区的商业定位为文化消费,属于高端消费。但多伦路处在四川北路这一中低端市场定位的商业圈范围内,其商圈内的消费群体不足。这种情况下,多伦路要争取商圈外的高消费群体,交通的便利性成为影响多伦路文化消费者可达性的重要因素。多伦路街区规划中将停车场考虑在外,是规划中的一大失误。

旅游公司是扩大"多伦路文化名人街品牌效应"的中坚力量,多伦路停车场地的缺乏同样降低了旅游公司将多伦路设置为旅游站点的抉择。

(2)指示系统不明确

从地铁3号线到多伦路最近距离约为350m,理论上只需步行5分钟就能到达多伦路,但是从具体区位图上看,由于地铁出口与进入多伦路的横浜路成迂回的之字形,无形之中给人们直接通达多伦路增添了迷惑性和障碍性。而在地铁出入口,并没有相关的指示信息提供给游客,致使游客对多伦路的具体方位不明确,造成对多伦路到达的不便。

究其原因,是因为多伦路文化名人街仅为多伦路社区的一期开发工程,其性质相当于表皮开发。3号地铁线出口紧邻多伦路社区的三期工程,本来为多伦路文化名人街的可达性提供了很好的条件。而现在多伦路社区的二期工程还未竣工,三期工程也处于遥遥无期的状态,未建成区历史建筑与旧区棚户混杂,环境脏乱,与多伦路一期建设风格风貌迥异,大大降低了多伦路文化名人街的通达性和文化品位。因而,开发工程的滞后性使得多伦路与周边设施利用率减低且自身形象下降,亦影响了多伦路的可达性。

4.3.3.4 古建筑保护有余,利用不足

多伦路地块内保护建筑和保留历史建筑数量多,有些保护建筑对其功能进行了置换,有些保护建筑延续其原来的使用功能。多伦路历史建筑利用方式主要有四种(表4-3):

(1)继续保持其原有的用途和功能,如景云里,20世纪二三十年代有鲁迅、叶圣陶等一大批名人居住在此,现在依然保持其居住功能;公啡咖啡馆以前就是上海滩文化名人集会休闲的著名场所之一,2000年咖啡馆重新开张,继续以此为卖点招揽客人。

（2）作为博物馆、纪念馆、陈列馆使用，如中国"左联"会址，现为中国左翼作家联盟会址纪念馆；李观森住宅也用作中国共产党四大史料陈列馆。（3）作为公共事业使用，如白公馆，现为411医院康复理疗医学中心。（4）从事商业活动，如赵世炎寓所、汤公馆已用作商业建筑。

多伦路古建筑保护利用方式 表4-3

建筑名称	原有功能	现有功能	建筑保护利用方式类型
鸿德堂	教堂	底层为展馆	保持原有用途和功能
白公馆	居住建筑	中国人民解放军上海411意愿康复理疗医学中心	作为公共事业使用
左联成立大会旧址	中华艺术大学校舍	中国左翼作家联盟会址纪念馆	作为博物馆、纪念馆、陈列馆使用
左联纪念馆	原中华艺大校址	昨年纪念馆和十大文化名人展馆	作为博物馆、纪念馆、陈列馆使用
薛公馆	居住建筑	住宅	保持原有用途和功能
景云里	石库门	住宅	保持原有用途和功能
公啡咖啡馆	咖啡馆	咖啡馆	保持原有用途和功能
陈仲篪住宅	居住建筑	住宅	保持原有用途和功能
孔公馆	居住建筑	空置	空置
李观森住宅	居住建筑	中共四大史料陈列馆	作为博物馆、纪念馆、陈列馆使用
新中国剧社旧址	公共事业建筑	纪念馆	作为博物馆、纪念馆、陈列馆使用
汤公馆	居住建筑	金泉古币博物馆	从事商业活动
赵世炎寓所	居住建筑	奇石藏馆	从事商业活动
王造时寓所	居住建筑	1920咖啡吧	保持原有用途和功能

从上述分析来看，多伦路古建筑保护利用方式类型以第一类和第二类居多，即保持其原有功能和用途并作为博物馆、纪念馆、陈列馆使用。这两种利用方式占所有利用方式的近80%。虽然这两种保护方式能较好地保持古建筑的原真性和展示古建筑的独有魅力，但它最明显的一个缺点是受众面的局限。第一类保护利用方式导致人气不高主要是因为多伦路古建筑绝大部分是居住建筑，其保留原有的居住功能，使得建筑的服务对象仅限于单个家庭或单位，大众想要与建筑近距离接触都限制颇多，更不用说深刻体会建筑文化的内涵，由此自然是门庭冷落。第二类保护利用方式将以前各种功能的建筑转变为博览功能，虽然表面上使得建筑本身的文化价值更为凸显，但是这种博览空间与来此的消费者需求明显错位。多伦路位于四川北路北段西侧，来往多伦路的消费者属于四川北路商业影响辐射的余波。四川北路商业街本身的层次定位为中低价商品的实惠消费，面向的是工薪阶层，来此消费的民众心理上对多伦路的博览等文化消费兴致淡薄，而机动车禁行的管制反倒使多伦路沦为市民进入四川北路的快速通道，多伦路上原本设想耀眼瞩目的各类文化设施成为的行人捷径的衬托背景。

多伦路历史建筑利用方式主要与文化产业相关，如展览馆、古玩商店等，对于休闲等其他功能的置换很少。多伦路本身的定位为多功能的都市休闲及文化社区，现有的历史建筑利用方式中文化功能是体现了，但是休闲功能却十分薄弱。这说明多伦路文化名人街上历史建筑的功能置换还不够全面，注重表面文化的展示，忽略了文化体验者的休闲活动需求。建筑利用只是打着文化招牌走形式主义，没有足够的吸引力聚集人气，不能给予自身持续的生命力。

4.3.3.5 开发管理模式

多伦路文化名人街一期由虹口区区政府主持，

二期由多伦建设发展有限公司投资建设,是"政府导向、企业实施"合作开发模式。政府负责制定规划、政策指导、开发定位、引导管理以及对开发进行全面支持,企业进行整体区域的文化开发和市场运作。

多伦路一期开发以文化效益为主,盈利方式主要表现在商业销售,除这部分是由投资开发公司管理外,其他如市容、日常经营等分别由四川北路街道和多伦路建设管理委员会进行管理。政府和投资公司对多伦路店面的经营管理方式主要是店面售卖,即店主买下店面,然后自行进行经营管理。这样,无论是政府还是投资公司对商业业态的控制能力大为减弱,不能及时地顺应市场需求对业态进行调整,新陈代谢能力的低下导致市场竞争力的不足。同时,政府和投资公司分权管理的现状也会削弱多伦路经营管理职权的力度。

多伦路社区项目中需要保护的建筑面积大、容积率受限、拆迁难度大,这些造成了二期开发受阻,一方面是由于规划编制工作没有完全做到位,另一方面其深层次原因在于项目可行性审核中,没有对这些开发阻力因素进行更为准确的评估,导致规划难以实施。

4.3.4 多伦路衰落的原因解析

4.3.4.1 产业定位不准确

多伦路名人文化街业态呈现分布不均衡、功能设置不合理的现象,主要原因是市场定位不准确、产业供给与周边消费者需求脱节。文化资源开发需要有前瞻性,要突破定位狭窄、概念局限、形态平淡、结构离散、文化功能开发与其他功能脱节等发展瓶颈,将历史文化遗产保护与都市型经济发展有机结合在一起,达到一个新的认识高度。多伦路现在的产业定位仅仅停留在传统的文化产业上,在产业的深度开发上需向创新型、多动能、深层次的方向发展。

4.3.4.2 规划设计不合理

停车场、绿地、座椅等公共设施的匮乏暴露出多伦路初始规划的弊端。多伦路基础设施的不完善不能满足消费者多样化的需求,降低了多伦路对消费者的吸引力。街区内缺少人性化设计,景观环境有待改善,缺少游人驻足停留的空间。规划设计的不合理导致多伦路人气不足,进而淡化了多伦路的文化氛围。

4.3.4.3 开发的滞后性

2005年多伦路二期改建工程开始进行,但至今都未完成。多伦路的改建工程一直处于停滞时期,二期工程的滞后发展已经与市场需求脱节,与此同时也对早已建设好的一期工程造成很大的消极影响。工程开发的不连续性和不完整性使得多伦路社区影响日渐式微。

4.3.4.4 政府监控管理不得力

多伦路项目推进受限,政府的缺位也是重要原因。项目搁置没有推进,政府却没有任何回应,没有收回土地,也没有要求续交土地出让金;开发商由此而进行"合理囤地",造成土地资源的极大浪费,公众利益受到损害。

在对诸如多伦路这样的以文化资源为依托的历史名街进行开发时,首先要依托周边环境,挖掘自身特色,准确市场定位,既不能为了保护文化氛围不发展商业和旅游,也不能盲目追求经济效益而削弱资源特色。其次是结合市场需求,平衡业态布局,保证健康有活力的市场环境,实现文化效益和经济效益的最佳结合。合理的规划和开发项目的健康持续性推进是街区可持续发展的重要保证,规划中需完善基础设施,提高环境质量,尽可能多地创造可供人驻足停留、人性化的公共空间氛围,政府在项目开发进行时要充分发挥其监管、审查作用,协调公众利益和私人利益,保证项目的可持续推进,只有这样,才能实现文化资源的可持续利用。

第5章 历史城镇旅游规划

历史城镇可持续旅游最基本的原则就是寻求真实的体验，持续旅游是遗产价值实现的有效途径，体验质量、生态承载力与居民参与是历史古镇持续旅游的三个关键问题。简单地说，资源保护、生态安全、效益良好的旅游业态就是可持续旅游。生态要安全，资源要保护得好，同时又要有良好的效益，地方居民要受益，利益相关者要受益，这样才能调动各方面保护的积极性。这里面的挑战是生命周期的问题，文化遗产本身是没有生命周期的，它是永恒的。但是这个遗产提供的产品是有生命周期的，它要根据市场的需求进行调整。这里面一个是资源的可持续利用，一个是产品的可持续需求，一个是业态的可持续经营，一个是环境的可持续承载，再就是生态的可持续管理，可持续旅游就是这些方面的综合。

5.1 历史城镇的旅游资源

5.1.1 历史城镇的硬资源

历史城镇旅游资源可以分为硬资源和软资源两类。硬资源首先是客观存在的物质实体；其次是场所，城市中心或者邻里、古镇社区，这也是硬资源；第三是考古的场地，或者是文物，文物不管是在地下还是在博物馆或者就地展示，均为实物；第四是历史事件场所，如宗教、古战场、名人足迹等，一些古镇，往往是几教合一，有道教、佛教、伊斯兰教、天主教及地方的土地庙等；第五是路线、通道，如大运河是历史上重要的通道，丝绸之路是东西方贸易曾经往来的见证，是线性文化遗产；第六是一些民间工艺和土特产品；第七是地域结构，某一个镇为什么在特定的地方出现，通俗地讲是风水结构好，不只是缘于某个建筑，而是古镇整体结构的独特性。

5.1.2 历史城镇的软资源

软资源首先是历史事件，即积淀在古镇空间中的历史故事，如家族史、商业史、战争史等；第二是民间的艺术，民族的音乐、舞蹈、手工艺等，如丽江纳西鼓乐；第三是各种各样的民俗节庆活动；第四是日常生活与经济活动，古镇居民生活方式、生产方式亦是重要的旅游资源；第五是当地特色餐饮，这也是居民生活的一部分。所以，历史建筑与街区的灵魂是居民的生活、本土地方手工业与地方特色农业。农业可能不在古镇内，但是古镇赖以生存的重要组成环境。古镇旅游规划不是就古镇谈古镇，而应从整个古镇形成的区域来看，是山水、农耕环境孕育着古镇的诞生和发展；还有社会活动、居民生活形态，以及古镇美丽传说，都给人无穷想象，是古镇的光环。

5.1.3 历史城镇旅游资源的价值

历史城镇的旅游资源等级是由其内在价值决定的，一般根据其历史文化价值、美学价值、游憩价值与科学价值等来进行分析。

（1）历史文化价值

历史文化价值是由文物保护等级以及历史文化名城等级来确定的。文物保护等级分为：国家级、省级、市级、县级。历史文化名城分为：国家级历史文化名城、省级历史文化名城。

（2）美学价值

这是历史古镇非常重要的特点，也是古代城市设计的重要遗产——设计遗产或者规划遗产。古代人们对于环境的利用、山水环境的融合，充分体现了早期的可持续观及生态思想。优美的江南水乡古镇，其价值绝不是一个孤立的建筑，而是和环境融为一体的和谐的美。

（3）游憩价值

历史古镇最核心的东西，对于非本地居民而来说不仅仅是观光，而是"游憩"，是身体和心理再生过程；对于个人是身心再生，对于社会是社会再生，引发很多联想，与环境进行信息交流，调动个人的情感，感受令人自豪的民族发展过程。这是社会再生、社会发展不可缺少的组成部分。旅游规划不能只以经济为中心，而是通过可持续的内含诉求，让游人体验到物质、文化和精神内涵，这才是游憩价值。

（4）科学价值

目前历史文化价值、美学价值是古镇保护与建设中最受关注，科学价值在理论总结、文献总结、研究上相对比较薄弱。历史文化古镇，保留了一个民族引以自豪的特质，有它背后的科学支撑，这非常有价值。古镇古村之所以能持续到今天，有它的科学基础，如防灾系统、交通系统、房屋结构等，不可忽视。

5.1.4 旅游资源的信息体验消费

古镇遗产价值转变为使用价值，从旅游角度来看，历史古镇的产品独特性不在于实物消费，而是一种信息消费，是信息资源转变成产品的过程。让人民群众接受这些文化，愿意为之付出时间、金钱和情感，来此旅游可以阅读、体验和接受这些文化，我们称之为"信息体验消费"。

信息体验消费是古镇消费非常重要的概念。一旦将文化上升到产品和消费的角度，它不是具体实物的概念，而是一个信息消费的过程。旅游规划工作是把历史古镇蕴含的信息通过游憩、活动、经历、服务等方式，让游客能够感知和接受，我们称之为体验规划、体验设计；不同于观光，观光是仅有视觉过程。体验设计是使得人们到了这里，能够调动嗅觉、视觉、味觉、触觉全方位感官来接受遗产信息。从这个角度来看能够体现古镇特色的信息就是旅游资源。

5.2 历史城镇旅游面临的问题

5.2.1 战略性问题

目前很多地方都把遗产旅游、文化旅游作为战略产业定位，很多城市的"十三五"规划均把旅游作为这个城市的重点产业。文化遗产能不能成为历史城镇发展的文化资本、经济资本？能不能成为地方经济发展的动力或者一种主导力量？能不能成为城市未来发展、城市竞争力的重要载体？需要从战略层面进行解析。

（1）文化产业链问题

基于文化遗产的文化产业链如何构建，是一个战略性的问题。旅游和文化产业的关系如同鸡与蛋的关系，旅游是经济性的文化产业，也是文化性的经济产业，文化、旅游和经济难舍难分，最好是一个部门统筹协调管理。现在很多矛盾都是来自于不同部门的政策与管理体制，因而政府应该统一建立管委会，有效解决不同的利益主体分头管理的困难。

（2）古镇居民外迁问题

旅游发展与古镇居民外迁是另一个战略性问题，住在本土的人本来就是文化的载体，这些人走了，文化的灵魂和精髓流失了，外地商人进驻，这是古城文化的异化。而商业化问题应一分为二来看待。如果古镇上都是本土的居民，卖的是本地居民生产的地方工艺品，是应该提倡的，因为它也是城镇宝贵的文化资源。文化资源集中在街区展示，对于游客和居民都有益。商业是古镇形成的重要动力来源，需要依据古镇的资源禀赋对业态进行良性引导和控制，而不是单纯地反对商业进驻。

5.2.2 环境影响问题

（1）经济社会环境问题

保护经费来源、居民生活质量提升、居民就业需求、居民价值观的变异是古镇保护的四个直接问题，文化与旅游产业发展为这四个问题的解决创造了机遇与平台。问题的关键是游客数量与质量、超载与干扰、过度商业化问题等。

（2）生态环境问题

古镇在历史上逐步形成一个比较稳定的生态系统，现在大量游客进入，分享失去已久的文化生态体验，客观上对地方生态环境与居民生活产生影响。同时，也带来地方旅游污染问题，如饮用水资源短缺，原有的基础设施无法承载大量游客产生的垃圾与污水。

5.2.3 发展失衡问题

（1）城际同质化

中国历史文化悠久，对应的历史古镇也很多，发展旅游是这些古镇的共同追求，目前的问题是对于具有共同的文化渊源的区域性古镇，如江南水乡古镇，面对共同的客源市场，如何避免产品同质化模式，如何选择互补发展共同繁荣的道路，是一个很大的挑战。

（2）空间不均衡

一条街撑起一片天的街点模式是古镇旅游发展的普遍特点，文化与产业在一条街上的集聚与展示、交换、交流，是观光旅游驱动下的古镇旅游基本空间模式，快餐式消费是这类模式的普遍特点。但在旅游需求转型的今天，以休闲度假为主流的产品需求时代，这种模式有很大缺陷：拥挤、嘈杂、市俗等，而休闲度假更多的是需要安静与体验，"街点模式"仅可以作为休闲度假的补充而不能成为主导。对于古镇来说，就从街区走向镇区、镇域，要关注更多潜在资源，唤醒更多沉睡的街区或快要消失的街区；从日益单一化、不均衡的困境中走出来，深挖潜在资源，使其走向休闲度假，促进古镇旅游发展均衡化。

（3）消费绅士化

消费绅士化，是指特定历史环境地段或历史建筑被企业或私人买断或包租，排斥他人使用的一种现象。矛盾的是，绅士化可以促进历史建筑或历史街区的保护，但不符合社会公益的原则；如果不绅士化，又缺少保护修复与振兴的经济动力，振兴疲软。

（4）主客关系颠倒

当前的古镇和景区开发，过度强调商品经济，过度繁衍文化资源，颠倒古镇居民、访问者和商业开发者的关系，这是历史城镇旅游发展的误区，具有不可持续性。历史城镇文化资源的利用与开发应该以具有本土文化的地方居民为主，使文化按照本来的基因进行繁衍、创新。

5.3 历史城镇旅游规划的关键

5.3.1 供需关系分析

供需关系分析也称之为旅游适宜性分析，是历史城镇的资源特色、价值等级与市场需求之间的配置关系，这里有多种可能，是一个多解的方程，需求是多变的、动态的、因人而异，需求有现实的需求也有潜在的需求，规划既要关注现实需求又要引导未来需求，从旅游产品开发角度就是占据先机，才能把握市场。

对市场需求的理解程度直接影响历史城镇旅游产品开发的性质、方向与规模，以及旅游业态的发展效益，也会影响历史城镇未来的发展格局。

历史城镇价值、资源与需求、产品之间的关系是多元非线性关系，存在无限的创意可能，需要智慧与经验，以及科学的规划与设计。旅游规划本质上就是在寻找资源与市场的结合点。

5.3.2 产业功能重建

历史街区是历史古镇居民消费和生产的场所，是历史上居住、生活的中心，要保持并希望它成为贸易或者生产消费中心，就必须强化它现有的使用功能。这种功能的更新有两种途径：一个是再生，一个是重建。功能再生就是突出街区的历史特征，把历史上发生的、到现在仍有价值的东西恢复出来，不但包括物质遗产，也包括曾经在此但已经消失的各种非物质文化遗产。功能重建就是新的功能、新的活动取代了原有的功能，如新天地、田子坊都属于功能重建，物质环境不变，但有新的功能注入，这个地方才充满活力。

功能再生、重建的方式可以同时存在于历史城镇，有些是传统活动的再生，有些是新的功能介入，使其多样化。多样性是人类与自然界共同的法则，生物多样性是生态系统稳定性的表征，生活多样性是人类健康的表征，业态多样性是商业与经济繁荣的表征。见图 5-1。

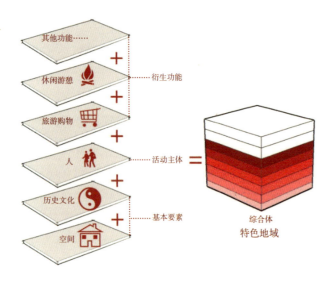

图 5-1 历史城镇基本要素及衍生功能

历史街区的功能定位和各个组成部分的角色定位至关重要。这需要洞察力，在潜在需求、现实需求与历史环境之间找到结合点。规划设计要根据地方特点，为地方寻找出路、提供方案，关键是给地方带来活力。历史环境的价值不在于形态本身，而在于形态中所蕴涵的一种特质，这种特质具有稀缺性，因而具有经济价值，需要我们有效的管理来保护和维持。发展体验式旅游，就是要保护历史环境的特质及其所蕴含的有形和无形形态。

5.3.3 社会交往再生

历史古镇的街区是过去居民生活交往的地方，空间改造以后仍然要成为居民社会交往的场所，要有计划地提供文化活动和街道生活，并使得空间具有可识别性、安全性。街道生活很重要，包括酒吧、俱乐部、画廊等，非本地居民来到这里，想要和当地居民有所交流，感受历史城镇的人的生活，空间、文化、人、购物、休闲、观光交织在一起，形成一个多元文化交汇的公共交往空间。

在区域城镇体系中，历史城镇承担了区域居民户外休闲游憩的重要功能，是城市居民生活体系的重要组成部分。从生活圈理论来看，历史城镇是城市居民基本生活圈、必要生活圈以外的享受生活圈的组成部分，同郊野公园、休闲度假区、主题园、森林公园、城市游径绿道系统等一起构建起完整的城市游憩体系。

5.3.4 城镇价值提升

历史城镇旅游规划要能够提升城镇的价值，首先要保护好以历史文化为特色的城镇地域空间，这是第一步；更重要的是要让特色地域从孤岛变成城市的有机组成部分，带动成片特色地域出现，从而提升整个城镇形象与价值，形成城镇历史地域价值的综合效应。这种基于文化遗产的特色地域综合体的形成，不仅保存了文物建筑及其历史环境，而且更好地带动城市文化产业和商业的发展，其本身就是城镇经济可持续、社会可持续、文化可持续和环境可持续的体现。

要创造特色的城镇地域，关键是品牌空间的创造。通过历史保护和环境创意，形成各有特色的品牌空间、城镇形象与具有竞争力的符号，进而实现城镇品牌空间体系建设。良好的品牌空间，可以使访问者对历史古镇产生文化认同感，并加速了城镇形象的推广。

5.3.5 旅游体验规划

历史城镇旅游者的体验包括了对于历史城镇文化遗产的表象感知、内涵感悟、心灵交流、信息获取等方面。体验规划是旅游规划的核心所在，要求从教育、感受和认知的角度梳理文物和古镇保护的要素空间和环境要求。除了体验规划旅游还需要和服务业、市场、经济管理等相关行业接轨。

旅游规划比保护规划要多做一个层次，要考虑和市场需求接轨，提供产品的设计。旅游规划是在保护前提下实现它的功能，与现代需求相结合。体验规划的关键技术主要是三个方面：一是物质空间的体验化、场景化；二是非物质文化的可视化、可体验、信息化；三是事件空间品牌化。

5.4 寿县古城旅游规划策略

国家级历史文化名城寿县古称寿春、寿阳、寿州,是楚国末代都城,豆腐发祥地,淝水之战古战场。两千多年的建城史,留下很多文化遗产,文化底蕴深厚。古城墙作为寿县防洪生命线,保存完好,是我国少数几个古城墙保存完好的古城之一。见图5-2。

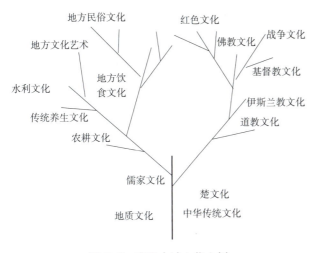

图5-2 寿县古城文化之树

由于自然灾害、不合理的城市开发建设等原因,城市遗产破坏严重。表现出三个特点:

(1)非物质遗产丰富,地下文物丰富,地上文物破坏严重;

(2)自然灾害频发,地方经济落后,生态环境退化,古城保护资金缺乏;

(3)文化资源优势与经济发展脱离,没有转化为经济发展的优势,旅游产品开发缺乏可以依托的实体。

因此,如何在保护、抢救历史文化遗产的同时,合理利用文化遗产发展旅游,达到促进当地经济、社会发展的目的?如何在不破坏文化遗产原真性的情况下,开发出符合市场需求的旅游产品?这是做好这类古城旅游规划的难点与关键所在。基于文化体验需求的文化再生是解决这一问题的重要途径。它是建立在文化生态学、恢复生态学的基本原理上,以历史文化遗产为素材,构思文化体验产品的主题,采取可视化、体验化、信息化三大策略,多方式、多角度传播、展示历史文化遗产,让游客充分体验其魅力,实现文化的"再生"。见图5-3。

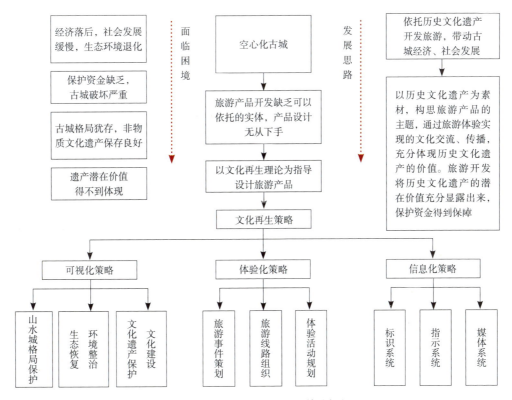

图5-3 寿县古城文化再生策略框架

5.4.1 可视化策略

5.4.1.1 山水城格局保护

从寿县古城历史发展脉络看,寿县古城与北面的八公山、环城绕过的东淝河、瓦埠河形成中国风水理论中理想的"山水城"空间格局,在规划中必须保护好这个格局。寿县古城历史发展过程中形成贯穿八公山、宋城南北门的南北发展轴线,在城市规划中应注重保护这一轴线,保护好东面的遗址保护区,在西面建设新城,进一步加强轴线。在县域范围内,要保护好由古城、八公山、瓦埠湖、安丰塘、正阳关等组成的历史文化圈。见图5-4～图5-9。

图5-4 寿县古城城址变迁图

图5-5 寿县古城山水城格局图

图5-6 寿县古城与新城空间关系图

图5-7 八公山景观与功能结构图

图5-8 寿县古城保护利用规划总图

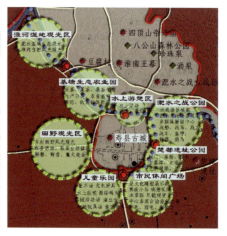

图5-9 寿县古城环城公园结构图

5.4.1.2 环境整治与生态恢复

①水系治理:结合防洪,疏浚水系,在山、城之间恢复大水面,加强山环水抱的山水城格局。

②环城绿化环境营造:疏理环城河,整治古城环境,改善环境卫生状况,在古城周边建设生态林地,促进生态环境的恢复。

③八公山景观建设:建设生态林地、生产林地,加强山体绿化,结合古墓、古遗址、豆腐文化、地质文化进行景观建设。

5.4.1.3 遗产保护与文化建设

构筑点、线、面三个层面的文化遗产保护体系，保护居民生活网络。

①点：保护历史遗存及其环境，适当重建有历史价值的古建筑。

②线：保护历史街区，建设以楚文化、民俗文化等为主题的特色街，将城内历史遗存、古城墙联为一体。

③面：保护古城空间格局、保护古城墙、棋盘式路网、城市天际线。

5.4.2 体验化策略

体验化策略，是指以科学的方式挖掘古城文化底蕴，充分利用民间艺术、民间节庆、民间演艺、宗教活动、庙会与民间集会、饮食习俗等文化遗产策划旅游事件，组织旅游线路，规划文化体验活动，让游客参与到古城的各种活动中，在体验中品味古城悠久历史文化，感受古城民风淳朴、民俗多彩的历史文化氛围。包括事件体验策划、体验线路组织、体验活动项目策划与设计三个层面。

5.4.2.1 事件体验策划

①楚文化主题晚会：深入挖掘楚文化，以楚服饰、楚乐、楚国题材话剧、楚文字、楚文学等为题材，策划包括表演、比赛、展览等活动形式的楚文化主题晚会。

②书画节：在书画一条街举办定期的书画艺术书法节，邀请寿县以及安徽省内知名书法家参加，现场表演书法创作，展示书法作品。

③楚国饮食节：以寿县当地特色菜肴为基础，推出具有楚国特色的菜系，开展厨师大赛等活动。

④中华豆腐节：与淮南豆腐节联合，开展豆腐文化展览、品尝、制作等参与性活动，体现八公山豆腐的品质，更正人们对"豆腐发源地"的认识，扩大寿县古城知名度。

5.4.2.2 游线体验设计

在旅游产品的组合中，以古城为中心，构建城墙上、城内、城外三个层次的产品体系。游线规划如图5-10～图5-13。

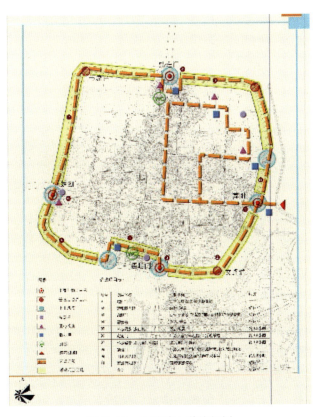

图 5-10　古城墙上游线规划

图 5-11　古城内游线规划

图 5-12　城外时间游线规划

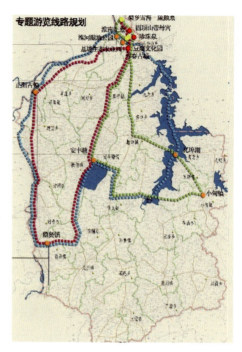

图 5-13　城外专题游线规划

城墙上：分四段主题游线，四个游线节点。

城内：结合古城中规划的商业街、民俗体验区域，串起城中几个主要观光点，针对市场对游览时间和游览类型的不同需求，规划了城内半日精华游线、城内一日揽胜游线、城内全日细品游线、城墙半日怀古游线等四条古城区游览路线。

城外：包括跨区域旅游线路、县域旅游线路、环城旅游线路三个层次，将寿县与县域景点、周边县市景点串联起来。

①时间游览线路规划：从近期来看，住宿地主要在寿春古城，故在时间游线的组织中，以古城为起点和终点，以一日游为单位，规划了四条游览路线。

②专题游览线路规划：从内容上，主要将旅游产品按各自侧重的主题划分为文化观光游线、休闲娱乐游线与淮水风情游线。

5.4.2.3　体验活动规划

在总体保护框架下，为了让游客充分体验古城文化的魅力，每一项体验项目的策划都从时间、场地、文化三个向度综合考虑，进行相关的体验活动规划。见图 5-14。

体验产品开发的重点放在寿春古城内、古城环城及八公山区域，以城墙观光体验为中心，分为城

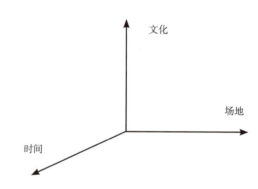

图 5-14　体验活动规划的三向度模式

外、城墙上、城内三个层面。详见表 5-1 ～ 表 5-3。

①城墙上：分段规划各项观光、休闲活动。

②古城内：在古城内构筑一心四街四园二环的旅游空间结构。

③古城外：以丰富的文化内涵为主题，开发各项休闲、观光活动。

5.4.3　信息化策略

信息化策略，主要是建立科学、完善的指示系统、标识系统、多媒体系统等历史文化遗产的信息传播系统。对外进行宣传营销，重塑古城形象；对内强化文化遗产信息的传播、展现、交流，可以通过虚拟现实等高科技手段将已不存在的历史建筑、

寿县古城墙上体验活动规划　　　　表 5-1

体验项目	体验活动
宾阳门	节日灯会，楚都文化展示、表演活动
楚都怀古段	宾阳门——通淝门之间城墙段，怀古体验
通淝门	纪念品售卖，古城风貌体验
曹家巷	休息、餐饮
环城漫步段（步行）	步行观光
定湖门	茶楼，品茗、小憩
环城漫步段（双人自行车）	定湖门——靖淮门之间城墙段，骑车观光
靖淮门	节日烟火观赏
山水观光段	靖淮门——宾阳门之间城墙段，山水观光，春申君生平解说
攻城游戏段	近宾阳门城墙段，攻城游戏模拟

寿县古城内体验活动规划　　　　表 5-2

体验项目		体验活动
文化馆、博物馆		博物馆开展出土文物展示、楚文化研讨、楚民间节事表演等活动；文化馆开展当地或全国名人作品展览、各级书画、美术比赛等活动
清真寺，报恩寺，东岳庙		宗教活动
四条特色街		各特色街则可根据各自主题来确定整条街的相应风貌。开发内容主要以商业和休闲为主，出售纪念品和特色商品，展示书画、美食、民俗、回族风情等主题文化，让游客参与各项活动
	书画街	开展古字画收藏品展览，字画作品出售，其他艺术品出售
	回民风情街	回民风俗、回民节事活动、特色饮食
	美食街	豆腐宴、豆腐产品出售、豆腐制作过程展示、参与，其他地方特色食品出售
	民俗文化街	铁艺、渔具等手工作坊展示，制作工序展示，产品出售
四个拐角公园		依托古城的历史文化，每个公园以一个文化特色作为主线，贯穿整个公园，同时结合城内的休闲娱乐设施共同开发，将古城文化体验与休闲游憩活动融为一体，体现古城淳朴民风民情、多姿民俗
明清民居、历史街区、生活节点		保护好明清民居、历史街区、生活节点等地段，促进民俗活动、社会生活网络的发展，充分展示寿县方方面面的民俗风情

寿县古城外体验活动规划　　　　表 5-3

文化类型	体验项目	体验活动
战争文化	淝水之战公园	战船游览、战刀展示、战马操练、战争解说，演示馆，淝水之战纪念品专卖
名人文化	梨香雪海—廉颇墓景点	历史凭吊与自然风景观光结合，开展梨树养护、采摘、梨乡风情（绘画、摄影、文学、民歌、手工艺、盆景）体验活动
传统农耕文化	基塘生态园，田野观光区	建设各类规模较小的垂钓基地，开展小型娱乐、渔家体验等活动
传统养生文化	万古涌泉景区、珍珠泉景区	健身、度假、休闲、美食养生
	淮南王墓、帝母宫	以《淮南子》、淮南王及其修道活动为主题，体验道教文化
地方饮食文化	鱼、家禽、豆腐	特色鱼、家禽品尝 豆腐文化源流展示、豆腐制作过程体验、各种风味豆腐品尝

场景、事件加以再现，让游客多方位获取古城历史文化遗产信息，更有效地体验古城历史文化遗产。

古城旅游开发与文化遗产保护之间的矛盾是当前的热点课题，也是难点课题，解决这个问题应该是多角度、多学科、多方法研究、不断综合的过程，应该是理论与实践不断结合、相互促进的过程。文化再生理论与方法是实现文化遗产可持续利用的有效途径，是历史古城旅游规划与发展的重要理论基础，需要坚持不懈地深入研究、探索，在实践中总结和提高。

5.5 平遥古城旅游规划策略

历史城镇不同于一般城镇，它有深厚的历史文化积淀，包括物质文化、精神文化和制度文化等，是人类的历史见证和文明结晶。历史城镇在历史上是区域性经济或政治、文化中心，而现在又是人类的精神生产中心，是人类生活环境多样性不可缺少的组成部分，要严格保护；同时历史城镇也是现代人聚居的场所，现代经济与现代生活方式对古城历史环境带来前所未有的冲击，解决这一矛盾的有效途径就是发展文化经济。

5.5.1 古城保护困境与文化经济模式

古城空间结构不适应现代人的生活需要，也不适应现代产业经济发展需要，保护与发展的矛盾直接表现为空间的冲突和生活方式的冲突，协调空间冲突的有效方式是空间分离，另辟新区，发展现代经济；协调生活方式冲突的方式是人口迁移，从旧城迁往新城居住，这样的结果会不会导致古城经济的衰落，人气萧条？以古城文化为依托发展文化经济，是被国内外实践所证明了的成功的古城可持续发展模式，如意大利的威尼斯、奥地利的萨尔斯堡、中国江苏周庄。

国外对古城的发展有两种方法：一是完整保持古城原貌，再现昔日历史情景，如美国的威廉斯堡，保持18世纪独立前的城镇布局建筑形式，城郊地区保留着那个时期的风车、磨场、农舍、麦仓，古城服务人员、导游、马车夫、官府侍从都穿着18世纪的服装，古城的两端外围专门开辟一片商业区，利用旧时建筑，保持风貌协调，内部设施现代化，出售各类旅游用品；法国录柯洛和斯特拉斯堡等，所有传统建筑保持原有风貌，部分房屋设施内部现代化，开设旅馆；二是保持古城特色，展示传统风格，以意大利威尼斯与佛罗伦萨为代表，保持历史遗存原貌，也不排斥现代生活的介入。

这两种方式从环境开发角度来看，前者属于分离型开发，本地居民居住与旅游观光地区分离，后者属于融合型开发，居民生活与旅游观光共存，把当地人拥有的优秀文化和产业的诸要素如习俗、产业、土特产品、庙会、祭祀活动、传统艺术表演等组合起来，开发出市民表演地区文化传统而且游客能亲身体验的交流场所、设施。从平遥古城的现实来看，其发展模式以第二种比较合适，人口迁移不等于把它变成一座空城，专门发展旅游，只是降低到一个合适的密度，既不影响古城生活气息与活力，又不会给古城带来环境压力。

对于平遥古城来说，既不破坏古城又要发展经济，寻求古城持续发展的经济模式，以古城文化为依托发展文化经济，具体表现在以下几个方面：面向大众的文化观光旅游和古代生活体验，即文化旅游；面向学生的历史文化知识的学习，即修学旅游、知识旅游；面向相关专业的研究、教育、考察和教学实习基地；发展地方工艺品产业；发展地方土特产加工业和零售业、餐饮业、娱乐业；发展特色交通运输业：马车、骡车、人力三轮车、抬轿子等；繁荣古玩市场等。

为了保持古城的完整与文化的真实性，要尽可能恢复古城原有的空间格局，已经拆迁的遗址、遗迹要立碑说明，主要道路恢复石板路，电线下埋；并逐步全面改善古城基础设施，使古城居民能与一般现代城市一样享有现代化的生活设施。

5.5.2 历史环境的文化结构与特色定位

5.5.2.1 文化结构

（1）文化要素：平遥古城是由众多形态要素组

成，包括城墙、民居、寺庙、街坊、店铺、县衙、遗址、河流、山地、农田、黄土地、风味小吃和手工艺品等。黄土地、山地、河流、农田是古城的自然背景，也是环境特色要素，城墙、街坊、民居群、寺庙、店铺、衙门是古城的整体风貌特色，风味小吃、手工艺品、地方特产、民俗活动构成古城生活特色。这三个层次的特色都是视觉上可感受的特色，在这些特色要素中，国家级文物保护单位3处，省级文物保护单位6处，县级文物保护单位90处。

（2）要素结构：对平遥古城特色的进一步认识还可以从水平结构和垂直结构的角度。水平结构以南大街为主轴，东文西武，东城隍庙西县治，市楼居中央，佛、道、儒、基督教共存。主要商业街成"干"字形，北大街、南大街、东西大街、城隍庙街，城墙有4个城门，分别与四条大街相连，既是主要的交通干道，又是主要商业街。

垂直结构是由形态、活动、信仰、观念4个层次组成，各类物质景观是古城的表象，各类活动如商业、宗教、民俗活动是古城的内容，信仰与观念是古城文化的深层结构。形态层主要由视觉特色要素组成，包括城墙、民居、街坊、寺庙、店铺等；活动层包括军事、宗教、民俗等，信仰主要是宗教信仰，观念是植根于国民心理中的传统文化观念。

从要素与结构的分析可知，平遥古城的特色在于文化结构。

5.5.2.2 文化价值与特色定位

（1）历史文化价值：平遥古城始建于2800多年前的周宣王时期（公元前827年～公元前782年），历来为北方重镇，自明洪武三年（公元1370年）扩建以来，平遥古城格局和城镇面积基本未变。保存了完整的城墙、民宅、街巷、店铺、庙宇等古建筑，是中国境内保存最为完整的一座明清时期的中国古代县城的原形，是这一时期中国汉民族中原地区县城建筑体系的典型代表和汉民族历史文化的宏大载体，是近代中国的金融中心、银行业的发源地。双林寺是"东方彩塑艺术宝库"，镇国寺保存有五代时期的木结构建筑。

联合国教科文组织世界遗产委员会的评语中提出："平遥古城是中国汉民族城镇在明清时期的范例，平遥古城保存了其所有特征，而且在中国历史的发展上为人们展示了一幅非同寻常的文化、社会、经济及发展的完整画卷。"这样的结论是平遥古城历史文化价值的真正体现和最高总结，突出了其文化完整性和丰富性的特色，是唯一性、独特性和最杰出的范例。

（2）古城的美学价值：在广阔的黄土地上，耸立着城墙完整的古城，首先给人一种雄伟壮观的美感，站在城墙上，环绕四周，古城内成片古民居的韵律美，城外整齐的白杨树与绿油油的农田体现了黄土地的自然美；走进古城，明清街的古朴典雅与淳朴民风，体现一种生活美，城市布局、街巷空间、民居装饰都到了极致的境界，再也找不到如此完整的范例。

（3）古城的科学价值：主要体现在选址的科学性、形式独特的城墙防御的科学性、锢窑式合院住居的科学性以及酿酒、雕塑科学性方面。

（4）特色定位：从单个要素来看，除了城墙和街坊以外，明清时期的民居、店铺、寺庙、街巷在全国很多地方都有，特色不突出，具有旅游替代性，但从各要素的整个组合来看，在全国又是独一无二的。平遥古城的特色突出表现在5个方面：完整的古城墙、街坊（坊里制）、金融中心、整体的古城格局和风貌以及古城的风土人情。

古老的城墙首先给人一种神秘感，墙外的神秘与墙内真实感，会给游客一种强烈的文化感受，进而逐步了解明清时期北方城镇居民的生活特点与文化成就。

在这样古老的黄土地上，诞生了近代的中国金融中心，同样给人一种追本求源的神秘感，具有独特的吸引力，要完整地了解其形成过程，必须从历史和区域背景角度加以解说。

完整的历史遗产对国际游客很有吸引力，"过去的中国"、"重新发现中国"等宣传主题将会极大地促进海外市场的开发。尽管目前国内旅游以生态与度假为热点，但平遥古城周边的超山等自然风景区海拔均2000m左右，山地、河流、湖泊等具有很大的生态旅游价值,以古城为依托,可以提高生态旅游的文化品位,具有更大的吸引力。

5.5.3 古城旅游发展与文化提升

历史城镇在现代经济发展中,其突出优势是历史文化资源优势。要把这种资源优势转化为经济优势,发展旅游业是一条有效的途径。为了满足旅游者需求必须从真实性、参与性、动态性、高雅性、差异性等方面进行文化提升,全面的历史文化环境是一种背景,真正激发旅游兴趣的是这些历史环境中的"亮点",即精品。

现在平遥的知名度远不如丽江、周庄,从旅游人数和收入来看都有较大差距;重要原因是平遥人不善于宣传,不能正确地推销自己,在策划与营销上舍不得投资,这是其一,第二没有形成突出的旅游产品和品牌,第三旅游服务设施显得落后,要大力改变才能上一个台阶,目前的状况与世界遗产很不相称。

5.5.3.1 宣传主题鲜明,突出文化特色

开拓旅游市场的一把钥匙就是特色鲜明的宣传主题,如西安突出隋唐古都,北京突出故宫长城,周庄突出中国第一江南水乡,苏州突出其古典园林。文化特色的提炼取决于所在的层面,大至国家,中至区域,小至地方,就平遥来说,作为世界文化遗产,代表国家的形象,可以通过"过去的中国"、"明清时期的中国"、"汉文化的缩影"等宣传主题将会极大地促进海外市场的开发;从区域层面来看,以"明清时期的北方城市"、"半干旱地带汉文化"、"晋中民居文化与民俗风情"为宣传主题等来开发国内市场。

5.5.3.2 再现重要历史场景

名人、名事、名物、名居、名画、名街,对于提升历史文化环境的品位具有至关重要的作用,也是最具吸引游客的地方,对于与此相关的场所均应保留,能恢复的尽力恢复,不能恢复的要保留空间,立碑说明,有条件的地方要运用现代科技手段再现昔日历史情景。拍电影是文化提升的一种重要手段,乔家大院继"大红灯笼高高挂"电影拍摄后带来了一次旅游热潮,1996年乔家大院游览人数23万,1998年上升到28万。

5.5.3.3 开发地方手工艺品和土特产品

这两类商品是地方历史文化的结晶体,融历史、文化、观赏、纪念与实用为一体,是流动的文化,是传播地方文化的重要载体,是发展文化购物、促进地方经济发展的重要环节。

5.5.4 古城可持续发展的规划对策

5.5.4.1 文化要素全面保护

历史文化要素是历史城镇赖以存在的物质基础,不论是集中分布还是分散分布,均应严格保护。不论一级、二级、三级甚至无级(待批),这些要素共同编织一幅美妙无穷的历史画卷,它们都是历史乐章的音符,每一个要素都给人一种联想、一种信息。在城镇总体规划中应充分考虑为这些历史文化要素保留生存空间。

5.5.4.2 文化氛围严格控制

对文化要素的保护,不单纯是保护要素本身,更重要的是要保护要素赖以生存的环境,对于平遥古城,城墙内的文化氛围主要是由3797处四合院构成,所以必须严格控制民居的翻新改建,城墙外的文化氛围是由护城河、环城绿带构成,必须严格控制现代建筑与城墙之间的距离;从国内外类似经验来看,至少要预留100m宽的绿带,建设成为融水圈、文化圈和绿圈于一体的古城文化氛围控制带。

5.5.4.3 合理布局内外道路交通,合理组织构建文化通道

伴随旅游业的发展,现代人流、车流对历史环境的冲击是巨大的,有限的环境容量与巨大的客流量形成日益突出的矛盾,解决这一矛盾的措施之一就是改善交通,加速对流,不走回头路,人车分离,形成步行游览系统。对流的形成是自然的,而不是强制性的,这就要求对流路线是环状的文化通道,以文化为动力促进对流的形成。平遥古城旅游对流路线以城墙与城内主要旅游点、环城绿带形成多层次的环状旅游路线。可以借助马车、骡车、人力三轮车、轿子等交通工具来提升文化通道的特色。文化通道另一种形式就是视觉通道,平遥古城的视觉

通道规划主要是要求铁路线与城墙之间的地带严格控制高层建筑发展，保护火车与城墙之间的视觉联系。

5.5.4.4 接待服务设施融合多元文化

接待服务设施要融建筑文化、服务文化、餐饮文化、娱乐文化等多元文化于一体。历史环境区的服务建筑形态同样要服从整体风貌保护的要求，但其内部设施却可以现代化；服务过程是传统的，餐椅、餐具、餐桌与餐饮制作、原料、风味是传统的、地方的，但餐饮的人是现代的。旅游者在文化观光游览之余，还要参加各类娱乐活动，除了地方性、传统性、民俗文化活动以外，现代娱乐文化仍不可缺少。传统与现代、地方与世界在冲突与磨合过程中走向融合。

5.5.4.5 整治文化环境，提升文化品位

这里的文化环境主要包括大气环境、水环境、绿化环境、噪声环境、卫生环境和视觉环境，这些方面直接影响文化本身的形象与旅游吸引力。平遥古城现在面临的一个问题就是环境问题，环境卫生差、大气污染、噪声污染、视觉景观乱等直接影响其旅游形象，悠久的历史文化需要高雅的环境来映衬。

5.5.4.6 区域文化的整合

旅游发展仅凭一个点很难形成气候，必须借助区域文化的整体优势，形成多日游路线，组合成各类旅游产品，吸引各类游客；晋中地区平遥是世界文化遗产，祁县是国家历史文化名城，三处国家森林公园（榆次乌金、寿阳方山、左权龙泉山），二处省级风景名胜区（介休绵山、灵石山），数座文化大院，这些资源的整合将形成特色非常突出的文化旅游区，与北边的大同旅游区、南部的运城旅游区、毗邻的太原旅游区形成更大的区域整合，构成山西最重要的旅游区和旅游路线。旅游发展是文化整合的动力机制，通过整体宣传、旅游道路交通、旅游路线、旅游服务联网等来实现文化整合的旅游优势。

5.6 高迁古村落旅游规划策略

古村落保存了最接近自然的一种生活方式，在市场经济下面临5大矛盾，有多种发展模式。本节以高迁古村落为例，从文化保护与经济发展、文化经营与社区旅游、生态安全与容量控制等方面分析了古村落可持续发展的前提、动力与制约因素及其对策。

高迁古村落与国家重点风景名胜区神仙居为邻，始建于元代，几经变迁，现存的建筑和村落格局是清乾隆至咸丰年间（1761～1800）以后建成的，村落基本保持清代至民国初年的风貌。村落内的传统建筑为天井民居形式，"三透九门堂"是其原型，粉墙黛瓦、马头墙及细部的精美雕饰成为其传统建筑的总体风貌特征。村民人口3005人，以吴氏家族为主，是吴氏宗族组织管理的血缘村落。对于这样一个以农业为基础的村落社区，在市场经济下从封闭走向开放，人流、物流与信息流的冲击带来的直接影响是经济基础和价值观的转型，进而决定了这些古民居是拆还是留的命运。

5.6.1 古村落的保护价值

5.6.1.1 历史文化价值

浙中南地区古村落大多是单姓的血缘村落，高迁古村落是其中的一个类型，在浙江省中部地区具有一定的代表性，它是一种历史文化资源，代表人类生活的一个历史阶段、一种类型，是历史文化信息的物质载体，在全球化进程中向人类展示地方生活方式的魅力，提供了一种人地和谐的居住模式，实现人类生活环境多样性。其历史文化价值主要体现在四个方面：

（1）以清代民居为主的完整的综合文化体系。高迁村始建于元代，定型于清末，以清代民居为主，有少数明代、民国时期建筑。三个不同时期的建筑整体风貌上比较统一，从古村落的整体风貌到单个居民的雕刻与生活习俗，呈现出一个完整的综合文化体系。

（2）以清代民居为主的完整的生活体系。从院落居民到公共生活空间：庭园、水井、古戏台、商业街、宗祠祭祀，保存了一个完整的生活网络。

（3）以清代民居为主的完整的水文化体系。古村落依山傍水，依水而居，依水生活，河流-池塘-

水井 - 院溪构成了古村落水环境。

（4）百家姓中吴氏家族的聚居模式。农田、民居、宗祠、书院、庙宇、牌坊、池塘、河边洗衣等形成一个有序的生活结构。

5.6.1.2 审美价值

（1）院落民居山水环境，天人合一意境美。

（2）白墙灰瓦流水柳树，世外桃源心境美。

（3）雕梁画栋多元窗户，文化艺术融合美。

（4）民乐古戏龙灯节事，生活情趣真实美。

5.6.1.3 游憩体验价值

（1）古今落差对比，感悟历史变迁。宋 - 明 - 清 - 民国 - 现代，时代变迁，居民为证。

（2）回忆童年生活，满足怀旧心情。老年人过去的生活居住环境在这里留守。

（3）民艺民俗民风，体验耕读文化。纺织、捣年糕、龙骨花灯、编草鞋、溪边洗衣、雨梭、水车、风车、碾米、民乐、地方戏、节庆活动等延续数百年，古韵犹存。

（4）古朴优雅环境，休闲娱乐调心。古井、古树、古民居、天井、竹、梅、兰、溪流、池塘，一幅诗意生活画卷。

（5）生活艺术研读，提高文化修养。

居住文化、生活礼仪、雕刻文化、精神文化等凝固于古民居建筑中。

5.6.2 古村落发展面临的普遍问题

5.6.2.1 现代生活方式与传统物质空间之间的矛盾

居民生活观念与生活方式的改变，原有的基础设施、居室格局与居住环境已不能满足日益增长的现代生活需要，也不能适应现代产业经济发展的需要。现代交通工具的使用给古村落原生道路和桥梁产生了较大的压力，古村落居民自发的建筑整修使用新的建筑材料，割断了传统风貌的延续。

5.6.2.2 环境容量有限性与人口不断增加的矛盾

有限的空间、有限的容量与不断增加的居住人口、流动人口的矛盾日益突出，拥挤、污染、嘈杂直接影响了古村落特有的环境品位和居民日常生活。

5.6.2.3 社会使命与经济基础的矛盾

古村落作为文化遗产，其存在的意义更多的是社会使命，承担传播文明、历史文化教育的重任。但由于古民居保护与维修，缺少资金，任其破落，村里人对现代文明的向往与村外人对历史文明的厚爱产生碰撞。

5.6.2.4 商业化、空心化与原真性的矛盾

古村落是一个充满生命活力的有机体，人、地、物、事是统一的整体，相互依存，但是旅游发展中大量非本土商品的进入，外地人员的入住和本地人员的流出，使古村落趋向空心化和文化异化。异地文化入侵将逐步破坏古村落生态平衡机制，进而影响古村落的原真性和文化魅力，这种矛盾在很多古村落都有加剧的趋势。

5.6.2.5 文化价值观与经济价值观的矛盾

文化价值观强调遗产的文化价值和旅游发展的文化制约，经济价值观强调遗产的资源价值和经济利润的最大化追求。观念的不同直接引发所有权与经营权分离，四权分离与制衡的争论，旅游发展造成的破坏与贫穷造成的破落构成了争议双方各自的立足点。经营是必要的，关键在于经营方式和经营的度，在平衡点上走出一条路，建立相应的管理制度。

5.6.3 古村落发展模式选择

古村落发展在空间布局上有两种模式：互补型与共生型。前者在空间上古村落同新区分离，古村落依然是商业中心和居住区，新区为工业区、居民和行政中心，如丽江、平遥、周庄等城镇均属这种类型；后者在空间上古村落与新区合为一体，在新旧力量对比中古村落逐渐退化为一条街，或分散孤立的居民，如绍兴市。

从旅游发展角度来看古村落有三种模式：一是大城市依附型，如周庄、同里、乌镇等；二是景区依附型，如西递村等；三规模自主型，如平遥古城、丽江古城等。不同类型古村落的发展有成功的经验也有失败的教训，发展中的突出问题是商业化现象，对此观点不一：有些专家认为，周庄、丽江商业化太

浓破坏了文化氛围，也有一些专家认为，以地方土特产品、工艺品为主导的商业环境是一种文化展示，通过消费者的购物实现文化互动与文化传播的目的。

从空间发展模式的效果来看，对于这样一个规模不大的高迁古村落，应选择有机分离的互补型模式，即"田园村落"，田园把古村落与农民新村有机的联系起来。

5.6.4 古村落可持续发展的前提——文化保护与发展经济

文化展示是文化经营的基本策略，文化展示分为永久展示、专题展示和集中展示三类。永久展示是静态的展示，一般不可移动如古民居，专题展示与集中展示具有动态性和空间移动性，如文物、农具、地方文化表演等。各类展示在空间布局上集中于分散相结合，把分散的文物收集起来集中展示，把真实的生活文化体验分散到每一个古民居，各具特色。

（1）分区规划与项目策划

根据古民居及其空间组合特点，规划分为农家生活区、古街区、社区中心、耕读文化区、祭祀文化区、农耕文化区等。特色游憩项目策划与一系列古建筑结合形成历史文化和观光休闲游览线路，并在主入口建解说中心与文化博物馆，集中展示仙居与高迁的历史文化特色。详见图5-15、图5-16。

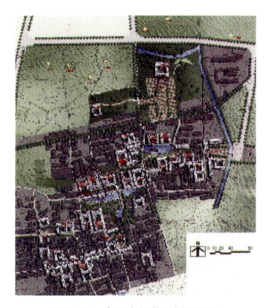

图5-15 高迁古村落规划总平面

图5-16 高迁古村落游憩项目策划

（2）多角度旅游形象

形象定位是高迁古村落旅游形象设计的前提，景观区域分析、现状分析与市场定位，形象定位为："明清古民居，伴随神仙居"、"梦幻高迁"。把古村落和神仙居风景区整合起来，突出在优美的神仙居有一世外桃源，明清古民居天人合一的人居环境，对区域观光休闲市场具有很大吸引力。

针对不同市场采取不同的宣传策略：对周边市场是"文化休闲，体验明清风情"；对中远程市场是"神仙居下的古村落，神仙居住的地方"。旅游吉祥标志是北斗星，是高迁风水之星。

（3）多维的文化体验

一是从不同视角引导体验活动：从空中观赏、鸟瞰古村落整体格局；从外围观赏山水人环境下古村落的侧影；进入古村落后对村落环境氛围的感受和体验；对单体古民居的鉴赏，人地和谐的生活场景；古民局结构及细部鉴赏。

二是参与式文化体验：捣年糕、手工挂面等传统视频的制作；无骨针刺花灯、草编等手工艺品制作；亲自纺织体验、果实品尝、果树认养、民乐演奏、地方戏清唱；特色美食、露天茶座；节庆活动，文化鉴赏；做一天村民；夜游谷民居、住宿农家等夜生活的体验。

三是文化研究：建立建筑、规划等专业实习基地，研究明清及民国时期民居建筑的文化、结构和特点。

5.6.5 古村落可持续发展的约束——生态安全与容量控制

5.6.5.1 古民居建筑景观保护与整治，再现诗意生活场景

拆除核心保护区风貌不协调的民居，恢复古村落的原生环境，就必须拆除一些不协调建筑，本着保护传统空间格局，充分考虑现状和可操作性的原则，对古村落的所有建筑物提出分类保护与整治方式。坚持真实性和修旧如故的原则，再现小桥流水人家和以古树为中心的社区生活场景。

5.6.5.2 梳理水系，流动水声，构建生态廊道

现有三条河流自南向北流经村庄，这是居民日常生活不可缺少的一部分，存在的突出问题是河道窄、水位低、淤塞严重。规划建议流经中心区和人口区河流拓宽为3~5m，把山泉引入村庄。根据慎德堂窗上的一首诗：春游芳草地，夏赏绿荷池，秋饮黄花酒，冬吟白雪诗。在广场近慎德堂附近挖一个人工水塘——绿荷池，自然驳岸，在水塘及河道两侧移栽一些乡土乔木和花卉植物，把村落融入群山环绕的大地风景中，形成鸟语花香、群鱼戏水、树荫乘凉的生态廊道。

5.6.5.3 多层次绿化，建立山地-田园-村落-庭园生态防护体系

对于这样一个古村落土地是其赖以生存的基础，必须加强防洪治台和水土保持工作，建立多层结构的生态防护体系和生态安全格局。第一层次绿化是山体植被的保护培育；第二层次绿化是村庄周围田园风光、河道廊道与绿色果园带的保护和建设；第三层次绿化是村内河网绿色廊道和公共活动区域的绿化，滨河沿路绿化，遮掩一些新民居和旧民居，突出古民居；第四层次绿化是庭院绿化、结合古民居主人的喜好，选择不同树种来烘托古民居氛围。

5.6.5.4 建立资源综合利用的生态循环链，有效控制环境污染

古村落未来发展将面临两方面的污染：村民生活垃圾污染和旅游污染。必须建立两方面控制体系：固体垃圾外运体系与资源化生态化循环利用体系。从封闭的生态循环村走向开放的生态循环村，重构古村落生态系统结构，引进现代生态技术（填补生态位技术、再生能源工程技术、资源节约技术等）。发展庭院经济，促进农业废弃物的多层次利用，发展低投入高产出的高效农业，优化生态链结构，形成资源综合利用的生态家园，赋予古村落新的生态活力。

5.6.5.5 合理调控环境容量，保持古村落生态系统有序运行

由于高迁古村落物理空间的有限性，必须严格控制居住和旅游人口规模。高迁古村落规划面积35.05hm^2，据测算，瞬时容量600~1000人，日游人容量1200~2000人次。高迁古村落保护区内每栋民居住户在5~10户，人口10~30人，从人数来看严重超载，但由于一半以上劳动力常年外出打工，客观上古村落生态系统处于低负荷运行状态。但随着旅游业发展，流动人口的增加将会对古村落生成系统、社会系统、能力系统以及自然生态系统产生直接冲击，必须建立古村落生态预警系统，不断调控环境容量，维护系统有序运行。

在历史维度上，古村落是一个点，有其产生的必然，是否也有其消失的必然？市场经济的力量可以加速其消亡，但能否借市场之力让其发出灿烂文化光芒？一种力量，两种命运，在现实生活中都已存在，有些地方选择前者，有些地方选择后者，关键在于观念与管理。

第 6 章
自然遗产旅游规划

6.1 自然遗产持续利用模式

自然遗产是地球自然历史变迁过程中的一段记忆，可持续利用是自然遗产实现其社会功能、价值功能的唯一途径。自然遗产可持续利用空间模式包括平面分区利用模式和深度利用模式，分区利用模式是由以核心区为中心的梯度利用结构和以ROS为基础的游憩机会分区序列组成，深度利用模式是由价值-学习模式、环境-游憩模式、原住民-乡土文化体验模式、风景-观赏模式组成；这些模式的可持续发展的动力来自政府支持与市场需求推动，适度的产业发展是遗产资源可持续利用的重要经济基础，可持续的规划设计是自然遗产可持续利用的前提，法政系统与管理体制是自然遗产可持续利用的制度保障，容量控制、游客管理、资源保育、动态监控是自然遗产可持续利用的技术支撑。

6.1.1 自然遗产的消耗

自然遗产地是由两个系统组成：景源系统与环境系统，环境是遗产赖以存在的基础，自然遗产是地球演化历史的见证，也是地球表层独特景观的唯一性代表，之所以将这类地域划为遗产景观，就是要对这类地域加以特别保护，使其延续为子孙后代所用。当代人通过合理有限的利用从保护中受益。遗产地可持续利用的核心思想是以供定需，基于地域生态承载力科学确定地域开发利用的性质、强度与规模，以及提高可持续利用水平的经营管理策略。

从自然史角度，自然遗产是自然历史变迁过程中的一个环节，是地球与区域生态系统的组成部分，不可能脱离自然系统而独立存在，所以无论采取什么保护措施，即使是最严格的保护——不让人类进入，遗产地同样需要完成自然生态系统过程，自然力驱动着遗产地的发生、发展及其变异。遗产资源的消耗从发生的动力来看可分为自然消耗与人为消耗。

（1）自然消耗

遗产地自然力参与物质循环和能量流动的过程，即资源自然消耗的过程，分生物性消耗、流动性消耗、内驱动消耗、外驱动消耗等。

生物性消耗：食物链中不同营养级生物之间的取食行为，特别是外来物种的入侵对本土动植物的蚕食；例如黄石公园外来物种 Lake Trout（灰红点鲑）对黄石湖及其周边景观的威胁，必须控制 Lake Trout 的数量，维持 Cutthroat Trout 的数量，保护黄石湖与周边景观之间关键的生态链—黄石灰熊、黑熊食物链。

流动性消耗：主要指能量资源——流水、瀑布的冲蚀，主导风向的侵蚀，自然景象（日出日落、云海）的消失与发生；没有自然的存储能力或存储能力极为有限。

内驱动消耗：资源的物理化学属性而导致的资源数量逐渐减少，花岗岩地貌景观由于花岗岩自身的风化而变异，岩溶地质景观的变化等。

外驱动消耗：气候变化造成的物种灭绝，干旱导致水景的消失，自然力作用下一些风景资源的消失，如崩塌、滑坡、泥石流、病虫害、雷击引发火灾，造成一些独特的造型地貌、珍稀树种的消失。

（2）人为消耗

人为作用导致的资源消耗，追求经济利益而猎捕动物、砍伐森林、过度开垦造成水土流失；旅游超载、不合理开发，破坏山体，特别是一些地方旅游发展所引发的很多不合理开发，如饭店滥建、开山修路、截流造水库等。不合理的生产方式所造成自然生态系统的退化与景观破坏，如过度放牧、砍伐森林等。

遗产资源的消耗既是一种自然过程也是一种人为过程，作为前者不可避免，作为后者可以干预，把消耗降到最低。在非生产性领域，资源的可持续性消耗强调尊重自然、适度消费、绿色消费、公平消费，在生产性领域，强调生态设计、低碳化、循环利用、生态效率提高、结构优化、环境友好。

6.1.2 可持续利用模式与产业发展

世界各国对遗产资源的可持续利用途径都处于探讨之中，但可持续利用的目标是明确的：积极保护与高质量的游憩体验有机融合。

自然遗产地是以具有科学、美学价值的自然景观为基础，主要满足人与人自然精神文化和科教活动需求，属国家所有，受法律保护的地域空间综合体。自然遗产地一般均具有一定规模，地域内部环境因地形、高度、坡向、构造不同而发生分异，景源—环境系统通过核心区、缓冲区、协调区的划分而明确可持续利用的方式与策略。平面分区利用与垂直深度利用的结合是遗产资源可持续利用的普遍模式。

平面分区利用模式：这种模式的突出特征是以核心区为中心的梯度利用结构（图6-1）。分区模式各国有自己的特色，但较为普遍的是以ROS为基础的游憩机会分区序列（图6-2）。

深度利用模式包括价值-学习模式、环境-游憩模式、原住民-文化体验模式、风景-观赏模式。

（1）价值-学习模式

自然遗产地的自然科学价值一般突出表现在5个方面，地质、地貌、水文、动植物等（表6-1）。

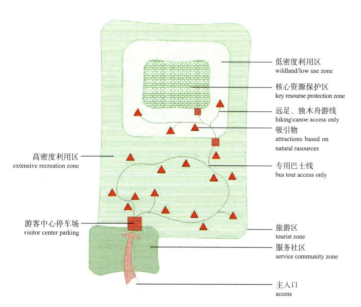

图6-1 自然遗产地梯度利用模式

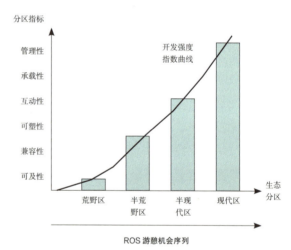

图6-2 自然遗产地可持续利用分区模式

自然遗产地价值-学习模式　　表6-1

价值载体	价值要素	价值教育
地质	地层、断层、地壳运动、岩石	审美、自然教育、科考、研究
地貌	地貌形状	审美、自然教育、科考、研究
水文	独特的水文肌理与水文景观	审美、自然教育、科考、研究
生物	动植物群落、生物多样性	审美、自然教育、科考、研究
综合体	要素组合景观：地质地貌景观、水文地质景观	审美、自然教育、科考、研究

（2）环境-游憩模式

在自然遗产地核心区外围生态环境优良地区，是国家公园开展适宜游憩活动的最佳选址，根据生态适宜性确定活动性质与容量（表6-2）。

（3）原住民-文化体验模式

对具有原住民的自然遗产地，让原住民积极参与到自然遗产保护中来，并从保护中受益，是目前国际上遗产保护的普遍做法，按照生态村模式改善原住民的生活条件和居住模式，居住多样性与景观统一性相结合，保护传统的农耕生产方式与农业景观，发展乡土文化旅游，让游客体验乡土文化，感受自然遗产地的文化魅力（图6-3、图6-4）。

自然遗产地生态环境－游憩利用模式特征 表6-2

	游憩活动 环境条件		爬山登高	徒步旅行	狩猎	避暑	避寒	滑雪	溜冰	骑自行车	骑马	驾车	滑翔	野营	高尔夫	划船	海水浴	钓鱼	游艇	温泉浴
1	标高		B																	
2	倾斜		A	A		A				A	A	B	A	A		B	B	B	B	
3	水边	沙滩															A			
4		海边											B							
5	地貌		A	A	A	A	A		B	A	B	B	A	A		B	B			B
6	温泉		B	B		B	B										B			A
7	气温		B	B	A	A		B		B	B		B	B	B			B		
8	积雪量		B	B				A	A	B										
9	水深								A							A		A		
10	水温																A	B		
11	潮流																B	B	B	
12	流速															A	A			
13	采集 对象	鸟兽			A															
14		鱼类										B						A		
15	活动 水面	海															A	A	A	
16		湖							A											
17		川														A	A	A	B	
18	水质															A	A	A	B	

注：A是受环境条件限制的活动项目；B是受环境条件的限制而成附属活动的项目。表格参考《观光游憩计划论》，1975年日本编，1980年台湾译。

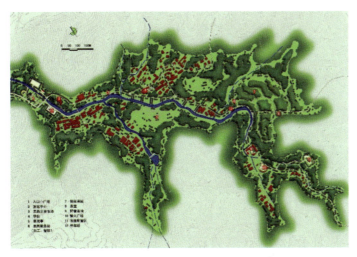

图6-3 崂山西麓棉花沟生态村规划

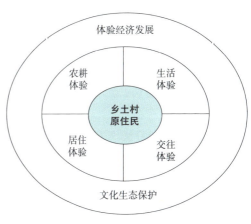

图6-4 原住民乡土村体验

（4）风景-观赏模式

观光是自然遗产最普遍、大众化的使用方式，停留短暂性、流动性、规模性、季节性是其显著特征，景区-景线-景点所构建的"线性-网络"结构是风景观赏模式的基本特征（图6-5，图6-6），短时冲击是自然遗产地面临的最主要的问题。

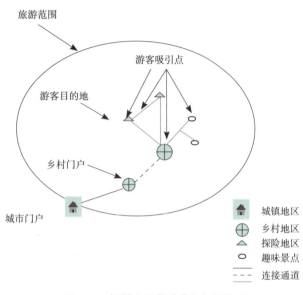

图6-5 螺髻山风景游赏规划结构图

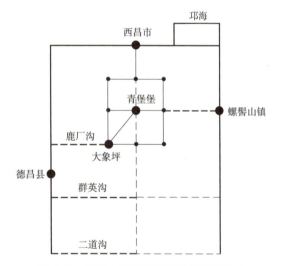

图6-6 螺髻山鹿厂沟景区游赏规划结构

要保持遗产资源可持续利用模式的可持续发展，关键是经济基础，政府支持还是市场支持？从世界各国自然资源保护与国家公园发展情况来看，政府支持是遗产保护的重要动力来源，区别主要在于经济支持力度的大小，国情不同，支持力度不同；市场支持是遗产保护的重要补充，通过特许经营与旅游业发展获取遗产保护的经济需求。所以遗产资源可持续利用与产业发展是一种动力因果关系，关键是要把握好产业发展的度。

6.1.3 可持续利用的规划设计

什么样的自然遗产保护利用规划才是可持续的规划？这涉及两方面的问题：一是规划本身的科学合理性，二是规划的可持续性评价（图6-7）。

首先遗产资源是一种稀缺性资源，保护是第一位的，关键是怎样保护？遗产伦理与遗产价值观直接影响保护策略，是积极保护还是消极保护，保护的目的是什么？保护的目的是为了人类的可持续发展。所以首先在保护与利用的关系上应该形成一致的共识：科学保护，合理利用；平衡有度，科学管理。

其次是科学分析评价。自然遗产保护利用规划的特殊性在于以保护为中心、协调多方利益相关者，强调规划的科学基础：生态稳定性评价、生态敏感度评价、景观敏感度评价、游憩适宜性评价、游憩需求分析、社区可持续评价与利益相关者分析等。

再次是面向管理的资源保护利用综合分区。每个分区要从三个方面进行定位：一是区的性质：是核心区、缓冲区还是协调区？二是明确保护要求，三是明确使用性质与强度，强度界定要有具体的控制容量指标如每次人数、每天人数，允许行为与禁止行为等。

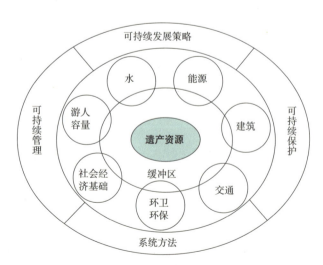

图6-7 自然遗产可持续利用规划方法

最后是配套设施与政策。遗产保护利用规划的可持续性评价主要是基于多方案规划的比较，着重两个方面的优选与优化：一是遗产利用的生态影响与效益评估，影响最小化，效益最大化；二是遗产保护与利用的成本评估，优化成本结构，做到保护利用成本最小化。

6.1.4 可持续利用的保障系统

自然遗产的科学价值、审美价值、游憩价值通过不同途径在平面、深度、时间序列上对其合理利用进行规划，但要真正实施必须有相应的制度保障和技术保障。

（1）可持续利用的制度保障

自然遗产地一般是有三大系统组成：自然系统、人文与文化系统、法与政治系统，见图6-8。自然系统是指自然形成的景观格局，人文系统是指土地利用与聚居格局；法政系统是指土地利用的合法性与政治策略；人文系统与法政系统是自然遗产保护的两大软性支撑系统——伦理与制度管理层面。

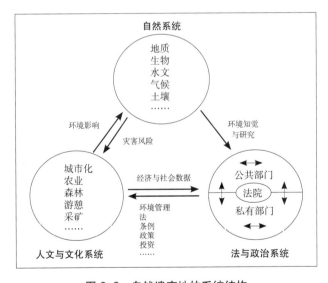

图6-8 自然遗产地的系统结构

自然遗产归国家所有，所有权、使用权、管理权的分离的度需要科学把握，对利益相关者通过政治策略加以协调，建立可持续利用的管理制度体系。决策制定者根据自然与建成环境系统的变化，事先制定一系列新的政策、法律、规则来调控人类活动与自然环境之间的互动；法与政治因素对保护遗产资源、改变土地利用方式、促进可持续发展方面发挥重要作用。

（2）可持续利用的技术保障

可持续利用技术保障系统至少由4个部分组成：容量控制、游客管理、资源保育、动态监控等，必须建立"监测－评价－预警－调控"一体化动态监控及信息共享辅助决策支持系统，对于各种利用方式对环境可能带来的影响进行长期的动态的监测，包括遥感监测、探头实时监测、GIS及GPS在监测方面的应用等，及时准确掌握遗产地域生态系统的变化，为管理决策提供科学依据。

综上所述，自然遗产有自然消耗也有人为消耗，时刻处于变化中；在人地关系史上城市化扩张与自然遗产保护也经历了一段复杂的认识与行动过程，遗产保护是可持续发展国家战略的重要组成部分，从消极保护走向积极保护，可持续利用是自然遗产实现其社会功能、价值功能的唯一途径，同时其本身也是一个复杂的系统工程。

在自然遗产地保护与发展矛盾中，可持续利用是解决矛盾的关键，也是对可持续发展的国家战略的响应，自从世界自然保护与国家公园运动以来，逐步形成一套自然资源可持续利用的规划设计、经营管理的技术和措施，我们需要在学习、借鉴中创新，以适应中国国情。从可持续利用的思想共识、行动共识到模式共识、技术共识等，寻求一条支持可持续利用的规划设计方法及其评估方法，是当代中国风景园林学界的历史责任、时代责任与未来责任。

6.2 自然保护区管理的社区认知评价

自然保护区与其附近社区居民具有长期的相互依存关系，能否得到当地居民的支持直接关系到自然保护区管理的成败（McNeely et al, 1990）。自20世纪70年代起，许多研究者和国际组织就致力于如何协调自然保护区与其附近社区居民之间的关系，并相继提出了一系列协调机制，如居民参与生态旅游、适应性共管（Wollenberg et al, 2000）、社区共管（张宏等，2005）等，鼓励居民参与到保护地的管理和政策制定中（Steelman & Ascher，1997）。这些协调机制的目的即在于将保护和发展同时纳入自然保护区的功能中，在管理上强调社区参与和公平，尊重当地居民的认识和意见。

目前我国自然保护区建设和管理尚处于初级阶段，自然保护区在数量上得到了迅速扩大，但在质量上的提升却较为滞后。社区居民与管理者作为保护区管理的实施对象与主要参与者，也是主要的利益相关者，他们对自然保护区管理目标的认知程度决定了自然保护区建设管理的成效，并直接影响着保护区政策的实施效果。下面以马头山国家自然保护区为案例，试图通过分析社区居民与管理者对保护区管理目标（现行政策、社区共管、发展政策）的认知状况，达到以下目的：（1）分析社区居民与管理者对保护区政策响应的差异；（2）分析社区居民与管理者对于保护区管理目标的认知程度，寻求影响保护区和社区关系的因素；（3）探讨改善保护区和社区关系的有效途径。

6.2.1 马头山自然保护区概况

马头山自然保护区总面积1.965万hm^2，位于江西省抚州市资溪县城以北30km，紧靠316国道和鹰厦铁路。其中，核心区面积2463hm^2，缓冲区面积2300hm^2，实验区面积15607hm^2，是江西省面积最大的森林生态系统类型国家自然保护区，是我国东部、中部植物类交汇区域。该保护区有16个植被类型，物种资源丰富，有国家一级保护植物4种、国家二级保护植物16种、省级重点保护植物14种；有国家一级保护动物5种、国家二级保护动物20种、省级保护动物46种，被专家誉为"天然氧吧、全国罕见的动植物基因库"。

6.2.2 认知评价内容与方法

研究通过文献分析、实地考察、问卷调查、管理者座谈、专家访谈等方式对马头山自然保护区管理目标的社区认识进行了研究。调查对象为马头山自然保护区内年龄大于18岁的社会居民与当地农户家中，管理者调查地点选择在当地政府部门。数业局、林业局、国土局的管理者。问卷内容由三个部分组成：（1）对保护区现行政策的响应；（2）对社区共管的认知程度；（3）对保护区未来发展的期望。问题设计采用封闭式和开放式两种形式：封闭式问题便于获得可以进行统计研究的数据，分析不同社会特征的社区居民与管理者对保护区管理目标的认知差异；开放式问题便于深入分析探讨社区居民与管理者对保护区的认知态度。本研究数据收集工作在2013年3月完成，总共获得有效问卷31份（其中管理者问卷8份）。社区居民调查地点选择在农据处理利用SPSS 19.0软件中的频率、描述、交叉表、独立样本T检验来进行。

6.2.3 认知调研数据分析

6.2.3.1 对保护区现行政策的响应

（1）半数以上居民对现行保护政策与措施不满，管理者持中立态度

在对自然保护区现行政策满意度调查中，65.2%的居民表示未从现行政策中受益或遭受损失，仅有13.0%社区居民表示对于现行政策满意，21.7%的社区居民表示保护区的政策（尤其是木材的利用限制）让他们的生活受到较大的影响并表示出不满。而管理者对现行政策主要持肯定或中立态度。在国家将具有保护价值的森林等自然资源划入保护区后，按照有关法律法规，社区居民的部分原始生产生活来源被切断。虽然在保护区建立后社区居民可以通过参与生态农业、旅游经营等方面获得部分直接或间接收益，但从整体来看，自然保护区的收益是以社会生态效益形式由不确定的外部公众获得，而自然保护区建设的成本（损失）主要由社区居民承担，从而使居民产生了对保护区政策的消极情绪。

（2）居民多存在生活条件不佳、就业困难等生活问题

就现状生活状况而言，对社区居民影响较大的因素主要集中在生活条件、就业问题、子女上学问题及医疗条件四个方面，在调查过程中笔者发现马

头山、港西和港边村的居民生活交通不便,社区居民普遍反映子女上学难、医疗条件较差,其实这也是目前国家各自然保护区所普遍存在的问题。社区居民地处偏僻山区,生活基础条件较差,保护区周边自然村交通道路主要为沙土路面,道路状况较差、人员往返不便、物资流通困难,制约了保护区和周边社区的经济发展,也为居民的生活带来了诸多不便。

(3)多数居民希望通过旅游发展、提供更多就业机会来改善生活

对于居民未来生活发展政策的分析得出(表6-3),无论是从当地居民还是管理者的角度来看,促进旅游发展($t=0.31$,$P=0.76$)、提供就业机会($t=0.49$,$P=0.63$)对于促进保护区发展非常重要。有限的耕地难以满足家庭劳动力的安置和经济条件的改善,双方认为农田改良代价较大而能够提供的发展潜力较为有限,所以对此多表现出不赞同的态度($t=0.30$,$P=0.76$)(图6-9)。

居民未来发展政策认知统计表　　　　表6-3

项目内容		社区居民		管理者		均值方程t检验	
		记数	百分比	记数	百分比	t	P
提供就业机会	是	12	52.2%	5	62.5%	0.49	0.63
	否	11	47.8%	3	37.5%		
促进旅游发展	是	19	82.6%	7	87.5%	0.31	0.76
	否	4	17.4%	1	12.5%		
提高教育水平	是	4	17.4%	3	37.5%	1.16	0.26
	否	19	82.6%	5	62.5%		
提供技术培训	是	3	13.0%	5	62.5%	3.06	<0.01
	否	20	87.0%	3	37.5%		
农田改良	是	2	8.7%	1	12.5%	0.30	0.76
	否	21	91.3%	7	87.5%		

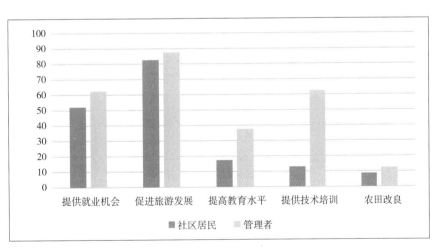

图6-9　居民未来发展政策认知分析图

在提供技术培训的选项上,管理者与社区居民的想法出现了分歧($t=3.06$,$P<0.01$)。社区居民对于发展政策层面的技术培训并不感兴趣,更希望管理者能直接给他们带来经济利益以此推动保护区发展。

6.2.3.2　对社区共管的认知程度

(1)半数以上居民不了解社区共管,管理者对其认知程度较高

对于社区共管的相关知识及具体意义，不知道社区共管的占了65.2%，仅有4.3%的居民表示了解而且会积极参与，13.0%的居民表示了解但不关心。相比之下，管理者对社区共管有着较高的认知程度（均值方程 t 检验：$t=-2.53$，$df=30$，$Sig.=0.017$，$P<0.05$），25.0%的管理者表示了解但不关心，12.5%的管理者表示了解而且会积极参与见表6-4。可见，社区参与的政策需要进一步在社区居民中推广。

社区共管认知程度统计表 表6-4

		社区共管认知程度			
		不知道是什么	听说过但不了解	了解但不关心	了解且会积极参与
社区居民	计数	15	4	3	1
	百分比	65.2%	17.4%	13.0%	4.3%
管理者	计数	2	3	2	1
	百分比	25.0%	37.5%	25.0%	12.5%

（2）社区居民更关心生活改善，管理者更关心传统产业延续

在调查问卷社区共管部分中，通过4个命题项（种植业、养殖业、生态旅游等副业、水电交通事业）来了解居民及管理者对于重点发展项目及扶助项目的态度，其中"最重要"为5分，"较重要"为4分，"一般"为3分，"不太重要"为2分，"不重要"为1分。李克特量表5等级评分平均值在3.5～5之间表示重要，2.5～3.4之间表示一般，1～2.4之间表示不重要（表6-5）。

社区共管重点发展项目认知统计表 表6-5

项目内容	社区居民			管理者			均值方程 t 检验	
	平均值	标准差	赞成率	平均值	标准差	赞成率	t	P
发展种植业	2.74	0.75	8.7%	4.13	0.99	62.5%	4.13	<0.001
发展养殖业	2.43	0.79	4.3%	3.13	1.13	25.0%	1.91	0.06
发展生态旅游等副业	4.35	1.07	87.0%	4.63	0.52	100.0%	0.70	0.49
发展交通、水电事业	3.57	0.99	39.1%	3.13	0.99	25.0%	1.08	0.29

分析得出，社区居民与管理者对发展生态旅游都有着相同的共识，赞成率分别为87.0%与100.0%。而在其他三个项目中，社区居民对于发展交通、水电事业有着很大的诉求（平均值3.57，赞成率39.1%），而管理者却对于种植业的发展有着较大的偏好（平均值4.13，赞成率62.5%），希望农耕等传统产业在自然保护区得到延续，但在调查中笔者了解到社区居民已经很少参与农事活动且人均耕地面积很小，所以他们认为种植业的发展与他们的生活质量关系不大。而基础设施尤其是交通的发展直接影响到了他们与外界的联系程度，社区居民更希望能从基础设施的发展中获益（图6-10）。

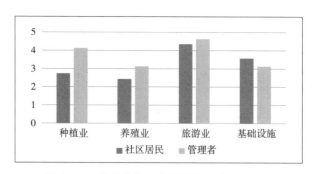

图6-10 社区共管重点发展项目认知分析图

社区共管重点扶助项目认知统计表 表6-6

项目内容	社区居民			管理者			均值方程 t 检验	
	平均值	标准差	赞成率	平均值	标准差	赞成率	t	P
资金扶助	4.26	0.86	82.6%	4.50	0.76	87.5%	0.69	0.49
技术信息扶助	3.00	1.09	26.1%	4.00	0.54	87.5%	2.48	<0.05
政策优惠	3.87	0.87	65.2%	4.25	1.04	87.5%	1.02	0.32

通过居民扶助项目的偏好统计中可以看出，社区居民与管理者都赞同资金扶助的形式（赞成率分别为82.6%和87.5%），而在技术信息扶助层面（$t=2.48$，$P<0.05$），社区居民赞成率仅为26.1%（管理者为87.5%），表现出社会居民希望获得更为直接的资金扶助或政策优惠（表6-6，图6-11）。

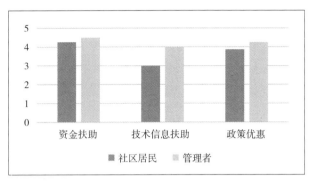

图6-11 社区共管重点扶助项目认知分析图

6.2.3.3 对保护区未来发展的期望

（1）居民与管理者在外出打工、移民方面存在较大认知差异

结合马头山自然保护区的社会经济特征，本研究设计了5个政策情景以了解社区居民及管理者的响应（表6-7）。依照响应居民的样本统计，当地居民对不同政策情景选择的意愿依次为：从事旅游业（4.74）、外出打工（3.52）、移民（2.74）、维持现状（2.39）、市场化种植（2.26）。依照响应管理者的样本统计，当地管理者对不同政策情景选择的意愿依次为：从事旅游业（4.25）、移民（4.00）、市场化种植（3.63）、维持现状（3.00）、外出打工（2.38）。

相对于移民政策，当地居民对从事旅游活动和外出打工表现出较大的兴趣，这和当地居民已经获得利益或看到这两个政策的效果有关。在马头山自

居民生活发展政策认知统计表　　　　　　　表6-7

项目内容	社区居民			管理者			t检验	
	均值	标准差	赞成率	均值	标准差	赞成率	t	P
移民（搬出保护区）	2.74	1.32	17.4%	4.00	1.41	75.0%	2.28	<0.05
外出打工	3.52	1.20	47.8%	2.38	1.06	12.5%	2.39	<0.05
从事旅游业（经营民宿、农家乐等）	4.74	0.69	95.7%	4.25	0.89	75.0%	1.61	0.12
实行市场化种植（经济作物、林下产业等）	2.26	1.05	13.0%	3.63	1.19	75.0%	3.06	<0.05
继续现在生产生活方式	2.39	0.72	0.0%	3.00	1.51	37.5%	1.52	0.14

然保护区中，外出打工是居民的主要生活来源；旅游虽然处于初步发展阶段，居民可获得的收入非常有限，但他们对旅游未来发展的前景充满信心。

同时统计分析表明，在移民（$t=2.28$，$P<0.05$）、外出打工（$t=2.39$，$P<0.05$）、实行市场化种植（$t=3.06$，$P<0.05$）这3方面的偏好程度上，管理者与居民的想法有着较大的出入。管理人员希望能通过移民一劳永逸地解决保护区内保护和发展的矛盾，但同时又不希望大量的青壮年劳动力外出打工，导致县内劳动力缺失，大量"空心村"情况的出现。而在实行市场化种植方面，林业局、农业局的管理者希望能更多发展经济作物、林下产业提高全县经济收入，但社区居民因人均耕地面积较小却多为自给自足，对农业发展带来的收入兴趣不大（图6-12）。

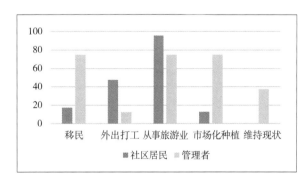

图6-12 居民生活发展政策认知分析图

（2）居民与管理者对参与旅游表示乐观，但居民普遍不愿参加旅游规划

统计分析表明管理者与社区居民对于保护区设立后的期望并未出现显著差异，在放宽保护区政策（$t=1.53$，$P=0.14$）、发放补贴（$t=0.86$、$P=0.40$）、

发展旅游（$t=0.38$、$P=0.97$）、增加管理力度（$t=1.96$、$P=0.06$）四个方面，双方持相似态度，见表6-8。

保护区设立后的期望统计表　　　　表6-8

项目内容		社区居民		管理者		均值方程t检验	
		记数	百分比	记数	百分比	t	P
放宽保护区政策	是	5	21.7	4	50.0	1.53	0.14
	否	18	78.3	4	50.0		
发放补贴	是	5	21.7	3	37.5	0.86	0.40
	否	18	78.3	5	62.5		
发展旅游	是	20	87.0	7	87.5	0.38	0.97
	否	3	13.0	1	12.5		
增加管理力度	是	2	8.7	3	37.5	1.96	0.06
	否	21	91.3	5	62.5		

在对参与旅游开发的态度调查问卷中，通过6个命题项来了解居民与管理者对于旅游开发的态度和行为，正向评分，即不愿意选择计1分，不太愿意计2分，一般或表示中立记3分，较愿意记4分，非常愿意记5分。

从表6-9可以看出，大部分社区居民（82.6%）及管理者（87.5%）对参与旅游开发持乐观态度，社区居民中86.7%愿意自主经营一些旅游接待项目，65.2%愿意受景区或旅游企业聘用，但只有21.7%愿意参与旅游规划，30.4%愿意参与环境保护和资源管理。可见，居民参与旅游开发受经济利益驱动明显，对环境重要性的认识不高，没有认识到环境和资源是发展旅游业的基础和前提。另外，教育培训选项平均分和支持率都很高，说明社区居民对知识和技能的强烈渴望，见图6-13。

在自主经营旅游项目方面（$t=2.65$，$P<0.05$），管理者认为目前"空心村"现象严重，并没有足够的劳动力进行项目经营，但社区居民认为只要有较好的工作机会与经济利益，他们家庭中的中青年愿意返回家乡工作。在参与旅游规划方面（$t=2.06$，$P<0.05$），居民相对于管理者而言对于规划的参与认识度很低，不愿积极参与到规划中来。

参与旅游开发的态度统计表　　　　表6-9

愿意参与项目内容	社区居民			管理者			t检验	
	均值	标准差	赞成率	均值	标准差	赞成率	t	P
积极参与旅游开发	4.22	1.04	82.6%	4.00	1.31	87.5%	0.48	0.64
自主经营旅游接待项目	4.39	0.84	86.7%	3.38	1.19	50.0%	2.65	<0.05
参与旅游规划	2.57	1.24	21.7%	3.63	1.30	62.5%	2.06	<0.05
参与环境保护和资源管理	3.35	1.03	30.4%	3.88	1.55	75.0%	1.09	0.28
受旅游区或旅游企业聘用	3.87	1.10	65.2%	3.63	1.30	62.5%	0.52	0.61
参与旅游教育和培训	3.83	1.15	65.2%	3.88	1.13	62.5%	0.10	0.92

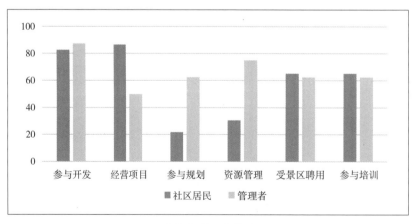

图6-13　参与旅游开发的态度分析图

6.2.4 基于认知评价的管理对策

保护区发展与当地社区居民的生活不可分割，而管理者与社区居民对于保护区管理目标的认知差异往往会成为保护区与社区之间冲突的源头。通过社区居民和管理者两个不同利益团体对保护区生活现状、相关政策的响应以及对保护区未来发展的态度，来分析影响保护区和社区关系的因素，具有较强的针对性。当地居民的响应是建立在其利益与保护区管理目标及相关政策相互作用的基础上，能够较为客观地反映主观意愿与客观事实，为保护区未来管理提供参考。

（1）建立保护区与居民长期稳定的利益共享机制

自然保护区应在设法提高社区经济发展水平、生活条件和文化教育水平的同时，减少社区的不利影响，鼓励社区为生物多样性保护服务，这样才能够最终实现保护区与社区之间的协调共进。所以对保护区居民而言，保护区建立后没有健全有效的生态补偿机制，是造成自然保护区与社区居民矛盾冲突的客观基础。自然保护区可以利用实验区及其外围地带良好的环境基础发展低强度、生态化的二产、三产，逐渐实现产业多元化发展，为当地社区提供补贴。

（2）通过多种渠道加强公众参与社区共管

社区共管作为我国自然保护区管理模式的一种有益探索，充分兼顾了当地政府和社区居民的利益，已显示出了其所具有的独特优势。通过社区共管可以有效调动居民的参与热情，建立起能够促使不同利益相关者积极参与共管的激励机制，从而加强自然保护区社区的自身发展能力。此外，居民对于社区共管的认知程度较低（17.3%），管理部门应加强社区共管相关知识的宣传，加强居民参与自然保护区保护和发展的意识，使得当地社区能和管理者共同参与到自然资源管理、决策、实施和评估的整个过程中。

（3）采取多种政策增加当地居民的就业机会

自然保护区就业机会的匮乏往往致使县内劳动力的大量流失，社区青壮年劳动力外出打工又导致了大批"空心村"出现，所以如何安排好群众的生产、生活工作是保护区最重要的问题之一。保护区要逐渐走出消极保护的困境，通过保护区产业带的建立为本地经济建设和社区发展做出积极贡献，增加当地居民的就业机会，协调好社区群众与资源保护的关系。

（4）依据管理目标逐步实施有针对性的移民

在自然保护区社区居民的搬迁问题上，管理者往往会希望通过移民一劳永逸的解决保护区内保护和发展的矛盾，但实际研究结果表明大部分社区居民并不愿意离开自己的家乡。从保护区可持续发展角度来看，把群众全部迁离保护区的绝对保护在我国并不可取。地方政府可以通过政策制定与规划，有针对性地鼓励一部分居民逐步到区外发展，在区外进行民宿建设，在改善他们生活条件的同时，可结合生态旅游产业提高当地居民的经济收入。

（5）调动居民参与保护和生态旅游的积极性

自然保护区社区居民了解当地社会、文化、环境和资源状况，这些信息在自然保护区的建设规划、资源调查、环境监测和评价、资源保护和利用中都有非常重要的作用。此外，当地居民无论是参加自然保护区的建设管理还是在政府指导下开展生态旅游，都可以节省工资、住房、交通和建设其他生活服务设施所需费用，并使部分居民从依赖和利用资源转向从事资源管理工作，缓解当地社区对资源保护的压力。

总之，只有探寻一种能有效促进保护区与社区协调发展的机制，才能在真正意义上化解保护区与社区的内在矛盾，从而将自然保护区的管理和社区发展政策结合，促进自然保护区可持续发展。

6.3 社区共管与自然保护区有机分区

社区共管是世界自然保护的成功经验，社区共管的实施需要与之相适应的资源保护利用体制、政策及其规划策略，社区共管的核心是保护区内及其周边地区居民积极参与自然保护区资源保护，并在保护中受益。在保护区与居民之间存在3个关联点：生产、生活与聚落。以聚落为中心的生产生活行为直接表现资源的保护状态以及人地关系的和谐程度。本文针对自然保护区传统分区模式中自然保护与地方居民对立性问题，探讨基于社区共管理念的自然保护与地方居民共生协同发展的分区模式。

从1956年我国建立第一个自然保护区——广东肇庆鼎湖山自然保护区以来，截至2011年底我国大陆已有自然保护区2541处，占国土面积的14.93%（中华人民共和国环境保护部，2012），初步建成了类型比较齐全的自然保护区网络。自然保护的宏观格局基本建立，但自然保护作为一项国策正面临前所未有的困惑与挑战，很多自然保护区在市场经济浪潮中不断被经济开发和工程建设项目所蚕食，其保护价值和科学价值正在丧失，一些重要的国家级自然保护区甚至面临解体危机（沈孝辉，2012）。其中最为重要的原因就是保护区管理对地方居民及利益相关者实际需求关注不够，对自然保护区的生态属性认识不够，没有从科学的角度正确处理人类活动与自然保护区的生态关系，"封闭式"的管理方式直接导致自然保护区与地方发展需求的矛盾日益突出（San，2006），使自然保护区的发展遭遇瓶颈。科学合理的功能区划是发挥保护区多重功能、实施有效管理的关键因素和保障手段，也是自然保护区有效管理和可持续发展的关键。

6.3.1 传统分区模式存在的问题

（1）分区模式

目前，各国保护地最为普遍采用的分区模式是1974年联合国教科文组织"人与生物圈"提出的"核心区/缓冲区/实验区"同心圆模式。这种概念上的界定与实际保护地管理存在一些模糊空间，如核心区、缓冲区、实验区边界的界定以及人类活动程度的量化界定等，这些模糊性直接导致实际管理中的不确定性，在保护与发展的平衡点上发生倾斜，必然引发很多矛盾。

传统分区模式的优势在于简单和易于实施，直观明了，但是它是静态的、机械的、封闭的，是将人与自然作为对立的两个实体，保护地的发展将人类拒之门外，而忽视科学管理的作用。首先，三区边界线一旦被确定之后，长时间使用性质都不会发生更改，默认了保护地的某些场地永久"关闭"，相对的某些场地长期开放。实际情况是不同类型的自然保护区通过使用强度和时间的调控完全可以实现保护与发展双赢，如野生植被类型自然保护区可以根据植被的抵抗能力和恢复能力，在不同的季节对某些场地实施关闭与开放；野生动物类型的自然保护区则可以在保护物种繁殖和迁移的季节关闭而在其他时间内开放（以保护食物链顶端物种的自然保护区除外）；其次，土地性质和功能不明确，实验区和缓冲区同时承担着保护与开发的双重目标，但是对于区域内土地的性质以及土地能够使用的程度界定模糊，因此，对于诸如放牧、偷猎、采集、农耕地的侵蚀等问题才难以解决；再次，自然保护区内的核心区严禁人类活动的干扰，这种封闭的保护措施不会得到当地居民的支持，因为很多位于保护地内或者附近的居民在保护地没有成立之前依赖于保护地的资源生产生活，在自然保护区建立之后他们不能够继续使用原来的资源，这就造成了当地居民与自然保护区的冲突。因此，"核心区/缓冲区/实验区"三区分区方式存在一定的合理性，但同时也存在明显的不足之处。

（2）分区方法

从20世纪30年代初赖特和汤姆等学者提出"缓冲区"的概念，对于如何确定核心区和缓冲区的边界线各国学者一直都在探讨（Martino，2001）。针对"核心区/缓冲区/实验区"三区划分方式，三区边界的确定不同的区域有不同的判断方法，如核心区有种群生存力分析法、栖息地分布模型法和最小费用距离模型分区法；缓冲区有等宽度分析法、层次分析法和景观阻力面分析法。这几种方法是目前自然保护区功能分区的常用方法，除此之外，还存在一些分区方法，如聚类分析、景观适宜性指数分析法、欧式距离法（最短距离法）等。

上述几种方法是自然保护区分区的主要依据，但是经过多数保护区的实践证明，其出现理论的合理性与现实的失效性现象，主要原因在于功能分区中只考虑到了目标物种的特性而忽视了目标物种栖息地自然环境的性质。不足之处如下：①只注重生物个体或者种群生存的空间适宜性分布，忽视了它们所存在的栖息地生态系统是个有机的整体，对于自然保护区的生态系统稳定性和生态系统敏感性等其他生态属性问题缺乏评估；②以上几种分区方法只是针对自然保护区的核心区或者缓冲区某一个区域划分的方法，因此，对于同一个自然保护区不同的区域边界的界定需要不同的评估方法，而对于同一个自然保护区缺乏一个统一的判断标准；③分区方法自身还存在一定的缺陷，如种群生存力分析法在确定有效种群时候所考虑到的杂合丧失因素缺乏科学的依据，并且没有绝对适用的MVP；最小费用模型和景观阻力面分析法局限性在于阻力层和阻力系数的确立。因此，自然保护区的分区方法还需要进一步完善，这也是未来自然保护区功能分区管理最为重要的任务。

6.3.2 生态系统弹性理论与有机分区

（1）自然生态系统的弹性

自然保护区是一个完整的生态系统，这个系统在长期自然进化过程中，各类要素及其生态过程逐渐形成了一种相对稳定的耦合关系，对外界的干扰具有一定的抵抗力和恢复力，这种特征称之为弹性；当外界干扰超过一定限度时，这种耦合关系将被打破，某些生态过程就会趁机膨胀，出现严重的生态环境问题（刘增文，李雅素，1997），弹性理论为自然保护区资源持续利用以及人地关系的科学处理指明了方向。

自然保护区内的人类活动与生态环境两者之间的相互作用过程恰如"做功"的过程，利益主体（即人）是施力者，而自然生态系统是受力者，整个过程相当于施力者对受力者施力从而导致受力者发生一定程度的弹性变化。在力的相互作用过程中，发生弹性形变的物体的各部分之间由于弹力的相互作用，也会产生一定的弹性势能。弹性势能导致生态系统的稳定性产生改变，我们将这个变化称之为"位移"。如果"位移"在可接受的弹性程度之内，则生态系统的稳定性只会发生量变，保护区内的自然资源是可持续发展的；但是一旦"位移"发生塑性变化，生态系统的稳定性则会发生质变，生态环境质量将会下降，甚至产生不可逆的转变，自然保护区将会出现严重的生态环境问题，生态系统衰退。保护区内土地单元的生态价值决定了生态系统的"弹性势能"位置和大小的空间分布。基于这种原理的分区我们称之为有机分区，根据生态弹性的持续性协调保护地内的人地关系，维护保护地的可持续发展。见图6-14。

（2）有机分区

由于历史的原因，我国自然保护区内存在很多居民点，居民点在前，保护区在后，地方居民在长期的生产与生活过程中形成了独特的人地关系与文化传统，对自然资源的利用方式从文化传承的角度

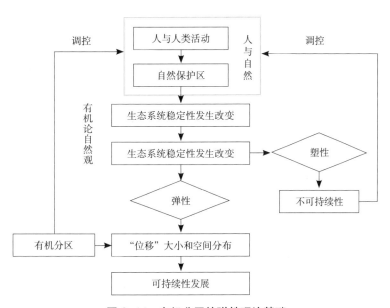

图6-14 有机分区的弹性理论基础

有其合理性一面，但从自然保护的角度存在国家战略与地方利益的冲突，突出表现在居民点迁与留，居民点用地规模与人口规模控制，生产与生活方式改变，生活水平与生活质量提高等，对于这些关系与矛盾的处理好坏直接关系到保护区的持续性。

从世界自然保护经验与我国自然保护30年历程来看，绝对的、机械的、封闭的管理方法面临着巨大的挑战，必须转变思路，吸取国际自然保护经验，改变落后的自然保护观念与理论。自然科学研究与自然保护是两个不同内涵的概念，自然保护的目的是为了自然科学研究，但自然保护是一个政治过程、社会与经济过程，需要协调众多利益相关者与矛盾，不协调这些矛盾保护就无从谈起，即使自然保护区划出来建立管理实体，也难以发挥其应有的作用。必须从单纯的自然保护走向人地关系协调的自然保护，从机械的封闭式保护走向有机的开放式保护，动员各种社会力量积极参与保护，特别是地方居民从对立关系走向积极的保护参与者，从保护中收益。实现这样一种理想，有机分区是一种途径。自然保护区内土地生态系统的弹性机制为有机分区提供了科学的依据，通过开放性和动态性的有机分区方式积极干预与调控自然保护区的土地生态系统。

自然保护区内的人地关系是一个有机统一体，双方利益之中和互惠互利之间均存在一定的地理时空耦合过程，这个耦合以特定的土地单元为载体，有机分区就是通过对不同生态属性的土地单元的划分，建构以自然保护为目标的人地协调系统，使得不同的相关利益者有机融合于自然保护区内的"地"，而自然资源同时能够得到很好的保护。多国保护地的实践证明增加当地社区的权力是一项非常有效的保护措施，保护地内或者附近的居民作为保护地的资产的所有者比作为责任者能够提供更加有效的保护。

有机分区是保护地管理的战略决策，是对未来发展的预测性决策，但是保护地环境的复杂多变，使得战略决策的因素不确定性因素相当多，因此，自然保护区应随着环境的变化不断做出有机分区的调整。管理者应该依据自然保护区土地单元生态价值评估区域内可接受影响的区域、可接受影响的类型、可接受影响的量，调控人类活动。在场地的现状和实践的基础之上不断地调整自然保护区内某些场地的开放与关闭，缓冲自然保护区内的人地冲突，从而维护资源的可持续发展。

6.3.3 有机分区的模型建构

（1）要素与指标

有机分区的突出特征就是保护区基本土地单元的确定，土地的生态特性是由土地本身所包含的生态要素及其生态系统所体现出来的一种特征，不同的土地单元其生态属性必然是不同的，根据土地生态属性对土地单元的生态价值进行评估与赋值，并且依据赋值的结果将保护区内的土地划分为若干数量的土地单元，针对不同土地单元的生态价值差异采取不同的管理和经营方式，实现差异化管理、生态化经营，避免一刀切。见图6-15。

以野生动物类自然保护区为例，保护区土地单元生态价值的判断的标准主要是目标物种栖息地适宜性、生态系统稳定性以及生态系统敏感性等评价

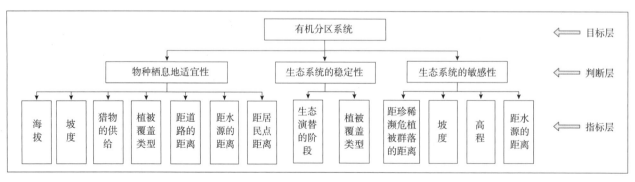

图6-15 有机分区系统评价指标

指标,这些指标同植被、水源、土地等生态要素密切相关。目标物种是自然保护区建立的起始原因,是保护地需要维护永久存在的对象,栖息地的适宜性是最为重要的评价指标,生态系统稳定性和生态系统敏感性是从战略角度维护生态系统安全性最为有效的措施,也是维护目标物种赖以生存的生态系统生态过程和生态功能完整性的前提条件。

(2)概念模型

有机分区的三个重要指标决定了分区的空间分布格局,其概念模型可以表述为:

$$f(e)=f(S_u, S_t, S_e)$$

此式中,e为生态平衡指数,S_u为栖息地适宜性指数,S_t为生态系统稳定性指数,S_e为生态敏感性指数。以坐标系的原点为中心,则栖息地适宜性指数、生态系统稳定性指数和生态系统敏感性指数三个阈值的距离与原点构成一个定长,以此定长旋转建立一个球体,则在空间中到定点的距离等于定长的点的集合形成球的表面。假设生态影响的可控性指数为t,如果t为球的表面一点,则$f(e)=f(t)$时,即为有机分区的"生态平衡点",是有机分区模型的阈值。假设空间中存在一点t':则当t'位于球体表面或者球体内部的点时,$f(t') \leq f(t)$,此时对保护区内土地单元的分区是有机性的,自然保护区是可以维护可持续性发展的;当t'位于球体外部之时,$f(t')>f(t)$,此时对自然保护区内土地单元的分区是非有机性的,同时自然保护区是不能够维护可持续性发展的。见图6-16。

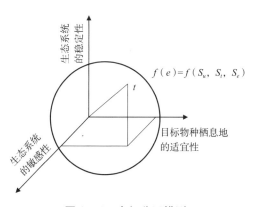

图6-16 有机分区模型

6.3.4 有机分区的关键技术方法

(1)技术路线

以GIS技术为平台,对自然保护区内的土地单元进行有机划分,主要步骤如下:

①对自然保护区内的土地单元进行栅格划分。

②根据栖息地分布模型和栖息地适宜性的评价指标体系对保护地内的目标物种栖息地适宜性进行评估,获得目标物种栖息地适宜性等级分布图。

③依据生态演替的序列和案例区域内植被景观单元景观结构的现状,对自然保护区生态系统的稳定性的评估,获得生态系统稳定性等级分布图。

④采用多因子叠加评价法和等间距评价法对自然保护区生态系统的敏感性进行划分。

⑤基于目标物种栖息地的适宜性、生态系统稳定性和生态系统敏感性空间分布图的结果对保护区内土地单元的生态属性进行叠加分析,并进行评估和赋值,从而获得自然保护区土地单元生态价值空间分布图。

⑥对自然保护区内土地单元可利用强度和等级进行划分,同时完成有机分区的有机分区图。

(2)基于GIS技术的多标准判断法

基于GIS的多标准判断法是对目标物种栖息地适宜性和生态系统的敏感性进行评估分析,分为4个步骤:①确定评价指标体系;②将选择因素的主题图层输入计算机;③用GIS进行空间数据分析,描述栖息地因子的数据光栅处理,并通过回归模型确定;④确定华南虎栖息地适宜性的空间分布和生态系统敏感性的空间分布。GIS多标准判定分析法整合了已经赋予不同权重的输入参数,每一种参数在输出图层的形式都是从源层,并依次分为四个类别组高度适宜/高敏感、中度适宜/中敏感、低适合性/低敏感、不适宜/不敏感。从高到低分别指定为1分、0.75分、0.50分和0.25分(H1——H4)。进一步再对每一个参数进行权重赋值(S1...Sn)。每个的权重是根据每个参数对老虎栖息地适宜性的重要性进行赋值的,同时在赋值的过程中考虑到了从文献和专家知识所获得的生态值,所有的参数最终被整合为老虎栖息地适宜性指数地图。多标准判定法如下:

$$P(O) = EI_1 + EI_2 + EI_3 + L = \sum_n^i S(I_i) H(I_i)$$

EI 是分析中使用到的不同层的组成指数，每一个组成指数是适宜性指数的派生而来，$E(I_i)$ 为第 i 项指标适宜性，$S(I_i)$ 和 $H(I_i)$ 为第 i 项指标权值，$P(O)$ 为生态敏感性指标指数。

（3）生态演替判断法

应用"多样性导致稳定性，稳定性保护多样性"理论，以植被覆盖的景观单元为单位，以植被的垂直结构为依据，结合亚热带森林的生态演替模式对该自然保护区的生态系统的稳定性进行划分，分为：极稳定、稳定、较稳定、不稳定以及极不稳定等5个类型。判断流程如图6-17所示。

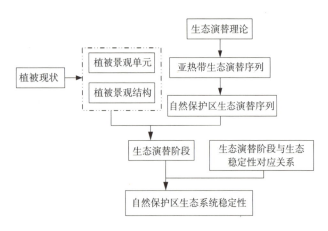

图 6-17　马头山自然保护区生态系统稳定性判断流程

6.3.5　马头山自然保护区有机分区实践

（1）保护区土地单元系统划分

基于上述有机分区的模型、流程和关键技术，获得马头山自然保护区内土地单元生态属性空间分布图，见图6-18；对土地单元的生态价值进行等级划分，即对保护区内土地单元的重要性和可利用性进行等级划分，构建能够维护自然保护区可持续发展的有机格局，见图6-19。

首先，提取自然保护区内生态价值高的土地单元。生态价值高的土地单元是保护区内的生态关键地，实质上指对区域生态安全建设具有重要意义和影响的地段，它涵盖了三个方面：一是目标物种华南虎栖息地高适宜性的空间分布区域；二是能够维护保护地生态多样性的稳定性的植被群落单元；三是对于整个保护区安全具有战略意义的区域，其中，后两者能够维护生态过程的完整性和稳定性。

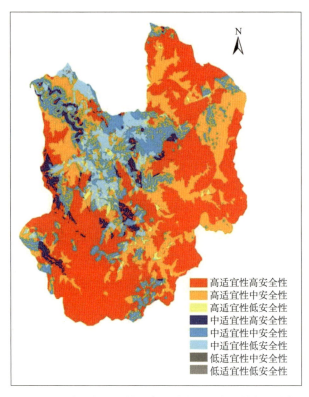

图 6-18　马头山自然保护区内土地单元生态属性空间分布图

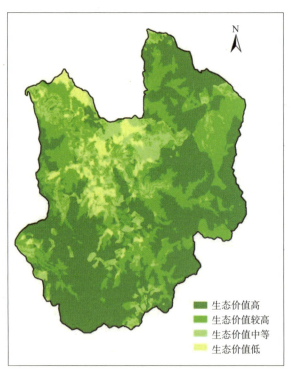

图 6-19　马头山自然保护区土地单元生态价值等级划分图

其次，提取自然保护区内生态价值较高的土地单元。本研究中它们是隶属于保护地内高适宜性中安全性和中适宜性高安全性的区域，一方面它们还是华南虎适宜的栖息地，另一方面是还需要维护一定安全性的区域。它相对于生态价值高的土地单元而言能够提供少量的游憩活动，但是这些游憩活动的类型所造成的生态影响是非污染性的，而且在场地关闭之后生态影响是可以恢复的，其所容纳的游憩人数也是少量的。

再次，提取自然保护区内生态价值中等的土地单元。土地单元生态价值中等级的区域包括了三个部分，一是华南虎高适宜栖息地但是保护地自身生态系统低安全性的区域，二是华南虎中适宜性栖息地保护地生态系统亦为中安全性的区域，三是华南虎适宜性低的栖息地而生态系统为高安全性的区域。这些区域的生态综合属性是中等的，因此它能够提供一定量度的户外游憩活动、必须而少量的服务和简单必要的设施，使其能够让人们有机会体验和欣赏自然保护区内在价值。

最后，提取自然保护区内生态价值低的土地单元。这类单元隶属于生态属性中适宜性低安全性、低适宜性中安全性和低适宜性低安全性的土地集合，由于这些区域生态价值相对于前三者而言比较低，因此可以作为管理、游憩和服务用地。

（2）有机分区模式

依据土地单元的生态价值，结合保护地现状对马头山自然保护区进行生态服务分区。为了保证分区成果的可操作性，同时亦是为了方便管理，对土地单元进行整合划分。整合分区的理念是基于生态保护优先性的角度，如在生态价值高的区域和生态价值中等的交叉区域则将生态价值中等的土地单元划分至生态价值较高的区域内。通过以上分析，马头山自然保护区共分为核心区和缓冲区2个区，其中缓冲区又包括自然环境区、科学试验区、生态游憩区、生产经营区和管理服务区（图6-20，表6-10）。

土地单元划分与生态服务功能的整合是有机分区的核心思想，基于土地生态价值的差异性实现生态服务分区的差异化管理。对比分析有机分区模式和MAB分区模式，则它们的异同点如表6-11。

图6-20 马头山自然保护区有机分区模式图

马头山国家自然保护区有机分区模式　　　　　　表6-10

分区		保护对象	管理目标	公众参与	交通与游憩设施	生态影响
核心区		目标物种高适宜性的栖息地、生态系统稳定的区域以及保护地内高敏感的区域	维持其原生状态	无	无	无
缓冲区	自然环境区	目标物种适宜性、生态系统稳定性和敏感性较高的区域	维持其原生状态	提供少量的游憩活动	无机动车道和环线，简单必要的设施	低，主要是践踏影响
	科学试验区	无	除必要的实验建筑实体和场地之外，禁止大型建筑实体的建造	提供适量的游憩活动	有加以控制的机动车道，简朴自然的设施	少量，接受非污染性并可恢复的生态影响

续表

分区		保护对象	管理目标	公众参与	交通与游憩设施	生态影响
缓冲区	生态游憩区	自然景观	维护自然景观，进行必要的生态恢复和重建	提供适宜的游憩机会	有公共机动交通	适量
	生产经营区	无	控制生态灾害	提供一定的游憩机会	有公共机动交通	适量
	管理服务区	无	控制游憩活动类型、人口数量规模	提供广泛的游憩机会	有直达的机动交通工具，相应的服务和设施以及服务中心	一定数量范围内，污染性生态影响必须进行相应的处理

MAB分区模式和有机分区模式的异同点　　表6-11

分区模式	MAB分区模式	有机分区模式
相同点	充分考虑了目标物种栖息地适宜性的空间分布	
不同点	①有机分区模式不仅考虑到目标物种栖息地适宜性的空间分布，同时对保护区生态系统的稳定性和敏感性进行分析，构建了整个自然保护区的生态系统的有机格局； ② MAB采取的是"核心区/缓冲区/实验区"的同心圆划分法，有机分区模式是采取"核心区/缓冲区"2大区"自然环境区/科学试验区/生态游憩区/生产经营区/管理服务区"五小区的划分法	
优点	简单，方便操作	①对于保护区内土地单元生态价值进行赋值，对各个区域的划分更具有科学依据； ②对缓冲区的细化分析，明确了保护区内土地利用的性质和强度； ③与国际保护地的分区模式形成匹配关系
缺点	①模糊了缓冲区和试验区土地的可利用性程度 ②边界的确定忽略了生态系统的安全性	涉及的因素众多，资料收集困难

6.4 保护地社区可持续性评价与调控

目前，我国保护地风景社区正遭遇来自国家政策层面、旅游开发建设以及规划管理三方面的外部挑战，以及来自风景社区的人口、土地、水、经济产业、风俗文化以及生态环境等内部因素的威胁。要妥善解决风景社区的诸多问题，使其走上可持续发展道路，科学的管理调控是主要措施，也是最为直接有效的方法。然而，我国尚未形成完善的风景社区调控体系，一般以《风景名胜区规划规范》GB 50298-1999中的"居民社会调控规划"的相关规定为调控的主要依据。该专项规划的规定给规划者充分弹性的同时，也存在主观臆断的可能，使此专项规划的科学性受到影响。有鉴于此，本节对保护地风景社区可持续性评价与调控的研究，期望能为风景社区调控与管理提供一个基于科学评价依据，帮助风景社区走上可持续的道路。

6.4.1 风景社区可持续性机理

6.4.1.1 风景社区

保护地风景村落指："坐落于保护地，以传统乡土村落为依托，融生活态的美、浓郁的民俗文化以及生态的栖居传统于一体的当地村民生活共同体（IUCN，1994）。"它一般均具有50年以上的建村历史，且具较高的美学与历史文化价值，是农业文明时期人类适应自然环境的一种生存方式。风景社区在我国各类保护地中大量存在，是保护地不可或缺的组成部分，是风景资源保护与利用无法回避的直接利益相关者，对保护地的可持续发展意义重大。

风景村落作为学术研究对象实体，归口于遗产保护领域，具有科学研究、历史文化以及艺术审美等三方面的核心价值。风景社区与普通乡村社区的基本构成要素是一致的，主要有"人口、地域、文化、认同感"，而在村落风貌上却至少有三方面的区别，具体表现为：更强烈的村落美感；更浓郁的习俗传承；更具乡土特色的传统民居建筑。按照社区的经济形态为分类依据，可把风景社区分为农、林、牧、渔四大类型。风景社区具有多种价值，其中"科学研究价值、历史文化价值以及艺术审美价值"是它的核心价值。风景社区的起源与村落形成一致，其发展则随社会科技、保护地建设、旅游等诸多因素的发展而发展，并且当外界的发展建设活动过度利用了风景社区的资源，影响其文化的传承，则将导致风景社区的衰退。

6.4.1.2 风景社区可持续性

可持续性思想既古老又年轻，早在3000年前的中国就有了它的萌芽，而作为学术概念的"可持续性"（sustainability）直到20世纪80年代才正式提出。对可持续性的认识是不断发展的，其中，《我们共同的未来（Our common future）》（1987）中对可持续发展给出的解释被当成学术界对可持续性研究的基础。

本研究在借鉴国内外学术界对可持续性认识的基础上，结合对风景社区这一具体对象的界定，把"风景社区的可持续性"定义为："以不损害风景社区的核心价值、不丢失风景社区的本源特征为前提，科学保护与合理利用社区所处地理空间中的风景资源，保证当地村民及其后代以不低于同期社会生活水平的状态持续长久生存的能力。"

根据上文对"风景社区可持续性"概念的界定，可以得出该概念所蕴含的三方面内涵：

（1）对风景社区核心价值及本源特征的保持

风景社区的核心价值和本源特征是它必须长久保持和传承的对象，如果核心价值和本源特征受到损害乃至消亡，则该风景社区异化为普通乡村社区。

（2）对风景资源的科学保护与合理利用

风景社区的风景资源是风景社区谋求可持续的有利条件，也是其本源特征与核心价值的载体。科学保护和合理利用风景资源是风景社区谋求可持续的必要举措，若风景资源破坏殆尽，则该风景社区异化为普通乡村社区。

（3）对社区社会经济水平的要求

风景社区的主体是人，只有风景社区的村民们能够在社区中获得不低于同期社会生活水平的生活条件，才能留住村民。如果风景社区中的村民大量长期外流，则风景社区的物质载体——村落（包括村中建筑与村域的生产性土地）必会因为长期无人经营而败落，从而使风景社区走向消亡。

6.4.1.3 风景社区基因

在对"风景社区需持续对象"分析的基础上，在文化生态学"文化核"❶和生命科学"基因"概念的启发下，提出"风景社区基因"概念。风景社区基因是风景社区需持续的对象，它以风景社区的风景资源为载体，以风景社区的本源特征（文化、生态、美）为表征，以风景社区的核心价值（科学研究、历史文化、艺术审美）为其价值导向。鉴于该概念的提出，风景社区的可持续性可被解释为："当地村民及其后代以不低于同期社会生活水平的状态，持续长久地保持风景社区基因的能力。"

（1）风景社区基因外显特征

风景社区基因的外显特征有三：一是浓郁的乡土民俗文化，二是原生态的栖居传统，三是高品质的活态风景之美。在这三个外显特征中，审美特征是最能被人通过视觉直接感受的，栖居传统则是需要在视觉为主的基础上辅以其他感官的共同参与来感受，乡土民俗文化则需要一种时空综合的多感官直接与间接以及自身经验等结合的沉浸式体验。虽然这三个特征的感受方式不完全一样，但它们都具有或部分具有综合、直观、感性、具象的特点。

（2）风景社区基因的内部结构

和所有的生命体基因一样，风景社区基因的内部也是一系列储存遗传信息的因子，是一个具有层次结构的系统。借用生命体基因的结构模型来使之形象化。风景社区基因外显特征与内部信息因子存在对应关系（图6-21）。

---

❶ 文化生态学的创始人斯图尔德提出"文化核"（cultural core）概念，意指：与特定非自然环境相联系的文化要素，包括社会、政治和宗教类型，是文化相互区别的关键因素（曹娟，2005）。

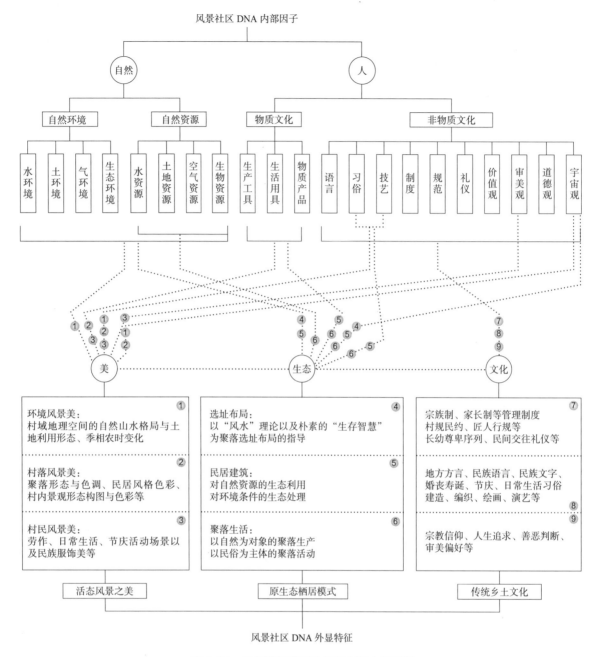

图 6-21 风景社区基因外显特征与内部因子

6.4.1.4 风景社区基因与可持续性的关系

风景社区基因外显特征是风景社区区别于其他乡村社区的关键特征，也是风景社区需持续的核心。风景社区的可持续性则是它持续保持和提升风景社区基因品质的能力。二者之间不存在直接的正比或反比关系，即并不是具高品质风景社区基因的风景社区可持续性就强，反之亦然。但不可否认，风景社区基因品质的高低与其可持续性之间存在一种潜在的联系：风景社区基因品质越高，其价值越高，而价值越高则获得外界（包括地方、国家甚至国际）积极力量（政策、资金等方面）的机会和力度都会相应地增加，从而有助于该风景社区的可持续。

如果一个风景社区的基因得以持续，那么就表示该风景社区得以持续。风景社区基因有其形成与发展的自身机制，只有该机制可持续，风景社区基因才能可持续。也就是说，风景社区基因与其可持续性不存在直接的关系，真正对风景社区可持续性起作用的是风景社区基因的形成与发展机制。

风景社区基因形成与发展系统是一个随着时间不断发展的半开放（半封闭）系统。在这个系统中，始终进行着风景社区基因的创造与传承活动，其中任何一个活动的终止都将导致风景社区基因形成系统的不可持续。持续的风景社区基因创造力和强大的风景社区基因传承力是风景社区基因形成机制可持续的条件。

在风景社区基因形成与发展系统中，人（风景社区原住民）作为其中唯一具有主观能动性的因子，在风景社区基因的创造与传承中扮演着创造者和传承者的角色，是风景社区基因创造与传承的关键因子，对风景社区基因的创造和传承起着决定性的作用。风景社区原住民的保障系统是风景社区人类生态系统。

综上所述，风景社区的可持续性取决于它的人类生态系统的可持续。

6.4.2 风景社区可持续性评价方法

6.4.2.1 评价方法基础

风景社区可持续性评价的方法基础至少应有三方面的理论：一是帮助确定评价方法的风景社区可持续性认识；二是与认识同一视角的，可被作为参照系的，相对成熟或权威的具体评价方法；三是纯粹从评价学科视角出发的成熟理论。

（1）风景社区可持续性认识

风景社区可持续性认识是通过对"风景社区真正需要持续的是什么？"这一问题的深入讨论与分析形成的，主要包括对风景社区的认识、对风景社区可持续性的认识以及对风景社区可持续性关键因子的认识三方面。

风景社区基因的形成与发展机制与风景社区可持续性密切相关。结合风景社区基因概念，风景社区可持续性则可解释为："当地村民及其后代以不低于同期社会生活水平的状态，持续长久地保持风景社区基因的能力"，这是一个由风景社区自然、风景社区原住民、风景社区基因构成的半开放的工作系统。其基本工作原理可被描述为："风景社区原住民在自身生存与发展的内部驱动力与经济、技术、政策、文化等系统外力作用下，以思想和技能为指导，以生产和生活为方式，从风景社区自然中获取资源，满足需要并不断创造和传承风景社区基因。"

（2）IUCN可持续性评价方法❶

IUCN可持续性评价是一个针对可持续性的结构性分析评价过程。它以一种独特的方式把人类福祉和生态系统福祉融为一体。该方法指导人们提出他们对某特定对象可持续性的愿景和对该对象变化的测定方法来实现这一对象的可持续。IUCN可持续性评价方法既重视提出愿景（包括它的下一级组分和指标）也重视数据结果本身。而把这两者结合则有助于更全面地理解对所评价对象的可持续性，同时通过测定现状与理想的差距得出优先级，从而做出科学决策。IUCN可持续性评价适用于任何层面，从全球尺度到地方尺度。

（3）GEN社区可持续性评价方法❷

GEN的社区可持续性评价（The Community Sustainability Assessment，简称CSA）是一个综合性的检查表，社区中的任何人都可以完成，并从中获得一个对他们社区可持续性状况的基本感知。CSA这个评估工具适用于任何社区。虽然CSA要求填表人具有对社区生活方式、社区实践以及社区特点的良好了解，但并不需要研究、计算和详细的量化。采用CSA进行评估需要花费社区个体成员大约2~3个小时，也可由一组社区成员分多次共同完成。

（4）综合评价学

综合评价学是一门方法论学科，也是一门多学科交叉的边缘学科。从哲学高度看，综合评价技术是一种认识手段，一种定量认识客观实际的手段，它使我们能够从纷杂的现象中把握事物的整体水平。综合评价学的基本研究内容有七：一是综合评

---

❶ IUCN可持续性评价体系的相关信息来自IUCN网站资料整理 http://www.iucn.org。
❷ GEN可持续性评价体系的相关信息来自GEN网站资料整理 http://gen-europe.org。

价基本理论问题；二是综合评价指标体系理论；三是评价权数方法；四是综合评价效用函数法原理；五是综合评价的多元统计分析法；六是综合评价的系统分析方法；七是综合评价技术中的特殊技术问题（苏为华，2005）。

6.4.2.2 评价模型

结合综合评价学对评价模型的普遍性界定，提出风景社区可持续性评价体系的评价模型集合，该集合具有思维过程特征并且与实际操作流程相匹配。具体而言，风景社区可持续性评价模型集合的各子模型分别为：可持续性概念模型、指标逻辑模型、结论显化模型。

（1）可持续性概念模型

根据风景社区可持续性认识，选择了保障风景社区原住民生存和发展的风景社区人类生态系统作为评价对象。因此，对风景社区可持续性还可解释为：风景社区人类生态系统保障风景社区原住民持续生存和发展的能力。

什么样的人类生态系统是好的（可持续的）？"生态系统如蛋白，环绕并支撑着人类社会系统这一蛋黄，而只有蛋黄和蛋白都好才能说鸡蛋是好的一样，只有人类社会系统和生态系统都好，才能称之为可持续"（IUCN，1997），IUCN 可持续性评价的这一理论设想，形象地描绘了可持续性概念。

GNE 的社区可持续性评价方法则是通过判断一个社区在生态、社会、精神三方面的和谐程度来衡量该社区的可持续性。其中社会、精神两方面都是属于人类系统的范畴，只不过社会的和谐度以人与人之间的关系为着眼点，而精神的和谐度则着眼于人的内在世界。

把 IUCN 和 GEN 的可持续性概念理解进行综合，得出一个"双黄蛋"结构的可持续性概念模型。见图 6-22。

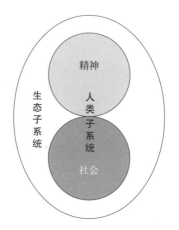

图 6-22　风景社区可持续性概念模型

（2）指标逻辑模型

基于风景社区可持续性"双黄蛋"概念，选择"压力 - 状态 - 响应框架（PSR）"为风景社区可持续性评价指标体系建构逻辑模型（图 6-23）。该框架包括三种指标：一是压力指标，可以描绘出人类活动对环境（包括自然资源的数量和质量）产生的影响；二是状态指标，可以描绘出环境质量和自然资源的数量和质量；三是响应指标，可以描绘出社会对环境变化的响应和关注。

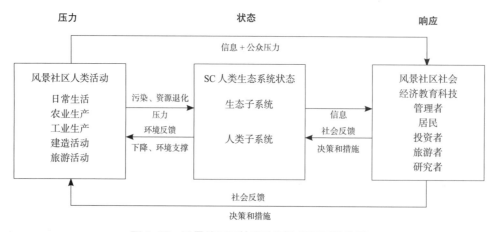

图 6-23　风景社区可持续性评价指标逻辑模型

（3）结论显化模型

本研究以 IUCN 的可持续性晴雨表为评价结果显化模型。见图 6-24。

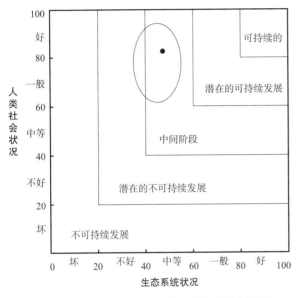

图 6-24 风景社区可持续性评价结果显化模型

6.4.2.3 指标体系

（1）初构结果

依据全面性、科学性、层次性等 7 个一般性原则及灵活性与动态性 2 个特殊原则，进行风景社区可持续性评价指标体系的建构。

（2）指标说明

本研究提出的风景社区可持续性评价指标体系，以 IUCN 的建议指标体系框架为参照，由生态与人类 2 大子系统构成，其中生态子系统包括土地资源、水资源、空气资源、生物资源、资源使用五个评价维度；人类子系统则由人口、财富、知识与文化、社区小社会、公平这五个维度构成。各维度又进一步细分为评价因素（部分可再细分指标评价子因素），每个评价因素都由现状指标（S）、压力指标（P）以及响应指标（R）来表达（表 6-12）。

评价分为两个尺度：自然村尺度和保护地居民社会整体尺度，分述如下。

风景社区可持续性评价指标体系　　　表 6-12

系统	子系统	维度	因素与子因素	指标
风景社区人类生态系统	生态子系统 ecological sub-system A1	土地资源 B1	土地资源数量 C1	S1 可利用生产性土地水平
				P1 土地资源流失事件
				R1 防止土地资源流失措施
			土地资源质量 C2	S2 生产性土地的质量
				P2 土地资源污染事件
				R2 防止土地资源污染措施
			土地资源风景价值 C3	S3 土地资源的风景价值水平
				P3 影响土地资源风景价值事件
				R3 防止土地资源风景价值损失措施
		水资源 B2	水资源数量 C4	S4 可利用水资源水平
				P4 水资源流失／浪费事件
				R4 防止水资源流失措施
			水资源质量 C5	S5 水质
				P5 水资源污染事件
				R5 防止水资源污染措施
			水资源风景价值 C6	S6 水资源的风景价值水平
				P6 影响水资源风景价值事件
				R6 防止水资源风景价值损失措施

续表

系统	子系统	维度	因素与子因素	指标
风景社区人类生态系统	生态子系统 ecological sub-system A1	空气资源 B3	空气资源质量 C7	S7 空气质量
				P7 空气污染事件
				R7 防止空气污染措施
		生物资源 B4	生物资源多样性 C8	S8 生物资源多样性水平
				P8 生物资源多样性减少事件
				R8 保护生物资源多样性措施
			生物资源丰度 C9	S9 生物资源的丰富程度
				P9 影响生物资源丰度事件
				R9 保护生物资源丰度措施
			生物资源风景价值 C10	S10 生物资源的风景价值水平
				P10 影响生物资源风景价值事件
				R10 保护生物资源风景价值措施
		资源使用 B5	资源使用景观多样性 C11	S11 资源使用景观多样性水平
				P11 资源使用景观多样性减少事件
				R11 保护资源使用景观多样性措施
			资源使用景观的质量 C12	S12 资源使用景观级别
				P12 破坏资源使用景观事件
				R12 保护资源使用景观质量措施
	人类子系统 people sub-system A2	人口 B6	人口数量 C13	S13 人口密集水平
				P13 人口密集水平异常
				R13 保障人口正常密集程度措施
			人口质量 C14	S14 人口质量水平
				P14 影响人口质量的事件
				R14 提高人口质量的措施
		财富 B7	设施 C15 设施健全性 C15a 设施风景价值 C15b	S15 基础设施完善程度
				P15 影响设施建设与服务质量事件
				R15 保障设施建设和服务质量措施
			收入 C16 家庭经济收入 C16a 家庭收入来源 C16b	S16 经济收入程度
				P16 影响经济收入事件
				R16 提高经济收入措施
		知识与文化 B8	知识 C17	S17 社区生活知识
				P17 影响社区生活知识获取事件
				R17 保障社区生活知识获得措施
			文化 C18	S18 文化教育程度
				P18 影响文化教育的事件
				R18 改善文化教育措施

续表

系统	子系统	维度	因素与子因素	指标
风景社区人类生态系统	人类子系统 people sub-system A2	社区小社会 B9	约束机制 C19 社会规范 C19a 技术规范 C19b	S19 社区管理机制
				P19 影响社区管理执行事件
				R19 提高社区管理水平措施
			社会感受 C20 社区凝聚力 C20a 社区恢复力 C20b 社区安全感 C20c	S20 社区感受状况
				P20 影响社区感受事件
				R20 增强社区感受措施
		公平 B10	当代公平 C21	S21 当代人社区公平程度
				P21 影响当代社区公平的事件
				R21 增强当代社区公平的措施
			代际公平 C22	S22 代际社区公平程度
				P22 影响代际社区公平的事件
				R22 增强代际社区公平的措施

6.4.3 自然村尺度社区可持续性评价

风景社区可持续性评价在自然村尺度的工作流程分为6个环节，分别为：①评价对象的基础资料收集；②风景社区可持续性评估表的填写；③风景社区可持续性评价指标数据计算汇总；④风景社区可持续性评价结果显化制图；⑤风景社区可持续性评价结论分析；⑥以风景社区可持续性评价结论为依据的管理措施（评价对象的行动指南）。其中环节①为"评价前阶段"，中间四个环节为"评价实施阶段"，环节⑥为"评价后阶段"。

6.4.3.1 资料收集与评估表填写

本节以江西省资溪马头山自然保护区的下张风景社区为自然村尺度的案例地，验证风景社区可持续性评价方法的可行性。基础资料获取途径有两种：一是文献或网站数据抓取❶，二是实地调研直接获得。

马头山保护地规划专家组于2010年至2012年期间到下张风景社区进行实地调研和数据收集。鉴于该风景社区人口外流现象严重，留在村中的人员很少，笔者与专家组成员对所有当时在村中的留守成员进行了详细的半结构访谈，并在当地政府（马头山镇人民政府）组织了相关管理者的座谈会。与马头山林场、资溪县旅游局、资溪县文联等部门的相关人员建立了长期的联络咨询关系，从而获得了包括政府统计数据、村民意见、管理者意见等诸方面的信息与资料，整理后以此为依据进行相应评估项的填写和指标汇总。

6.4.3.2 可持续性评价显化分析

依据指标汇总结果，运用可持续性评价显化模型，得出马头山自然保护区下张风景社区的可持续晴雨表。见图6-25。

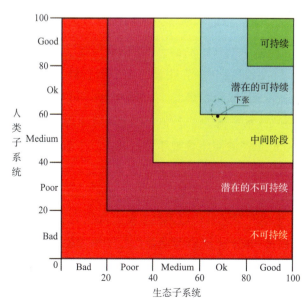

图 6-25 下张风景社区可持续性晴雨表

---
❶ 数据来源于资溪县政府网站 http://www.zixi.gov.cn。

6.4.3.3 可持续性评价结论分析

对下张风景社区的可持续性评价结果进行分析，得出以下结论：

下张风景社区人类生态系统总体处于中间阶段，生态子系统可持续程度略高于人类子系统可持续程度，属于较不平衡发展态势。下张风景社区人在此人类生态子系统中较难获得满足其自然与社会两方面属性要求的生存条件，不有利于风景社区基因的再创造与传承。

下张风景社区人类生态系统的两个子系统的评价维度均存在不平衡的发展态势，其中以生态子系统尤为突出。该生态子系统的五个评价维度（B1土地资源、B2水资源、B3空气资源、B4生物资源、B5资源使用），分别分布于潜在的不可持续阶段（B5资源使用）、中间阶段（B1土地资源）、潜在的可持续阶段（B2水资源、B4生物资源）以及可持续阶段（B3空气资源）四个区间，B5（资源使用）成为该生态系统中的短板。在其人类子系统中，5个评价维度（B6人口、B7财富、B8知识与文化、B9社区小社会、B10公平），分别分布于中间阶段（B6人口、B10公平）与潜在的可持续阶段（B7财富、B8知识与文化、B9社区小社会）二个区间，虽然没有明显的短板，但B6（人口）是五个维度中处于最低水平的。可见，要进一步提升下张风景社区的可持续性水平，重点在于设法提升B5（资源使用）和B6（人口）两个维度。

下张风景社区生态子系统的五个维度内部的12个评价因素存在极为明显的不平衡态势，其中C3土地资源风景价值最低，处于潜在的不可持续阶段，另有C6水资源风景价值、C11资源使用景观多样性、C12资源使用景观质量也同样处于潜在的不可持续阶段。这很好地解释了上文提及的B5（B5细化为C11、C12）为什么是生态子系统的短板。此外，C3土地资源风景价值虽然最低，却因为C1土地资源数量和C2土地资源质量均处于潜在的可持续区间，所以在上文的分析中没有暴露B1土地资源的不足（B1细化为C1、C2、C3）。同样，C6水资源风景价值很低，处于潜在的不可持续阶段，但因为C4水资源数量和C5水资源质量均处于可持续阶段，故而在上文的分析中没有暴露B2水资源的不足（B2细化为C4、C5、C6）。可见，要提高下张风景社区生态子系统的可持续性水平，应该重点设法提升C3土地资源风景价值、C6水资源风景价值、C11资源使用景观多样性、C12资源使用景观质量这4个评价因素涉及的方面。

下张风景社区人类子系统的五个维度内部的15个评价因素（包括子因素）分布极不平衡，从不可持续阶段到可持续阶段这5个区间均有分布。其中，C20b社区恢复力最低，处于不可持续阶段，C15a设施健全性、C20a社区凝聚力为次低，也处于潜在的不可发展阶段，另有C14人口质量、C16a家庭经济收入、C18文化、C19b技术规范、C22代际公平等5个评价因素（包括子因素）处在中间阶段。而在上文分析中发现的短板B6，其细化的C13、C14两个评价因素并不是这15个评价因素的最低值，而是由于二者均值低的缘故。因此，要提高下张风景社区人类子系统的可持续性水平，应该重点设法提升所有处在中间阶段以下的8个评价因素（包括子因素）涉及的方面。

下张风景社区以生物资源风景和设施风景为主要特征，其风景特征项总体得分不高，说明目前下张的风景社区基因品质一般，需要重点保护与提升。在7个表现风景社区特征的评价因素（包括子因素）中，C3土地资源风景价值最低，处于潜在的不可持续阶段，C6水资源风景价值、C11资源使景观多样性、C12资源使用景观质量这3项也处于潜在的不可持续阶段，另有C18文化处于中间阶段。这5个评价因素（包括子因素）是提升下张的风景社区基因品质的关键。

下张风景社区人类生态系统面临的压力分布极广，且压力力度较大。下张风景社区对所面临的压力基本上没有作出响应，在17个压力项中，仅对其中的3项作出了响应，且仅有1项高于压力值。因此，下张风景社区迫切需要提高其社区的社会经济、教育科技响应力，才能保障其人类生态系统的健康发展，从而满足风景社区人自然属性和社会属性两方面可持续生存的需求。

6.4.3.4 基于评价的调控管理措施

根据风景社区可持续性评价结果及其分析，得出的下张风景社区待提升项（处于中间阶段、潜在的不可持续或不可持续阶段，表6-13）。下张风景社区的弱项比较多，需要以人口策略、风景策略、经济策略、管理策略等方面的努力来提升下张风景社区的可持续水平。在保持目前风景社区所处可持续性水平的前提下，争取在下一个五年中进入潜在的可持续阶段（人类子系统与生态子系统评价值在60至80之间）。

下张风景社区人类生态系统中待提升项　　表6-13

子系统	维度	因素（子因素）
生态子系统 A1	B1 土地资源	C3 土地资源风景价值
	B2 水资源	C6 水资源风景价值
	B5 资源使用	C11 资源使用景观多样性
		C12 资源使用景观质量
人类子系统 A2	B6 人口	C13 人口数量
		C14 人口质量
	B7 财富	C15a 设施健全性
		C16a 家庭经济收入
	B9 社区小社会	C20b 社区恢复力
	B10 公平	C22 代际公平

（1）人口策略

人口策略的制定，一方面是鉴于B6（人口）是评价维度层面的短板，另一方面是因为多项评价因素，如C19b（技术规范）、C20a（社区凝聚力）、C20b（社区恢复力）与人口的数量和质量有着密切的关系。此外，若是人口不大量外流，则能够解决土地荒芜的问题，从而提升C3（土地资源风景价值）。

①控制人口外流。下张风景社区人口大量外流，其原因是社区经济落后，农户收入水平低，无法满足村民日益增长的社会文化经济等诸多方面的需求。而经济落后的直接原因是交通闭塞，使村民守着"宝山"而无法获取经济效益。因此，控制人口外流策略，一是要加强交通设施建设，二是要积极发展社区经济，才能真正地留住村民。

②提高人口质量。下张风景社区人口质量偏低的原因一方面是受教育程度低，文盲率高，另一方面是当地基础教育质量不高，导致升学率低。因此，提高人口质量，一是要社区和当地政府重视文盲人口的"脱盲"工作，二是加大对适龄儿童的基础教育投入，提高教育质量。

（2）风景策略

风景策略的制定，一方面是鉴于4个风景特征项（C3 土地资源风景价值、C6 水资源风景价值、C11 资源使用景观多样性、C12 资源使用景观质量）为待提升项，另一方面是根据对下张风景社区实地调查的情况来决定的。

风景策略为依托马头山国家级自然保护区，积极保护和合理利用风景资源，努力营造资源使用景观；挖掘下张闽浙赣第一党支部的革命文化特色，打造爱国主义教育基地。对已有设施，特别是年久失修的传统民居（闽浙赣第一党支部旧址），实行保护性修葺。

（3）经济策略

经济策略的制定，一方面是以待提升项C15a（设施健全性）、C16a（家庭经济收入）为根据，另一方面C20b（社区恢复力）也与社区的经济有着密切的关系，成为提出经济策略的依据。

①积极寻求资金，恢复闽浙赣第一党支部旧址，以此为红色旅游资源，与马头山保护地旅游开发相结合，发展旅游经济。

②寻求政府或其他途径的建设资金，改善基础设施状况，并优先考虑交通设施的建设，便于农户把农林产品（主要是竹材）运出深山，获得经济效益。

③积极寻求科技支撑，引入生态农业技术，提高土地产出的附加值，改善农户家庭经济状况。

（4）管理策略

管理策略的制定，则是以待提升项C15a（设施健全性）、C20b（社区恢复力）、C22（代际公平）为主要依据，同时C19b（技术规范）、C20a（社区凝聚力）也是需要考虑的因素。

①当地政府积极提高社区管理者的综合管理水平。鼓励管理者走出去，学习先进风景社区的管理

经验,通过各种学习培训的形式,提高管理者素养,为风景社区管理打下坚实的人才基础。

②加强对社区生活生产中所涉及的各项活动的技术规范的学习和宣传,并监督其执行。可以组织村民参加相关的培训和学习,如农业生产中的农药化肥施用、生产生活中的污水处理等,养成良好的生态生产生活习惯。

③努力提升社区凝聚力水平。一方面,组成留守村民的互助合作团体,重点帮助缺乏劳动能力的老人孩子;另一方面,积极联系外出村民,随时了解情况,并相互分享信息,形成异地凝聚力。

④努力宣传可持续思想,特别要注意代际公平思想的宣传,不仅使社区管理者理解这一思想的重要性,并且要向每一个社区村民宣传,力求群众理解并贯穿于日常生产生活中。

6.4.4 马头山保护地居民社会调控规划

风景社区可持续性评价(SCSA)纳入到保护地居民社会调控中的工作流程共有5个环节:

第一步:保护地居民社会现状研究。在该环节中需要形成对该保护地居民社会的系统性认识,具体包括:了解该保护地居民社会的社会经济概况,分析他们的人口结构、人地关系、产业结构、经济收入,并对所有居民点的建筑、景观、民俗等与保护地风景社区基因外显特征密切相关的因素进行特征研究。

第二步:整体尺度的保护地风景社区可持续性评价。评价步骤同自然村尺度。该评价结果与分析将作为下一步居民社会调控规划策略制定的主要依据。

第三步:提出调控策略。在保护地居民社会现状研究和风景社区可持续性评价(SCSA,整体尺度)分析结论的基础上,提出调控策略。主要包括调控目标、调控原则以及具体的调控措施等内容。其中,调控目标和原则均以保证居民社会的可持续为宗旨,调控策略则一般针对该居民社会的弱势项和优势项,"扬长而补短"。具体的调控策略需以实际保护地居民社会情况为准,有"人口策略"、"经济策略"、"用地策略"、"文化策略"、"风景策略"等等。

第四步:保护地居民社会体系中的风景社区(自然村尺度)认定。根据对风景社区概念的界定,自然村尺度的风景社区,首先是坐落于保护地中的人类聚居点,其次是必须具备"美"、"文化"、"生态"三方面内涵的村落。因此,我们必须认识到并不是保护地中的任何居民点都可以称为风景社区。一个保护地往往有许多居民点,要确保调控策略的最后落实,使其中优良的居民点得以获得科学保护和合理利用,必须要进行该居民社会体系中的风景社区的认定。鉴别保护地内的居民点是否为风景社区,其判断依据为是否具明显的风景社区基因外显特征。鉴于风景社区基因外显特征在风景社区可持续性评价指标体系的风景特征项中得到了很好的体现,因此,把SCSA中的风景特征项单独列出,成为风景社区认定的判断依据,称之为SC快速评价。

第五步:保护地居民社会体系重构。在前面4个步骤的基础上,把确定的居民社会调控策略一一落实到地理空间,表达在规划图纸和文本中。以科学预测和严格限制各种常住人口的规模及其分布的控制性指标为主要任务,具体内容包括:人口发展规模与分布;经营管理与社会组织;居民点性质、职能和分布;用地方向与规划布局、产业和劳动力发展规划等内容。

6.4.4.1 居民社会现状研究

①概述

马头山保护地位于江西省抚州地区资溪县境内,由马头山镇与马头山林场两个行政区划单位组成,总面积约为31850hm^2(含自然保护区和当地政府划定的保护区外围地带),它的风景主体为马头山国家级自然保护区,以森林景观为主要特色。

马头山保护地居民点共有146个,从行政区划上看主要分布在马头山镇域,从保护区范围看,有的分布在保护区外,有的分布在保护区外围保护地带,有的分布在保护区的实验区中,还有极少的分布于保护区缓冲区或核心区边缘。

②社会经济概况

马头山风景地的146个居民点，分属13个行政村，共有农业人口9920人，农户数2455户，耕地面积约10900亩，林地面积约311000亩，各居民点农户年总收入5234.3万元（2009年数据）。该地居民有近31%的人口长期在外打工，而在保护区范围中的部分居民点更是人口外流严重，有的村几乎成为空村。

③人口结构

选择性别、年龄这两个人口自然结构属性对马头山风景地的各居民点农业人口进行调查，结果表明居民点农业人口中男性占55%，女性占45%，14岁及以下的人口占20%，15～64岁的人口占62%，65岁及以上的人口占18%。据以上数据可知，马头山风景地农业人口性别比例中男性比重较大，年龄结构显示该地区人口为稳固型。

④人地关系

选择耕地、林地这两个人地关系中的关键因素对马头山风景地范围中的各居民点进行调查，结果发现马头山风景地人地关系呈现出耕地紧张，林地丰沛的特征，其人均占有耕地仅为1.1亩，低于国家平均水平1.23亩，低于世界平均水平1.86亩，而人均占有林地为31.4亩，高于国家平均水平28.05亩，高于世界平均水平22.78亩。

在调研中发现，虽然马头山风景社区人均耕地紧张，但是田地荒置现象却十分严重，究其原因则是劳动力人口大量外流，而非耕地过剩。因此，马头山风景社区人地关系呈现出人均耕地统计数据上的紧张与现实中的荒置的矛盾现象。

⑤产业结构

采用"三次产业分类法"来对马头山风景地居民点的产业结构进行调研，结果发现，该地居民社会三产齐全，第一产业占78%，第二产业占10%，第三产业占12%。在第一产业中，林业占所有产业的59.1%，为该地居民社会的主要经济产业。

⑥经济收入

选取村民人均年收入、经济主要来源这两个主要因素对马头山风景地范围内的各居民点农户进行调查，结果表明：柞树村农户人均年收入7826元，居各居民点之首，离国家小康标准仅有174元的差距；永胜村农户人均年收入为3825元，居各居民点之末。居民点农户的主要经济来源为林业。

⑦建筑特征

马头山风景地居民点保留了大量木结构穿斗式赣派传统民居，成为该风景地一个主要的人文风景资源。

马头山风景地民居建筑的屋顶造型主要为坡屋顶；与屋顶相适应，其山墙造型主要为人字形山墙，也有部分为土字形山墙；屋脸形式主要有一层半与二层两种；平面结构以单列布局和L型布局为代表；在许多传统民居建筑的局部都可见雕刻精美的木雕与石雕，在其墙体上（包括外墙和内墙），在固定的地方都会绘有各种吉祥彩绘图案；建筑用材基本以木材、溪石、黄泥、青砖、竹篾和土瓦为主。见图6-26。

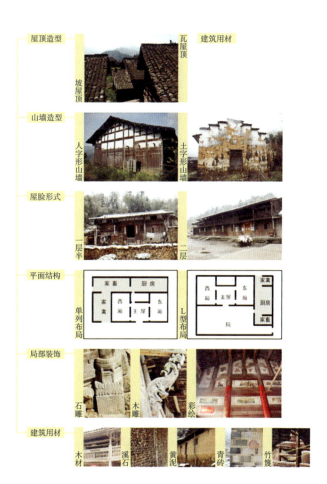

图6-26 马头山保护地传统民居建筑特征

⑧景观特征

马头山保护地各居民点景观的主体为保存良好的传统民居,除此之外,村头的风水林、村落周围的梯田、蜿蜒而过的溪流都是体现景观特征的主要元素(图6-27)。马头山风水林的主要树种有香樟、红豆杉、苦槠、甜槠、米槠、银杏、青冈等;以独树、丛树、树林的形式为主,构成丰富多彩的树景。

图6-27　马头山保护地村落景观风貌

⑨民俗文化

首先,马头山保护地具有革命历史文化传统。马头山保护地曾经建立过红军革命根据地,在下张至今还保留了闽浙赣第一党支部的旧址,并且该村还被列为地方青少年爱国教育基地,在当地老百姓中一直流传着红军在马头山的革命战斗故事。其次,从生产生活模式的角度考察,马头山风景地居民点属于传统农耕文化。再次,从地域文化的角度考察,马头山风景地居民点位于闽浙赣三生交汇地带,有显著的多文化交融现象,比如,从民居的样式上既可以看到赣派风格,又有徽派特征,有的还有干栏建筑元素。可见,马头山风景社区的主导文化具有以农耕文化为基础,多文化交融的特点。此外,马头山风景地居民点基本保持了传统节庆(如:春节、元宵、清明、端午、中秋、重阳等),人生周期庆典(如诞辰庆生与祝寿、婚典、丧仪等)以及信仰习俗等,其中竹延山村的"九节龙"❶被列入省级非物质文化遗产保护民间灯彩的项目。

---

❶ "九节龙"因参演的龙灯节数为九而得名;每年春节,从正月初二至元宵表演九节龙。

6.4.4.2 社区可持续性评价

经研究评价,马头山风景社区(整体尺度)可持续性水平处于潜在的可持续阶段(图6-28),其中生态子系统综合值为85.6,已属于可持续区间,而人类子系统综合值为62.5,处于潜在的可持续阶段的底部。该结果表明马头山保护地风景社区(整体尺度)人类生态系统中人类子系统与生态子系统二者的发展极不平衡,生态子系统已经进入可持续阶段,人类子系统是马头山保护地风景社区谋求可持续的短板,应着重进行调控规划。若能通过规划调控等手段,提升其社会子系统的可持续水平,则马头山风景社区人可以很好地获得满足其自然与社会两方面属性要求的生存条件,从而有利于风景社区基因的传承。

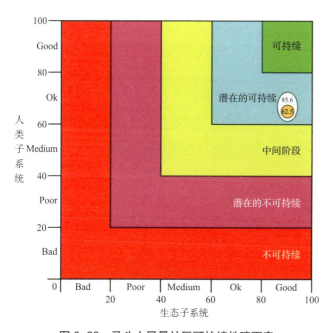

图6-28 马头山风景社区可持续性晴雨表

马头山风景社区人类生态系统的两个子系统的评价维度均存在不平衡的发展态势,其中以生态子系统较为突出。该生态子系统的五个评价维度(B1土地资源、B2水资源、B3空气资源、B4生物资源、B5资源使用),分别分布于可持续阶段(B2水资源、B3空气资源、B4生物资源)、潜在的可持续阶段(B1土地资源)以及中间阶段(B5资源使用)三个区间,B5(资源使用)成为该生态系统中的短板。在其人类子系统中,5个评价维度(B6人口、B7财富、B8知识与文化、B9社区小社会、B10公平),分别分布于潜在的可持续阶段(B7财富、B8知识与文化、B10公平)、中间阶段(B6人口、B9社区小社会)二个区间,B6与B9比较接近,均可视为该子系统的短板。可见,要进一步提升马头山保护地风景社区(整体尺度)的可持续性水平,重点在于设法提升B5(资源使用)、B6(人口)和B9社区小社会这三个维度上。

马头山风景社区生态子系统的五个维度内部的12个评价因素可持续水平良好,除了C12(资源使用景观质量)处于潜在的不可持续阶段外,其余各项均处于潜在可持续阶段和可持续阶段。可见,只要能够进一步提升C12这个评价因素涉及的方面,马头山保护地风景社区人类生态系统的生态子系统就更为优秀,从而拓展该风景社区可持续性提升的空间。

马头山风景社区人类子系统的五个维度内部的15个评价因素(包括子因素)分布于潜在的不可持续阶段至可持续阶段这4个区间,呈不平衡态势。其中C20b(社区恢复力)仅为30,C19b(技术规范)为34,C13(人口数量)为40,是需要重点提升的对象,另有C15a(设施健全性)、C16a(家庭经济收入)、C20a(社区凝聚力)、C22(代际公平)这4项属于中间阶段,也是需要设法提升的方面。

马头山风景社区具有较好的风景资源,以设施风景(主要是民居)、生物资源风景和水资源风景为主要特征,其风景特征项总体得分较高,说明当下马头山保护地风景社区基因品质较好,需要继续保护与合理利用。在7个表现风景社区特征的评价因素(包括子因素)中,C11(资源使用景观多样性)与C18(文化)则处于中间阶段,这两个评价因素(包括子因素)是提升马头山保护地风景社区基因品质的关键。

马头山风景社区人类生态系统总体面临的压力分布极广,压力力度不一。虽然压力项在生态子系统和人类子系统中分布较为平衡,但就其力度而言,则人类子系统所受压力明显大于生态子系统所受压力。

马头山风景社区对所面临的压力仅对很少的部分上作出了响应，其响应力基本不能消除压力的负面影响。马头山风景社区的响应能力极其低下，需要引起地方政府的重视，否则很难谋求该风景社区的可持续发展。

6.4.4.3 调控策略制定

以马头山保护地居民社会现状研究（图6-29）和马头山风景社区（整体尺度）可持续性评价结果与分析为依据（图6-30），制定马头山居民社会调控策略，包括调控的目标、调控的原则以及具体的调控策略。

①调控目标

目标一：科学预测和严格限定各种常住人口规模及其分布的控制性指标，建立有利于马头山国家级自然保护区资源保护以及马头山保护地（含当地政府划定的保护区外围地带）可持续发展的社会运转机制。

目标二：引导马头山保护地居民社会常住人口的合理分布，建立适合马头山保护地特点的居民点系统，使其符合自然保护区以及保护地景区的运转机制。

目标三：引导淘汰性产业劳动力合理转向，提高保护地社区共管程度和能力。

②调控原则

资源保护原则：从有利于马头山自然保护区的自然生态资源保护以及保护地景区的风景资源保护角度出发，对居民点的规模、民居的翻新改造、产业结构的调整以及人口的数量与分布提出严格的控制策略。

村民自愿原则：尊重村民的意愿，适度引导部分农民转移，发挥第三产业和地方特色传统等方面的优势。

整体规划原则：远近期综合考虑，避免多次搬迁以及重复建设。

动迁最小化原则：尽可能减少动迁量，避免引发不必要的社会经济冲突。

③具体调控策略

人口策略：包括控制人口外流与提高人口质量两方面。

风景策略：依托马头山国家级自然保护区，通过认定风景社区（自然村尺度）等方式，积极保护居民社会体系中的风景资源。

图6-29 马头山保护地居民点分布

图6-30 马头山保护地风景社区评价认定

经济策略：合理利用风景资源，吸引外部资金，发展生态旅游经济；加大基础设施建设力度，改善交通条件，使当地农林产品运出深山，获得经济效益；寻求科技支撑，引入生态农业技术，提高土地产出的附加值，改善农户家庭经济状况。

管理策略：保护地居民社会管理者应注重自身综合管理能力的学习，以提高保护地风景社区的响应能力。

6.4.4.4 风景社区认定

马头山保护地共有146个居民点，其中搬迁/荒弃的31个，根据风景社区认定方法，对它们进行可持续性评价，认定了72个风景社区。见表6-14。

马头山保护地风景社区认定　　　　　　　　表6-14

行政村	编号	自然村	SC快速评价值	等级	与保护区关系	备注
斗垣	1	斗垣	13	三	外围保护地带	中心村
	2	营里	13	三	外围保护地带	
	3	大源	10	一	外围保护地带	
	4	石窟隆	—	—	外围保护地带	已荒弃
	5	碑基石	—	—	外围保护地带	已荒弃
	6	七山	—	—	外围保护地带	已荒弃
	7	三门岭	—	—	外围保护地带	已荒弃
	8	库前	13	三	区外	
	9	下王家山	13	三	区外	
	10	上王家山	14	三	区外	
	11	东山背	—	—	外围保护地带	已荒弃
	12	上山	—	—	外围保护地带	已荒弃
	13	傅家山	—	—	外围保护地带	已荒弃
梁家	14	王竹窠	11	一	区外	
	15	桥头	6	一	区外	
	16	五良	13	三	区外	
	17	梁家	14	三	区外	中心村
	18	桃树坪	15	三	区外	
	19	糯竹窠	13	三	区外	
	20	榨树兜下	13	三	区外	
	21	李家山	6	一	区外	
	22	高家排	6	一	区外	
	23	主胡山	6	一	区外	
	24	何家山	—	—	区外	已荒弃
	25	无庄源	—	—	区外	已荒弃
柏泉	26	蛇形	6	一	区外	
	27	岳家岭	14	三	区外	
	28	西龙村	—	—	区外	新农村
	29	苗圃	—	—	区外	新农村
	30	无庄	19	二	区外	
	31	水尾	9	一	区外	
	32	柏泉1	—	—	区外	新农村

续表

行政村	编号	自然村	SC 快速评价值	等级	与保护区关系	备注
柏泉	33	朱家	—	—	区外	新农村
	34	柏泉2	6	—	区外	中心村
	35	外大源	14	三	区外	
	36	高坊	—	—	区外	已搬迁
	37	黄泥排	—	—	区外	已搬迁
	38	东山	—	—	区外	已搬迁
	39	里大源	—	—	区外	已搬迁
	40	畈上	—	—	区外	已搬迁
永胜	41	余家	7	—	区外	
	42	王家	8	—	区外	中心村
	43	高峰山	13	三	区外	
	44	走马洲	15	三	区外	
	45	太平山	8	—	区外	
	46	港湾	8	—	区外	
马头山林场	47	红泥窟	—	—	外围保护地带	已荒弃
	48	贺子石	—	—	外围保护地带	已荒弃
	49	南港	—	—	外围保护地带	已荒弃
	50	双港口	—	—	外围保护地带	已荒弃
	51	风车垄	—	—	外围保护地带	已荒弃
	52	东港	—	—	外围保护地带	已荒弃
彭坊	53	弄源	9	—	区外	
	54	何家埠	7	—	区外	
	55	红旗	10	—	区外	
	56	古角	7	—	区外	
	57	西牛山	—	—	区外	新农村
	58	五港	11	—	区外	
	59	山前	10	—	区外	
	60	四眼桥	17	三	区外	
	61	水车	10	—	区外	
	62	彭坊	8	—	区外	中心村，镇府
霞阳	63	麻地寨	6	—	区外	
	64	沙湾	11	—	区外	
	65	上家湾	9	—	区外	
	66	坂背	8	—	区外	
	67	霞阳	20	二	区外	中心村
	68	廖家	16	三	区外	
	69	上湾	10	—	区外	
	70	安山	8	—	区外	
	71	鸡毛钻	—	—	区外	已荒弃

续表

行政村	编号	自然村	SC 快速评价值	等级	与保护区关系	备注
杨坊	72	双门石	—	—	区外	移民村
	73	方家	14	三	区外	
	74	欧家	12	—	区外	
	75	杨坊	15	三	区外	中心村
	76	何坪畈	13	三	区外	
	77	周家	11	—	区外	
柞树	78	兴山寺	—	—	区外	已荒弃
	79	彭斜	—	—	区外	已荒弃
	80	王旦石	9	—	区外	
	81	横坑	8	—	区外	
	82	普家山	11	—	区外	
	83	柞树	17	三	区外	中心村
	84	黎山	24	二	区外	
	85	饶家	—	—	区外	已搬迁
	86	何家	—	—	区外	已搬迁
	87	焦湾		三	区外	
	88	高塘	—	—	区外	已搬迁
湖石	89	湖石	27	一	区外	
	90	喇叭洞	7	—	区外	
	91	林家	6	—	区外	
	92	梅演村	—	—	区外	已搬迁
山岭	93	东源	23	二	实验区	
	94	许家	14	三	外围保护地带	
	95	上胡	15	三	外围保护地带	
	96	下胡	16	三	外围保护地带	
	97	刘家排	13	三	外围保护地带	
	98	山岭	14	三	外围保护地带	中心村
	99	下鄢家	15	三	外围保护地带	
	100	上鄢家	13	三	外围保护地带	
	101	周家山	14	三	外围保护地带	
	102	杨树坑	14	三	外围保护地带	
马头山	103	东坑	13	三	实验区	
	104	港西	15	三	外围保护地带	
	105	塘边	14	三	实验区	
	106	池皮函	13	三	实验区	
	107	马头山	13	三	实验区	中心村
	108	笔架边	14	三	实验区	
	109	树山	13	三	实验区	
	110	刘家田	15	三	实验区	
	111	天福墩	14	三	实验区	

续表

行政村	编号	自然村	SC 快速评价值	等级	与保护区关系	备注
昌坪	112	百丈际	—	—	实验区	—
	113	白沙坑	17	三	实验区	
	114	周家	16	三	实验区	
	115	昌坪	22	二	实验区	中心村
	116	朱家	16	三	实验区	
	117	油榨窠	20	二	实验区	
	118	矮岭	15	三	实验区	
	119	竹延山	24	二	实验区	
	120	杨源	15	三	实验区	
	121	峰上	15	三	实验区	
	122	江家	18	三	实验区	
	123	黄毛寨	—	—	缓冲区	—
	124	鸡脚叉	—	—	缓冲区	—
	125	龙井	—	—	核心区	
港东	126	蔡家亭	16	三	外围保护地带	
	127	下张	25	二	外围保护地带	
	128	何家	13	三	外围保护地带	
	129	李家	15	三	外围保护地带	
	130	来源	15	三	外围保护地带	
	131	土坳	14	三	外围保护地带	
	132	姚家岭	24	二	外围保护地带	
	133	港东	24	二	外围保护地带	中心村
	134	交牙坑	17	三	外围保护地带	
	135	南坑	15	三	外围保护地带	
	136	马斜	15	三	外围保护地带	
	137	何家2	13	三	外围保护地带	
	138	平地源	15	三	外围保护地带	
	139	夏家	13	三	外围保护地带	
	140	杨家边	9	—	外围保护地带	
	141	外郑	11	—	外围保护地带	
	142	里郑	10	—	外围保护地带	
	143	汪家	13	三	外围保护地带	
	144	祝家	13	三	外围保护地带	
	145	王家面前	14	三	外围保护地带	
	146	何坪岭	14	三	外围保护地带	

6.4.4.5 居民社会体系重构

①保护地农业人口发展规模与分布

a. 人口预测

以2009年江西省统计公报❶中的人口自然增长率7.89‰为计算依据,现马头山保护地范围中农业人口(在册)为9920❷人,至2030年约为10731人。而马头山保护地人口外流严重,据镇政府保守统计,外流人口占总人口的31.2%,若此比例不变,则马头山保护地真正在当地生活的人口在2030年约为7319人。详见表6-15。

马头山保护地农业人口分布(单位:人)　　　　表6-15

序号	行政村	总人口	人口居住状态		人口调控措施	备注
			外出	留守		
1	斗垣村	870	266	604	①②	保护区外围地带、居民控制区
2	梁家村	549	168	381	①②	
3	柏泉村	1070	328	742	①③	
4	永胜村	1268	389	879	①③	
5	彭坊村	1050	328	722	①③	
6	霞阳村	566	174	392	①⑤	
7	榨树村	460	141	319	①⑤	
8	湖石村	554	169	385	①③	
9	杨坊村	563	173	390	①③	
10	山岭村	608	187	421	①②	保护区外围地带、实验区
11	马头山村	620	190	430	①②	保护区外围地带、实验区
12	港东村	1029	325	704	①②	保护区外围地带
13	昌坪村	713	257	456	①②④	保护区实验区、缓冲区
合计		9920	3095	6825	/	/

人口调控措施:
①鼓励外流人员返乡;②禁止外来人员落户;③接纳保护地生态移民;④生态移民;⑤无干预

b. 人口容量

当规划地区的居住人口密度超过50人/km²时,宜测定用地的居民容量❸。根据马头山保护地的具体情况,目前其人口密度为31人/km²,不需测定人口容量。

c. 人口分布

据统计及预测,2010年至2030年期间马头山保护地范围中居民点在不进行搬迁他处的条件下,人口密度为31~34人/km²。

在马头山保护地居民社会调控策略的指导下,以该保护地农业人口现状分布为基础,结合自然保护区对居民社会的规定,确定马头山保护地农业人口分布。

②居民点参与保护地经营管理方式

马头山保护地的经营管理主要有两个方向,第一个方向是马头山国家级自然保护区资源的科学保护,第二个方向是以马头山国家级自然保护区为主体的保护地资源的可持续利用。其中资源保护的参与方式主要是社区共管;资源利用的参与方式则主要是基于社区的生态旅游。

---

❶ 资料来源于中华人民共和国国家统计局网站 http://www.stats.gov.cn/。
❷ 2010年数据来源于马头山镇人民政府。
❸ 见《风景名胜区规划规范》GB 50298-1999,第3.5.2条。

③居民点性质、职能

结合上文 SC 快速评价结果，把马头山保护地 146 个居民点分为风景社区与普通乡村二大类，其中判定为风景社区的 72 个居民点再根据其风景社区基因的品质，由低到高分为一级（1 个）、二级（10 个）、三级（61 个）（图 6-31）。

根据各居民点的现状特点，结合马头山保护地发展旅游的契机，赋予它们各种不同的职能：有的因其村域环境优美，自然风景资源丰沛，而定位为生态旅游村；有的因其民居建筑保存良好，村落布局合传统风水理论，在保护地中具有代表性，而定位为乡村博物馆；有的则因为拥有特殊的革命历史遗存，而被定位为爱国主义教育基地等（图 6-32）。

④居民点体系的规划布局

鉴于保护地范围中包含了马头山国家级自然保护区及其外围保护地带、马头山林场以及马头山镇等多种不同性质、相互交叉的区域，加之该保护地正在积极发展旅游，目前尚没有法定文件对此状况的居民点体系的规划布局有明确规定。因此，笔者借鉴风景名胜区规划规范的居民社会调控规划，在布局分区上把该保护地范围划分为"无居民区、居民衰减区和居民控制区"三个区域，并在保护地原有居民社会体系的基础上以判定的风景社区为中心，建立新的居民点体系。

图 6-31 马头山保护地居民社会体系重构

图 6-32 马头山保护地风景社区职能定位

⑤产业和人力发展规划

a. 居民点产业发展规划

发展目标：立足于现有品牌产业（见表 6-16），抓住机遇，大力发展第三产业，以三产带一产，实现产业结构转型。

实施项目：土特产深加工产业；传统手工艺产业；竹编民族艺术品产业；面包产业；有机大米产业；生态养殖产业；有机白茶产业；有机蔬菜产业；马头山有机豆制品产业；农家乐。

马头山保护地各村现有品牌产业　　　表 6-16

行政村	产业品牌	行政村	产业品牌
斗垣村	肉牛产业	杨坊村	面包产业
柏泉村	有机大米产业	马头山村	毛竹产业
永胜村	白茶产业	港东村	毛竹产业
湖石村	面包产业		

产业发展规模预测（5年内）如表6-17。

b.居民点劳动力发展规划

目标：专业外聘与当地培养相结合，带动全体村民共同发展，为保护地资源保护与可持续利用输送合格人才。

实施方案："请进来"系列培训；"走出去"系列交流。

居民点劳力发展规模预测（5年内）如表6-18。

马头山保护地产业发展规模预测　　　　　表6-17

序号	产业项目	吸纳劳动人数	年经济效益（万元）	农户受益方式
1	土特产深加工	500	2500	直接、间接
2	传统手工艺	100	1000	直接、间接
3	竹编民族艺术品产业	50	500	直接、间接
4	面包产业	500	2500	直接
5	有机大米产业	200	1200	直接
6	生态养殖产业	50	500	直接
7	有机白茶产业	100	1000	直接
8	有机蔬菜产业	200	2000	直接
9	有机豆制品产业	50	500	直接、间接
10	农家乐	350	200	直接、间接

马头山保护区劳动力发展规模预测　　　　　表6-18

序号	产业项目	劳动力需求数	已有劳动力	可培养劳动力	专业外聘
1	土特产深加工	500人	23人	500人以上	20人
2	传统手工艺	100人	21人	100人以上	50人
3	竹编民族艺术品产业	50人	3人	50人以上	10人
4	面包产业❶	500人	外流>500人	500人以上	邀请返乡
5	有机大米产业	200人	22人	200人以上	/
6	生态养殖产业	50人	12人	50人以上	5人
7	有机白茶产业	100人	35人	100人以上	/
8	有机蔬菜产业	200人	38人	200人以上	2人
9	有机豆制品产业	50人	7人	50人以上	2人
10	农家乐	350人	17人	350人以上	/

6.5 马头山自然保护区生态旅游区规划

6.5.1 资源条件分析与评价

6.5.1.1 规划区区位

马头山位于武夷山脉西麓，地处资溪县北部与鹰潭相邻，北与龙虎山相连，南靠大觉山。但由于区域内地势复杂，交通基础设施相对薄弱，现与周边联系仍主要通过资溪县城（图6-33）。

马头山自然保护区生态旅游区共26.11km²，位于马头山镇腹地，约三分之一范围属于马头山国家级自然保护区实验区范围，规划范围西起马头山镇，东至油榨窠。规划年限为2013～2033年。旅游区位于森林植物资源与人文风情的交叉处，景观资源开发价值较高。在马头山范围内森林覆盖率高且景观资源丰富，但目前未得到较好的开发利用，森林游憩空间的合理开发与自然保护区实验区的合理利用成为当前的重要课题。

6.5.1.2 资源条件分析

规划运用GIS技术，对地形地势、植被、景观可视性等进行了分析（图6-34）。

---

❶ 马头山镇是资溪面包的发源地，大量外出人员均在外地从事面包产业。

图6-33 马头山生态旅游区区位图

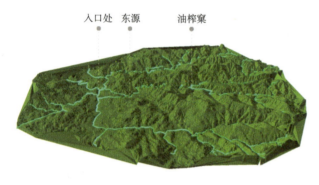

图6-34 马头山生态旅游区三维地形图

（1）地形地势分析

基地高程在100m至1250m之间。西北侧为丘陵，东面是河流切割的连续山脉。三维地形分析如下，不同的地形对道路的走向、线型，各种建设工程的实施，以及建筑的组合布置，风景区的轮廓和形态都有一定的影响。

（2）植被分析

属亚热带湿润季风型气候，年平均气温17.9℃，平均日照时数1700小时，四季变化较明显。年均降水量1900mm，年无霜期约248天，四季变化分明。由于气候温湿，光照充足且无霜期长，植被生长具备十分有利的条件。

常绿阔叶林：苦槠、青冈、栲树、钩栲、甜槠、米槠、长叶石栎、华南栲、南岭栲、黛蒴栲、木荷、银木荷、樟树、红楠、楠木等。

常绿落叶阔叶混交林：长叶石栎、青冈、甜槠、木荷、锥栗、楠木、栲树冬青、山槐、黄檀、拟赤杨、棕木、亮叶桦、化香椴树、鹅掌楸、枫香等。

落叶阔叶林：小叶栎、麻栎、栓皮栎、茅栗、锥栗、山槐、黄檀、拟赤杨、马鞍树、椴树、化香、白蜡树、水青冈、江南桤木、枫香、喜树、南方泡桐、漆树、乌桕等。

竹林：以毛竹为主（图6-35）。

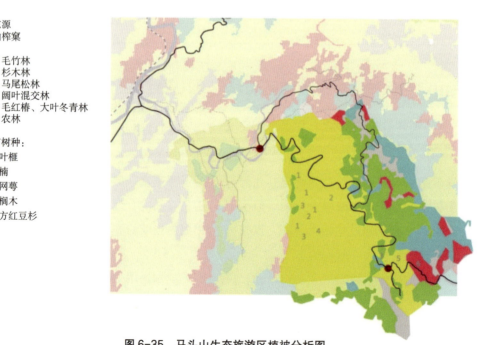

图6-35 马头山生态旅游区植被分析图

（3）视觉敏感度分析

视觉敏感度是景观被注意到的程度的量度，它是景观的醒目程度等的综合反映，与景观本身的空间位置、物理属性等都有密切关系。具体评价的操作可利用GIS来辅助完成（图6-36）。

根据分析结果，可以找出主要道路上沿线视觉敏感度较高的区域，进行合理的景观规划，给游客带来美好的视觉享受。

6.5.1.3 资源评价

资源评价依据中华人民共和国国家标准《风景名胜区规划规范》GB50298-1999，评价步骤是：根据实地调研以及资料的收集分析，研究景观价值评价系统各因素的特征；确定权重及评价指标集；确定指标的评价标准及评分值；景观价值综合评分值的计算。最终将景源分为：一级景源、二级景源、三级景源、四级景源，经评价马头山生态旅游区涵盖了二、三、四级景源，以及待改造提升的景点。见表6-19，图6-37。

6.5.2 规划目标与生态战略

6.5.2.1 规划目标

规划总体目标是：以自然生态保护、文化生态延续、社区参与发展为主要目的，统筹协调各利益相关团体关系，从地方实际情况出发，对传统生产方式进行转变，通过生态旅游调动社区居民参与保护的积极性，最终兼顾资源永续利用及社区可持续发展，打造成为具有自然教育，文化体验功能的示范基地。

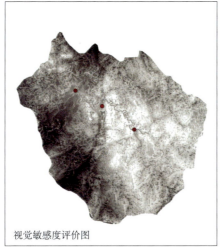

图6-36 马头山生态旅游区视觉敏感度评价图

资源评价指标体系　　　　　　　　　　表6-19

综合评价层	赋值	项目评价层	因子评价层
1 景源价值	70～80	（1）欣赏价值 （2）科学价值 （3）历史价值 （4）保健价值 （5）游憩价值	①景感度 ②奇特度 ③完整度 ①科技值 ②科普值 ③科教值 ①年代值 ②知名度 ③人文值 ①生理值 ②心理值 ③应用值 ①功利性 ②舒适度 ③承力
2 环境水平	20～10	（1）生态特征 （2）环境质量 （3）设施状况 （4）监护管理	①种类值 ②结构值 ③功能值 ①要素值 ②等级值 ③灾变率 ①水电能源 ②工程管网 ③环保设施 ①监测机能 ②法规配套 ③机构设置
3 利用条件	5	（1）交通通信 （2）住宿接待 （3）客源市场 （4）运营管理	①便捷性 ②可靠性 ③效能 ①能力 ②标准 ③规模 ①分布 ②结构 ③消费 ①职能体系 ②经济结构 ③居民社会
4 规模范围	5	（1）面积 （2）体量 （3）空间 （4）容量	

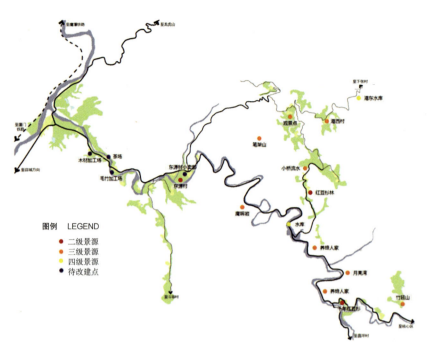

图 6-37　马头山生态旅游区资源评价图

资源生态保护目标目标是：(1) 保护自然保护区的生态资源，同时提升整个生态旅游区及周边地区的生态环境质量；(2) 发扬马头山自然保护区百越文化，全面打造百越风情带的游览线路；(3) 深入挖掘马头山自然保护区的核心价值，联动生态旅游区发展的同时也带动经济产业链的发展；(4) 在发展旅游外，力图将马头山自然保护区打造成具有生态体验、文化体验、科研教育功能的生态教育中心。

6.5.2.2　总体战略

(1) 层级保护与递减开发结合

保护区的核心区与缓冲区属于禁止开发级别；实验区可进行以自然教育与科学研究为主的小型项目建设；保护区外围缓冲的山林地与溪流以低密度半原野型游憩娱乐活动与绿色产业开发为主；宽阔河流周边的地带则可进行集中的旅游服务设施与清洁型加工业建设。

(2) 自然教育与绿色产业并重

通过自然教育、科研活动及严格的管理措施来保护马头山当地特有基因品种并培养珍稀植物，推广森林文化是建立国家级自然保护区的主要目的。因此，自然教育也僵尸马头山旅游的核心内容，通过植物园、户外教育基地、森林认知等形式开展，并与旅游区的其他游憩旅游项目紧密相连，以此确定马头山旅游区的品牌特色。

另外，整个规划范围除自然保护区范围以外还有大面积的保护区生态缓冲地对待，这些地区存在是维持保护区生态系统稳定良好发展的基础条件之一，因此产业与旅游开发的力度也应当适当控制，依托良好的生态环境，以各类区域适宜的绿色产业，如白茶、稻米、花卉、毛竹为特色，并在中远期建设成为具有地方特色的旅游吸引物。

(3) 外部拓展与自身丰富同步

马头山周边旅游资源丰富，与武夷山风景区仅一山之隔、与龙虎山风景区由泸溪河连接。在旅游发展定位时，应丰富自身特色产品的同时，通过错位产品、分时旅游、分年龄市场的开发，借周边成熟景区之力，吸引更多潜在客源。

6.5.2.3　生态容量与游客容量

风景区游人容量应随规划期限的不同而有变化。对一定规划范围的游人容量，应综合分析并满足该地区的生态允许标准、功能技术标准等因素而决定。生态允许标准应符合表 6-20。

游人容量应由一次性游人容量、日游人容量、年游人容量三个层次表示。

游人容量的计算方法有线路法、卡口法、面积法、综合平衡法。由于基地中自然环境较游览面积大的多，故选用线路法进行估算。见表 6-21。

生态容量标准一览表　　　　　　　　　表 6-20

用地类型	面积（m²）	允许容人量和用地指标		游人容量（人）
		（人/hm²）	（m²/人）	
针叶林地	4819501.1	2～3	500～3300	1460
阔叶林地	17557635.2	4～8	2500～1250	7023
森林公园	1065160.9	<15～20	>660～500	2130
疏林草地	2019013.67	20～25	500～400	5047
水域	18689.1	1000～2000	20～10	934
总计				16594

游人容量计算一览表　　　　　　　　　表 6-21

计算公式	道路类别	长度（m）	合理游道长度（m/人）	游览时间（h）	日周转率（次）	年可游天数（天）	游人容量		
							瞬时容量（人次）	日容量（人次）	年容量（万人次）
C=M×D/m C：日环境容量，单位为人次； M：游道全长； m：每位游客占用合理游道长度； D：周转率； 注：每日开放时间为 8 小时	一级道路（通车）	26507.052	20	5	1.6	300	1325	2120	63.62
	二级道路（步行）	12544.057	30	2.5	3.2	300	418	1338	40.14
总计							1743	3458	103.76

6.5.3 空间结构与功能分区

6.5.3.1 空间结构

马头山国家级自然保护区生态旅游区的规划突出其自然景观、文化景观特征，紧扣区内自然资源、百越历史文化等要素，呈现出"一环、四带、七区"的结构特征（图 6-38）。

一环：东源—塘边—马头山村小组—东源水库的旅游小循环路线。

四带：生态研发带、生态山林带、百越风情带、峡谷探幽带。

七区：入口农林培育区、科技教育展示区、东源综合服务区、康体养生休闲区、生态农业观赏区、村落文化体验区、原始生态体验区。

（1）生态研发带：依托农林形成自然保护区外围示范性、生产性产业带，作为保护区可持续发展必要的经济支持。

（2）生态山林带：依托自然山势构建密林生态景观。

（3）百越风情带：依托自然村落，产业转型发展，构建百越风情带。

（4）峡谷探幽带：结合昌坪港自然水系，构建峡谷线性景观。

6.5.3.2 功能分区

（1）入口农林培育区：作为马头山自然保护区的主要入口，应保持现有风景林相景观，打造印象马头山的景观特色。同时该片区也应通过农林培育、珍稀植物培育带动当地经济发展，作为保护区可持续发展的经济支撑。

（2）科技教育展示区：结合生态展览馆、科研基地、野生动物救护站，对野生动物进行救助、科研、繁育，并提供相应的科教展示服务功能。

（3）东源综合服务区：作为保护区外围及自然

保护区实验区的转接点，东源应在自成景区的基础上成为景区核心的交通转换节点，同时应配套相应的服务设施。

（4）康体养生休闲区：建设高级康体养生会所，面向高级商务人士、国际友人的商务、休息、度假综合养生休闲区。

（5）生态农业观赏区：保留原有耕地并进行种植色彩规划，形成兼具乡土特色及景观美学价值的生态农业观赏区。

（6）村落文化体验区：围绕乡土文化打造百越文化当地特色的家庭旅馆体验片区。

（7）原始生态体验区：结合马头山悠久文化及民间习俗，低密度开发，开展民俗文化体验、自然教育、森林氧吧等项目（图6-39）。

图6-38 马头山生态旅游区空间结构图

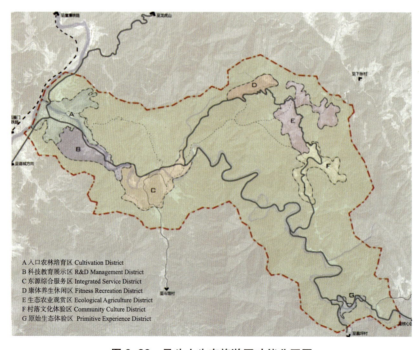

图6-39 马头山生态旅游区功能分区图

6.5.4 风景游赏与产品策划

6.5.4.1 分带游赏特色

保护区内以自然景观及原始村落游憩为主；保护区外以管理、服务、科研和发展经济为主的原则，分带进行特色项目、产业推动及其效益分析。

（1）生态研发带

① 项目特色：科研教育展示带位于马头山生态旅游区的入口处，是马头山自然保护区的科研教育门户；展示马头山自然保护区特有的动植物。

② 产业推动：带动当地白茶产业和有机农产品产业。

③ 效益分析

生态效益：使当地一部分野生动物和珍稀植物得到一定程度的保护。

社会效益：引发科研爱好者前来调查研究。

直接经济效益：科研相关基地及生态展览馆的参观可以为科研经费提供补贴；东源村的家庭旅馆模式能够为当地居民带来收入。

（2）生态森林带

① 项目特色：突出以溪流为主题的中国式景观文化。

② 产业推动：塑造玉石文化。

③ 效益分析

社会效益：引发玉石和地质爱好者前来调查研究。

直接经济效益：建立高端养生会所，为保护区带来主要经济收入。

（3）百越文化带

① 项目特色：a 打造色彩鲜艳的梯田景观和繁花似锦的大地景观；b 将农耕体验和民俗体验相结合，全面了解当地风土人情；c 将种植采摘活动和民俗相结合，深度体验农村生活方式。

② 产业推动：带动当地农业和种植业的发展。

③ 效益分析

生态效益：保护农田林地，丰富当地植物群落。

社会效益：引起人民对农业文化的重视和对传统村落建筑的关注；保留传统民俗文化。

直接经济效益：风景写生能带来门票收益，家庭旅馆模式能为当地人民带来收入。

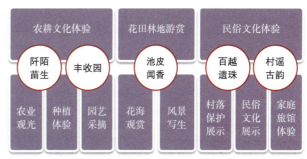

（4）峡谷探幽带

① 项目特色：创造最原生态的野外森林游憩体验。

② 产业推动：带动当地蜜蜂养殖业。

③ 效益分析

生态效益：保护森林用地，限制开发。

社会效益：吸引爱好大自然和野外探险的人来此露营。

直接经济效益：蜂蜜的销售收入用于本身的建设，野营基地的门票和服务设施收费用于本身的维护。

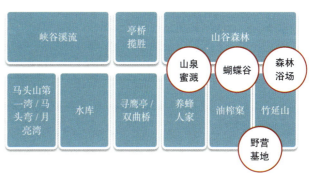

6.5.4.2 产品策划

（1）观光产品：观光旅游资源主要包括村庄周边的山峰、森林，以及种类多样的生态农业形式。马头山山林基本保存完好，林相完整，自然风光优异。同时，可以依托观光农业的发展，种植粮食作物（水稻、玉米）、蔬菜地、水果林、花卉苗木、家禽家畜、养殖池塘，作为马头山的观光资源。

（2）度假产品：度假产品主要依托原生态的森林环境，建设住宿、娱乐、休闲设施，其对深化游客的旅游体验、延长游客的逗留时间、增加旅游地的收入是十分必要的。

（3）体验产品：现代休闲旅游的一大特点是强调游客的参与性，游客所需不仅是单纯的观光游览，人们对能增加生活体验的活动也很有兴趣。马头山乡土文化气息浓厚，可以增加农产品种类，发展体验农耕生活的休闲旅游潜力很大，除了瓜果、蔬菜采摘之外，还可以开发农居生活、民宿的体验旅游。

（4）运动产品：马头山的村落环境优美，发展运动类的休闲旅游也有很大的空间。周边山林幽静，是登山远足的首选之地。同时，利用悬崖、峭壁还可以开发攀岩等特色运动。

（5）求知产品：马头山各种休闲旅游资源，都蕴涵着丰富的历史文化和科学知识，如民居、古树、各种山川的特征和景观变化的原因，都可以满足游人的求知欲。同时，农家的农业种植技术、生态农业发展模式可以作为农业科学旅游开发的对象。

（6）疗养产品：疗养是一种特殊的度假旅游，马头山环境清幽，适宜开发保健疗养度假旅游。同时，依托山庄优越的自然环境和食、住、玩等配套服务，可以通过组织和策划，整合资源开发疗养旅游。

6.5.4.3 特色游线

（1）主题游线规划，见图6-40

溯源探幽线：印象马头山→生态展览馆→东源风情街→马头山第一湾→东源水库→月亮湾→油榨寮

山林生态线：印象马头山→天梯→东源风情街→百丈崖→桃源仙境→东源水库→油榨寮

百越文化线：印象马头山→生态展览馆→东源风情街→竹溪佳处→塘边览胜→桃源仙境→东源水库→油榨寮

自然教育线：印象马头山→生态展览馆→有机农业园→东源风情街→塘边览胜→桃源仙境→东源

图6-40　马头山生态旅游区主题游线规划图

（2）家庭养生二日游，见图6-41。

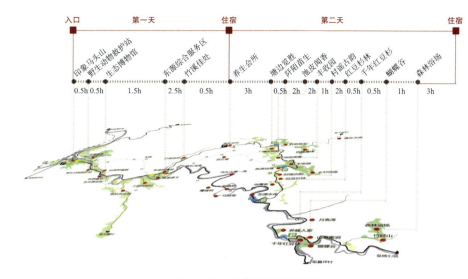

图6-41　家庭养生游线游程

（3）科研教育二日游，见图6-42。

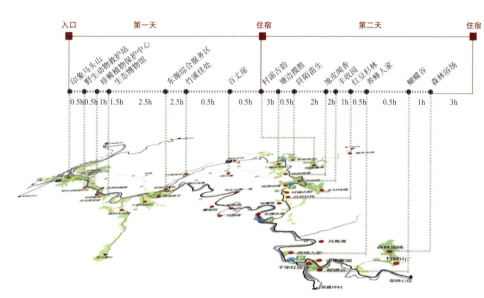

图6-42　科研教育游线游程

（4）野外探险二日游，见图6-43。

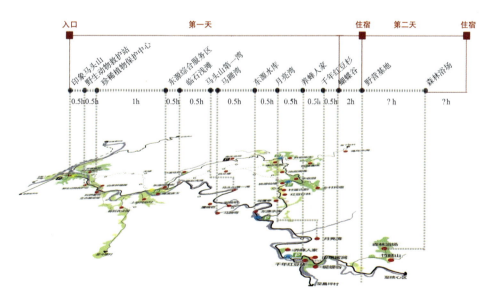

图6-43　野外探险游线游程

6.5.5 旅游支撑系统规划

6.5.5.1 服务设施系统

规划对服务设施体系设置如图6-44，包括服务点、餐饮点、住宿区等。

一级服务点1处，二级服务点2处，三级服务点4处；

一级餐饮点2处，二级餐饮点3处，三级餐饮点3处；

一级住宿区1处，二级住宿区4处，三级住宿区5处。

图6-44 马头山生态旅游区服务体系规划图

6.5.5.2 道路交通系统

（1）对外交通

鹰厦铁路：北起江西鹰潭，南至福建厦门，全长694km，设有鹤城与高阜两个车站，在马头山有尧桥站，暂未启用。

县城至龙虎山县道：由县城沿泸溪河向北延伸，为两车道水泥路，从马头山自然保护区北侧杨源村出资溪县城，至龙虎山仅35km路程。

（2）内部交通

旅游专用车道：除保留原有乡县车道外，对于通往景点与景区的路况较差、尚未硬化铺装的道路进行改造，路面加固并进行生态化处理，作为旅游专用道路，通过公共转换等方式限制非旅游服务与景区管理车辆通行。

游步道：游步道是游客徒步旅游的主要路线，根据道路建设状况可分为两类：一类是对于规划车行线路的延伸或者与车行线路的平行小路；另一类是位于森林保护区中的徒步旅行路线，不专门进行步行道路开辟与建设，旅行者与科考人员仅根据地图指示辨认线路。

对游步道进行三级划分，分为小环线、远距离山径以及山脊山径（表6-22）。

（3）电瓶车站点与停车转换

中型社会停车场1个，位于印象马头山；小型社会停车场2个，位于东源综合服务区、养生会所。内部交通车辆停车场6处，位于印象马头山、东源综合服务区、塘边览胜、东源水库及油榨窠。

马头山生态旅游区山径类型划分　　　　表6-22

坡度<10%		10%<坡度<30%		坡度>30%	
土质+松散砾石	自然石材间隔	石条挡土台阶	木质台阶	石质台阶	
主要山径游线	人烟稀少的山径，探索者用	两侧植被自然渗入	空间幽奥、植被郁闭区域	空间开阔、岩石较多区域	
百越文化线、自然教育线	山林生态线、溯源探幽线	溯源探幽线、自然教育线	山林生态线、自然教育线	百越文化线、溯源探幽	

6.5.5.3 解说系统规划

（1）解说系统

群落及植被解说：有独特植被群落的景点，如毛竹林、常绿阔叶林、温性针叶林（红豆杉林）、暖性阔叶林、落叶阔叶林等。

地质地貌解说：有价值的地质地貌景点，如百丈崖、竹溪佳处等。

保护对象解说：具有保护价值的动植物景点，包含野生动物救护站、科研站。

民俗文化解说：具有文化意义的景点，如民俗村、东源风情街、养蜂人家等。

（2）视觉标识系统

一级引导：放置于景区入口处，内容涵盖景区总平面图各景点示意图，公园介绍，警示内容。尺寸为 2.5m×2.5m，厚度 10cm，材料选用木材。

二级引导：放置于景点分叉处，内容为前方景点指引，当前位置标注。尺寸为 2m×1.1m，厚度 10cm，材料选用木材。

三级引导：放置于景点沿途，起指引作用。尺寸为 2m×0.4m，厚度 10cm，材料选用木材。

（3）智能游憩系统平台

智能游憩可以从"旅游服务"、"旅游管理"和"旅游营销"三个方面提升旅游信息现代化水平。游客可以通过全面了解自然保护区的旅游资讯及线路信息，并可通过电子地图、手机导游设备等轻松实现自助游览。

（4）智能手机软件/APP

进入虚拟景区，打开应用，智能系统随着用户的旅游线路自动播报各个景点的导游信息。游客可伴着音律穿梭在自然山水之间，触摸尘封的历史，体验旅游乐趣。

6.5.5.4 居民社会调控

调查表明当地居民愿意参与旅游的类型很多，比如参与旅游开发，参与旅游企业的经营与管理等等。当地政府部门应该积极的引导、支持、教育当地居民参与到旅游发展中来，比如为他们在主要旅游点提供市场销售机会等。只有让当地居民充分参与到旅游中来，并使其认识到发展旅游所能带来的好处，让他们公平地参与到利益分配中来，才可能得到他们积极的帮助和支持，并让流失的中青年劳动力逐渐回到村中，当地旅游业的发展才会拥有一个良好的开端。

就各村未来而言，对景区内外交通转换节点东源村，可以建设为生态服务型新农村；对资源丰富和风光秀美的油炸粿，可以重点发展生态旅游型新农村；对自然生态环境较好的塘边村，可以设立观景台，打造体现乡村田园风光的生态型新农村；对村落形态完好、民居古朴的马头山村、笔架边村，可以结合民宿，打造百越文化遗风民俗村；对部分新建住房、民居改造与自然区不协调的村庄，应按照村貌与环境相协调的要求，建设新型生态村庄。

改造模式包括几种：村落风貌维护；民宿服务改造；服务设施改造；管理设施改造；维持现状等。

6.6 依托自然遗产的非遗体验规划

中国具有大量的世界级自然遗产资源，而更多见的是自然遗产与历史文化遗产共存的综合性资源。大量的非物质文化遗产在物理空间上虽不可见，但是其独具魅力的文化吸引力往往是整个区域旅游产业健康发展所必需的生态圈的重要组成部分、核心吸引力，乃至根基。对于文化资源，尤其是非物质文化遗产是否能够在全民进入休闲时代的今天采用旅游化生存（王德刚，田芸，2010）的方式获得再生的活力？用何种方式来实现旅游发展与非物质文化遗产的共赢格局？如何避免简单的文化拼贴？如何促进列入与未列入遗产目录的非遗文化能够在当代语境中继续有机的发展？如何实现文化神韵的提升等问题是非常值得在当前非物质文化遗产保护性开发中探讨的问题。

6.6.1 非遗保护与旅游开发的关系

根据联合国教科文组织通过的《保护非物质文化遗产公约》中的定义，"非物质文化遗产"指被各群体、团体、有时为个人所视为其文化遗产的各种实践、表演、表现形式、知识体系和技能及其有关的工具、实物、工艺品和文化场所。目前国内的相关研究集中在少数民族地区和一些敏感及脆弱地区。

有的学者指出，在全球经济一体化和社会生活现代化的大潮中，非物质文化遗产正在迅速变异或消亡，非物质文化环境是旅游产业发展的重要根基（尹小珂，宋兰萍，2006）。张瑛和高云（2006）指出旅游开发对非物质文化遗产的传承和保护既有积极影响又有消极影响。旅游在为非物质文化遗产提供了保护和展示的窗口，加强了保护资金的力度，培养了群众基础的同时，如果开发不当，其商业性质又可能使得非物质文化遗产的本来面貌扭曲变形。张晓萍和李鑫（2009）认为：以非物质文化遗产的传承与发展为最终目标的旅游开发是非物质文化遗产在现代社会的一种生存模式。贾鸿雁（2007）认为旅游开发是非物质文化遗产保护与传承的必然选择，并提出了我国非遗开发的四种模式。然而，许多事实也表明：旅游业的发展使城市文化遗产得到了有效的保护（阮仪三，严国泰，2003），同时不可忽视的是，旅游发展和文化遗产保护毕竟有着不同的诉求（赵夏，张艳红，2000）。

国内外学者普遍都认为非物质文化遗产的保护已经到了非常迫切、刻不容缓的时刻。我国非物质文化遗产的现状不容乐观，虽然遗产比较丰富，但是消失得比较快。对于那些为数众多，但是未被列入省级和国家级遗产保护名录的非物质文化遗产而言，更是面临着在旅游开发和城市化过程中逐步丧失其"原真性、活态性、民俗性、本土性、整体性、人本性"的威胁，从而可能成为首先被忘记的人类遗产。

6.6.2 非遗文化主题式开发类型

目前较为多见的非物质文化遗产利用方式是文化主题式开发，分为以下几类。

第一类是通过艺术表演形式再现非遗文化的实景表演类项目，如：禅宗少林、印象·刘三姐、印象丽江等。这类表现形式多为专业演员在一定的表演时间内通过文化的艺术化处理向游客展示当地非遗文化的精髓，具有高效、注重单向传递、艺术震撼力强等特点。一般而言，实景表演类依赖于表演场地、气候和演员的表演质量，由于时空的局限性往往缺乏互动性和参与性。

第二类是以娱乐形式为主的文化类主题公园模式：主题公园是为了满足旅游者多样化休闲娱乐需求和选择而建造的一种具有创意性游园线索和策划性活动方式的现代旅游目的地形态（董观志，2000）。该类项目的文化载体既有本地文化也有外来文化、电影文化等，例如锦绣中华、世界之窗、迪斯尼乐园、环球影城等。该类项目通过满足游客的猎奇心理来实现文化的展示，具有较高的互动性和娱乐性，从文化层面上看趋向异域文化（冯维波，2000）。

第三类是以保护式开发为主的遗产园模式，例如云南省的五个民族文化生态村、广西河池市南丹县的瑶寨等。国外的文化主题式发展多属于保护性结合体验性的开发，多强调当时当地的原汁原味的场景再现，如英国约克市的维京中心，位于地下的主题园从房屋的摆设、劳动中的工匠、闲聊的邻居到烹饪的气息和臭水沟等都无一不模仿当年的情景。

非遗文化的保护和传承关键在于如何调整该类旅游开发中保护与开发的"度"。主题式开发可能是探讨这一"度"的关键问题的一种有效方式。因此，这类非遗主题园与传统的主题公园（Theme Park）和游乐公园（Amusement Park）不同，是以某一个或一组（非遗）文化为主题，进行主题式开发的旅游目的地形态，非遗主题园的开发应当强调游客通过各种手段交流、互动、学习进行文化感悟的过程。

对于非物质文化遗产应当由谁来传承？哪些非物质文化遗产的保护可以与旅游开发并存？如何防止在旅游开发过程中变味？如何使之与旅游开发和谐共存等问题是学术界研究的热点和亟待解决的问题。笔者认为上述问题应由开发项目的区域旅游发展现状、非物质文化遗产自身的资源特质和属性、开发发展战略乃至游客群的构成等多方面来综合考虑，归根结底是如何在旅游开发中积极合理的运用文化传承战略，实现文化神韵的提升。

6.6.3 石林彝族民俗文化主题园规划

6.6.3.1 规划区概况

石林民俗文化主题园位于云南省石林县石林景

区。截至 2015 年，石林景区接待游客 407.87 万人次，其中境内游客 394.58 万人次，境外游客 13.29 万人次，实现旅游直接收入 6.58 亿元。

规划区位于石林县西石路以南，石林风景名胜区核心保护区外的旅游综合服务区内。现状为典型的红土地貌，区内大范围红土下存在少量喀斯特地貌石笋。该地块面向主要旅游道路，是石林景区对外风貌展示的一个重要片区。规划区总面积约 90.4hm²，海拔位于 1770m 至 1797.5m。

6.6.3.2 旅游发展瓶颈

石林彝族自治县县域经济社会发展规划（2008～2010 年）中指出：石林旅游综合效益与石林品牌不相匹配。石林景区的旅游产业发展目前存在以下瓶颈。

游览时间短，游览空间高度集中带来游览体验下降。根据游客调查，目前石林景区年游客达 300 万人次，绝大多数游客在石林的游览时间约为 2 个小时，大致集中在每天 11～14 时的较短时间内。目前游览主要集中在大小石林范围内，空间范围大约 1km²。有效游览范围的最大环境容量大致在 4500～5000 人次/日，而现状的高峰日游客量可在 20000 人次，远远超过环境的有效容量。由于游览时间短，带来了一系列问题：对于云南多民族文化的理解停留在"看表皮"的层面产品模式单一带来旅游消费结构单一，旅游接待设施缺口较大。

周边景区缺乏亮点，以大小石林景区为主景区的本地旅游发展属于较为典型的单中心发展模式，周边景区没有形成自身的特点，旅游形象不够鲜明。位于大小石林周边的餐饮与住宿设施多数建于 1980 年代～1990 年代，建造标准与现在的旅游接待设施需求相差甚远，尤其是迎合当代休闲旅游市场的文化创新型项目极度短缺。

6.6.3.3 总体规划构思

首先，由于受到保护级别和保护资金的限制，列入不同级别名录的非物质文化遗产受到的关注度区别较大，既没有被深度挖掘也缺少一个集中展示区域；对于未被列入保护名录的非遗文化的保护与发展缺少基本的保护政策和手段。其次，从区域旅游产业链的完善和发展、当代旅游游憩需求升级的角度出发，石林地区需要延长游客的停留时间，实现地方经济收益与旅游产业的和谐共生。

因此，本项目结合主题园的开发要求提出打造"穿越时空的文化幻旅"的设计构思，形成以云南和石林非物质文化遗产为原型的创意文化主题园。利用石林独特的喀斯特地貌，提供适合各个年龄段可参与的全年度欢乐项目和室内外游览空间。结合猎奇、娱乐、休闲、科普、度假等功能需要，以当代手段展示本地非物质文化遗产的精华，体现当代旅游与非物质文化遗产保护的相互促进。见图 6-45～图 6-47。

图 6-45 石林民俗文化主题园总体鸟瞰图

（徐杰 设计）

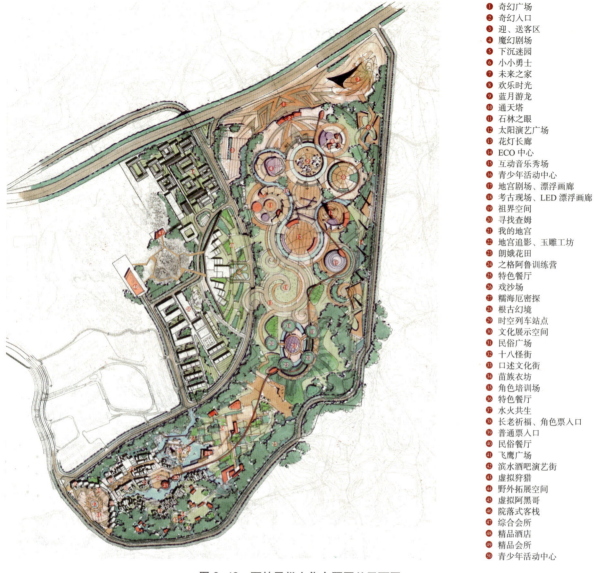

图 6-46　石林民俗文化主题园总平面图

（徐杰　设计）

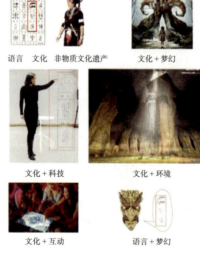

图 6-47　科技手段展示非遗文化特色

6.6.3.4　文化传承与再生战略

（1）文化挖掘的尺度探讨

对于文化传承的问题与该项目的游客群体构成有关。作为具有国际影响力的世界级地质遗产，前来的游客具有国际、国内、省内、周边县市等不同的客源特征。规划设计提出了以石林县主要的少数民族撒尼族和彝族作为主体，中华文化与其他少数民族文化结合的方式进行尺度限定。

（2）当地文化的深度挖掘与衍生

对于撒尼族和彝族文化的深度挖掘集中体现在三处：现有的非物质文化遗产传承人；彝族四大史诗《梅葛》、《查姆》、《勒俄特伊》、《阿细的先基》

中对于民族的起源，民族的起源地的描述；再现古老的英雄神话《支格阿龙》和阿诗玛传说。对于撒尼族与彝族交错的历史和复杂的民族情感的问题，规划设计需要进一步通过引入史学专家和公众参与的方式加以论证。

（3）文化特色提取、空间落点及其展示方法

从非物质文化遗产文化特色的提取上来说，并不是所有的文化都能通过目前具有的技术条件和手段等很好地再现，因此规划设计中有目标地结合场地的高差和现状植被特色等硬件条件，将重要的非物质文化遗产文化进行梳理，并结合景观和建筑设计在空间上进行有序布局。

6.6.3.5 主题与时空线索

（1）时空轴的"远古"形成"多"区

该区以文化传承人为载体的"人"的非物质文化遗产展示为主，主题是展现少数民族风情的非物质文化遗产，核心资源是《阿诗玛》叙事长诗及地方民俗才艺的展示（包括彝族和撒尼支的衣食住行等多方面）。

（2）时空轴的"现在"形成"奇"区

该区以展现当地自然地理地貌和创新性文化景观环境为载体的"物"的非物质文化遗产展示为主，体现参与性与互动性。核心资源是以《查姆》史诗描述的地宫和支格阿龙神话。

（3）时空轴的"现在"形成"幻"区

该区以展现当地自然地理地貌和创新性文化景观环境为载体的"物"的非物质文化遗产展示为主，体现参与性与互动性。核心资源是以少数民族的特色体育活动为原型的娱乐项目（表6-23）。

非遗文化特色提取与设计转换　　表6-23

非物质文化遗产特色	要点	设计再现的手段	来源	所处分区
民间知识	衣食住行	文化传承人为主提供的文化展示街区	彝族，撒尼支	多区
民间音乐	跳大三弦；竹笛和树叶；三弦胡独奏	传承人表演和艺术展示区 语音识别系统	彝族	多区
民间文学1	阿诗玛的传说和英雄神话《支格阿龙》	支格阿龙训练营	撒尼支	多区和奇区
民间文学2	《查姆》	查姆地宫 RFID芯片自动设别技术	拉祜族和彝族四大史诗	奇区
消费习惯	"汤圆"和"过新年"是同一个词，叫"阔期玛"	可参加制作的特色餐厅	彝族	奇区
游艺、传统体育与竞技	跳虎，跷跷板等	民族活动区 娱乐项目	彝族，撒尼支	幻区
文字和语言	十月太阳历 彝族语言	可书写的电子屏幕太阳历广场 人机互动光影系统	彝族	幻区
岁时节令	除夕，撒尼语叫"思搓期"；"火把节"、"彝族年"、"拜本主会"、"密枝节"、"跳歌节"、"赛装节"	民俗节日的表演和巡演贯穿全境的巡游项目	彝族	全区
民间信仰	自然崇拜和祖先崇拜	活动区的入口、门口、标识等	彝族，撒尼支	全区
民族精神	恋爱自主，婚姻自由，家庭和睦，尊老爱幼	贯穿与整个园区项目活动之中	撒尼支	全区

6.6.4 非遗体验式规划方法

石林民俗文化主题园的规划设计作为一个实验型项目的景观方案设计，对于如何在自然遗产边缘地带将不同级别的非物质文化遗产资源进行整合式和捆绑式开发进行了探索。提出了利用当代科技手段将非物质文化遗产通过文化园的形式和互动手段打造体验式的文化旅游项目。这为该类项目开发中如何创造性地联系远古、现在与未来的时空维度和空间场地，满足游客认知非遗文化的同时可以享受

旅游的乐趣进行了反思和探索。在多、奇、幻三个组团分别体现了以下非物质文化遗产的展示：《阿诗玛》叙事长诗＋支格阿龙神话，查姆地宫以及从当地民俗特色的互动型体育娱乐类衍生出的互动娱乐项目。其中后两者未被列入国家级非遗目录，对这类被"遗忘"的非遗文化需要进行平等的审视，将环境创意和文化创意结合，从而实现本地文化有机生长的有效尝试。

对于本案例的研究有助于探讨在城市建成区之外，通过挖掘本地非物质文化遗产，利用主题园的模式来探索本地非物质文化遗产在空间落点和可持续发展上的可能性。可以为类似地区提供自然遗产＋非物质文化遗产的（NCT，Nature + Culture Themed development）主题式发展模式作为参考。

6.6.4.1　非遗文化的真实性与旅游开发整合

随着《中华人民共和国非物质文化遗产法》的实施，对于非遗文化原真性的保护和旅游开发娱乐性之间存在的冲突性问题将成为该类项目需要首先回答的问题。本项目为了解决两者的矛盾，设计中利用时空走廊的空间概念和特色交通手段串联了三个主题区域，利用空间手段形成了一条从保护性开发到娱乐性开发的渐变轴线。在多区内强调了可原汁原味再现的历史传承人的非遗文化展示和游客互动的关系。在幻组团内，强调了传说神话类的非可视的非遗文化的主题，通过环境创意的方式来打造主题。在奇组团内，强调了娱乐项目和面向未来的可持续发展文化理念。在这一问题的回答上，本项目试图通过空间分区、石林地貌景观的有机过渡、延续互动的方式来减少原真性与娱乐性的冲突，同时形成游客参观过程中舒适的心理过渡。

6.6.4.2　原地新建项目对地方非遗文化的承载

与常规的非物质文化遗产保护集中在具有悠久历史积淀的老城区不同，本项目试图在非遗文化所在地通过再现非物质文化遗产的视觉记忆为遗产继承人提供文化传承的空间。结合主题园的综合性业态考虑了旅游接待服务、旅游商品提供、旅游设施服务等方面。试图抓住非物质文化遗产的传承人和再现当地文化中一些诸如传说、史诗类的非物质空间，而非拘泥于现有的场所空间。通过新建项目来打造具有猎奇感的视觉环境，从而艺术化地再现历史传说的空间是一种值得深入探讨和研究的规划设计方式。

6.6.4.3　深度挖掘未登录的非遗价值

对于石林地区而言，正式列入国家级非遗名录的核心遗产仅有阿诗玛一项。然而在规划设计的实际调查中发现，彝族和撒尼支文化中还有众多尚未被列入名录的非物质文化遗产。这些遗产有的体现了少数民族独有的人类发展观、世界观、伦理道德观，也有许多特色的体育和游憩类活动，对于这些非核心类的非遗文化，笔者认为是与列入目录的非遗项目具有同等文化价值的重要资源。非核心类非遗文化点的挖掘从而也成为案例中重要的创新手段和平台。

6.6.4.4　非遗内核创意与环境创意整合

随着旅游开发复合发展的趋势不断加强，传统的主题公园面临着转型的压力。主题园模式一方面应当更好的体现可视化非物质文化遗产保护中时间和空间内核原真性，另一方面也应当强化非可视化文化的参与性与互动性，使文化空间通过环境创意的方式再次映射到物理空间。通过技术和建造手段将文化的当地性、世界性与主题园的未来性相结合，强化环境创意应当成为该类项目的重要研究方向之一，其难点是艺术化再现过程中"度"的把控。

中国的非物质文化遗产的旅游化生存尚处于理论摸索和实际探索的融合阶段（王德刚，田芸，2010），中国悠久的历史文化传承诉求与快速城市化后出现的当代休闲游憩诉求对该类项目的规划设计全流程服务提出了越来越高的要求和标准。实现非遗文化的保护、发展与创新应当积极面对旅游化生存的可能性，任重而道远。

参考文献

[1] （英）戴伦，斯蒂芬著．程尽能译．遗产旅游[M]．北京：旅游教育出版社，2007．

[2] （英）戴伦著．孙业红等译．文化遗产与旅游[M]．北京：中国旅游出版社，2014．

[3] （英）费尔登，朱可托著．刘永孜，刘迪译．世界文化遗产地管理指南[M]．同济大学出版社，2008．

[4] Arriaza, M., et al. Assessing the visual quality of rural landscapes[J]. Landscape and Urban Planning, 2004, 69(1): 115-125.

[5] Belhassen, Y., Caton, K. Authenticity matters[J]. Annals of Tourism Research, 2006, 33(3): 853-856.

[6] Boorstin, D. J. The Image: A Guide to Pseudo-events in American Society[M]. New York: Harper & Row, 1964.

[7] Chhabra, D. Defining authenticity and its determinants: Toward an authenticity flow model[J]. Journal of Travel Research, 2005, 44: 64-73.

[8] Chhabra, D. Sustainable Marketing of Cultural and Heritage Tourism[M]. London and New York: Routledge Taylor & Francis Group, 2010.

[9] Cohen, E. Authenticity and commoditization in tourism[J]. Annals of Tourism Research, 1988, 15(3): 371-386.

[10] Cohen, E. Rethinking the Sociology of Tourism[J]. Annals of Tourism Research, 1979, 6(1): 18-35.

[11] Cornet, J. African art and authenticity[J]. African Art, 1975, 9(1): 52-55.

[12] Del Carmen Sabatini M, Verdiell A, Rodríguez Iglesias R M, et al. A quantitative method for zoning of protected areas and its spatial ecological implications[J]. Journal of environmental management, 2007, 83(2): 198-206.

[13] Eco, U. Travels in Hyperreality[M]. London: Picador, 1986.

[14] Goffman, E. The Presentation of Self in Everyday Life[M]. New York: Doubleday, 1959.

[15] Handler, R., Saxton, W. Dissimulation: reflexity, narrative, and the quest for authenticity in "living history"[J]. Cultural Anthropology, 1988, (3): 242-260.

[16] IUCN-WCPA and WCMC. Guidelines for Protected Area Management Categories[R]. IUCN Publications Services Unit: Gland, Switzerland and Cambridge, UK, 1994.

[17] MacCannell, D. Staged authenticity: Arrangements of social space in tourist settings[J]. American Journal of Sociology, 1973, 79(3): 589-603.

[18] Martino D. Buffer zones around protected areas: A brief literature review[J]. Electronic Green Journal, 2001, 1(15): 1-18.

[19] McNeely, J.A., Miller, K.R., Reid, W.V., Mittermeier, R.A., Werner, T.B. Conserving the world's biological diversity[M]: International Union for conservation of nature and natural resources Gland, 1990.

[20] Mkono, M. Authenticity does matter[J]. Annals of Tourism Research, 2012, 39(1): 480-483.

[21] O. Reilly, A, M. Tourism carrying capacity concepts and issues[J]. Tourism Management, 1986, 7(3): 154-167.

[22] Olsen, K. Authenticity as a concept in tourism research: The social organization of the experience of authenticity[J]. Tourist Studies, 2002, 2(2): 159-182.

[23] Park, H. Heritage Tourism[M]. London and New York: Routledge Taylor & Francis Group, 2014.

[24] Poria, Y., Butler, R. and Airey, D. The core of heritage tourism[J]. Annals of tourism research, 2003, 30(1): 238-254.

[25] Poria, Y., Butler, R.W. and Airey, D. Clarifying heritage

[25] ... tourism[J]. Annals of Tourism Research, 2001, 28: 1047-9.

[26] Rickly-Boyd, J. M. Authenticity and aura: A Benjaminian approach to tourism[J]. Annals of Tourism Research, 2012, 39 (1): 269-289.

[27] Roth, M. Validating the use of Internet survey techniques in visual landscape assessment-An empirical study from Germany[J]. Landscape and Urban Planning, 2006, 78 (3): 179-192.

[28] San, S. L. Indicating success: Evaluation of community protected areas in Cambodia[J]. Cambodia, 2006: 14-27.

[29] Selwyn, T. The Tourist Image: Myths and Myth Making in Tourism[M]. Chichester: Wiley, 1996.

[30] Sharpley, R. Tourism, Tourists and Society[M]. Huntingdon, Cambridgeshire: ELM, 1994.

[31] Smith, M. K. Issues in Cultural Tourism Studies[M]. London and New York: Routledge Taylor & Francis Group, 2009.

[32] Song, H., Li, G. Tourism demand modelling and forecasting-A review of recent research[J]. Tourism Management, 2008, 29 (2): 203-220.

[33] Steelman, T. A., Ascher, W. Public involvement methods in natural resource policy making: Advantages, disadvantages and trade-offs[J]. Policy Sciences, 1997, 30 (2): 71-90.

[34] Timothy, D.J. Tourism and the personal heritage experience[J]. Annals of Tourism Research. 1997, (34): 754-1.

[35] Tony, P. Modeling carrying capacity for national parks[J]. Ecological Economics, 2001, (39): 321-331.

[36] Trilling, L. Sincerity and Authenticity[M]. London: Oxford University Press, 1972.

[37] Tunbridge, J., Ashworth, G. J. Dissonant Heritage: The management of the past as a resource in conflict[M]. Chichester: Wiley, 1996.

[38] Wall, G. Wright, C. The Environmental Impact of outdoor Recreation [M]. Ontario: University of Waterloo, 1977.

[39] Wang, N. Rethinking authenticity in tourism experience[J]. Annals of Tourism Research, 1999, 26 (2): 349-370.

[40] Wang, Y. Customized authenticity begins at home[J]. Annals of Tourism Research, 2007, 34 (3): 789-804.

[41] Waterton, E., Watson, S. The Semiotics of Heritage Tourism[M]. Bristol: Channel View Publications, 2014.

[42] WCED. Our Common Future[M]. Oxford: Oxford University Press, 1987.

[43] Weimar Kulturstadt Europas 2010 in Zahlen[R]. Weimar, StadtWeimar, 2010.

[44] Wollenberg, E., Edmunds, D., Buck, L. Using scenarios to make decisions about the future: anticipatory learning for the adaptive co-management of community forests[J]. Landscape and Urban Planning, 2000, 47 (1-2): 65-77.

[45] Xie, P., Wall, G. Visitors' perceptions of authenticity at cultural attractions in Hainan, China[J]. International Journal of Tourism Research, 2002, (4): 353-366.

[46] 埃卡特·兰格, 伊泽瑞尔·勒格瓦伊拉, 刘滨谊, 唐真译. 视觉景观研究——回顾与展望 [J]. 中国园林, 2012, 28, (3): 5-14.

[47] 边馥苓. GIS 地理信息系统原理和方法 [M]. 北京: 测绘出版社, 1996.

[48] 蔡继福. 多伦路文化名人街成因探原 [J]. 上海大学学报 (社会科学版), 2003, (4): 31-35.

[49] 曹霞, 吴承照. 国外旅游目的地游客管理研究进展 [J]. 人文地理, 2006, (2): 17-23.

[50] 曾建平. 生态伦理: 解读人与自然关系的新范式 [J]. 天津社会科学, 2003, (3): 29-32.

[51] 陈丽坤. "范式争鸣" 在旅游研究中的应用——以 "本真性" 旅游研究为例 [J]. 旅游学刊, 2013, 28 (1): 30-38.

[52] 陈兴. "虚拟真实" 原则指导下的旅游体验塑造研究 [J]. 旅游学刊, 2010, 25 (11): 13-19.

[53] 陈耀华, 刘强. 中国自然文化遗产的价值体系及保护利用 [J]. 地理研究, 2012, (6): 1111-1120.

[54] 达良俊, 李丽娜, 李万莲, 等. 城市生态敏感区定义、类型与应用实例 [J]. 华东师范大学学报 (自然科学版), 2004, (2): 97-103.

[55] 单霁翔. 城市化发展与文化遗产保护 [M]. 天津: 天津大学出版社, 2006.

[56] 党安荣，张丹明，陈扬. 智慧景区的内涵与总体框架研究 [J]. 中国园林，2011，（8）：15-22.

[57] 邓明艳. 世界遗产旅游与社区协调发展研究 [J]. 社会科学家，2004，（4）：107-110.

[58] 邓胜利. 基于用户体验的交互式信息服务 [M]. 武汉：武汉大学出版社，2008.

[59] 丁文魁. 风景科学导论 [M]. 上海：上海科技教育出版社，1993.

[60] 董观志. 旅游主题公园管理原理与实务 [M]. 广州：广东旅游出版社，2000.

[61] 段松廷. 从"丽江现象"到"丽江模式" [J]. 规划师，2002，（6）：54-57.

[62] 费孝通，戴可景. 江村经济：中国农民的生活 [M]. 北京：外语教学与研究出版社，1010.

[63] 费孝通. 乡土中国 [M]. 上海：上海人民出版社，2007.

[64] 冯维波. 关于主题公园规划设计的策略思考 [J]. 中国园林，2000，（3）：21-23.

[65] 冯学钢. 旅游容量研究：理论、方法与实证 [D]. 南京大学，2002.

[66] 宫晓玲. 试论旅游规划中的社区参与 [J]. 北京第二外国语学院学报，2005，（5）：120-123.

[67] 郭剑英，王乃昂. 旅游资源的旅游价值评估——以敦煌为例 [J]. 自然资源学报，2004，（6）：811-817.

[68] 郭庆光. 传播学教程 [M]. 中国人民大学出版社，1999.

[69] 郭璇. 文化遗产展示的理念与方法初探 [J]. 遗产保护，2009，（9）：69-73.

[70] 国家文物局. 国际文化遗产保护文件选编 [G]. 北京：文物出版社，2007.

[71] 何强为，苏则民，周岚. 关于我国城市规划编制体系的思考与建议 [J]. 城市规划汇刊，2005，（4）：28-34.

[72] 贺翔宇. 遗产旅游综合影响评价及其调控机制研究 [D]. 同济大学，2014.

[73] 胡庆庆. 上海太平桥地区开发与"新天地"的诞生——房地产策划的成功范例 [J]. 城市开发，2005，（5）：55-56.

[74] 胡一可，杨锐. 风景名胜区边界认知研究 [J]. 中国园林，2011，27（6）：56-60.

[75] 黄山风景名胜区总体规划（2007-2025）[R]. 北京：北京清华城市规划设计研究院，2006.

[76] 黄宗智. 中国的隐性农业革命 [M]. 北京：法律出版社，2010.

[77] 贾鸿雁. 论我国非物质文化遗产的保护性旅游开发 [J]. 改革与战略，2007，（11）：119-122.

[78] 蒋文燕，朱晓华，蔡运龙，等. 基于不同空间尺度的旅游客源预测模型对比研究 [J]. 旅游学刊，2007，（11）：17-21.

[79] 康文晔. 风景价值评价方法研究 [D]. 同济大学，2013.

[80] 李会琴，侯林春，肖拥军，等. 基于RS、GIS的黄土高原环境脆弱区生态旅游适宜度评价——以山西省中阳县为例 [J]. 测绘科学，2009，（6）：300-302.

[81] 李俊英，胡远满，闫红伟，等. 基于景观视觉敏感度的棋盘山生态旅游适宜性评价 [J]. 西北林学院学报，2010（5）：194-198.

[82] 李可欣. 基于资源利用的风景遗产地原生社区持续性评价 [D]. 同济大学，2014.

[83] 厉色. 风景名胜区行业与旅游行业的区别及其关系（1）[J]. 中国园林，2006，（6）：37-41.

[84] 丽江统计年鉴 [G]. 丽江市统计局，2008.

[85] 联合国教科文组织官方网站：http://portal.unesco.org/en

[86] 林爱瑜. 杭州城市湿地游憩价值评价研究——以西湖和西溪湿地为例 [D]. 杭州：浙江工商大学，2008.

[87] 刘纯. 旅游心理学 [M]. 北京：科学出版社，2004：41-78.

[88] 刘颂. 旅游地客源市场动态预测方法探讨 [J]. 曲阜师范大学学报（自然科学版），2003，（4）：107-110.

[89] 刘晓冰，保继刚. 旅游开发的环境影响研究进展 [J]. 地理研究，1996，（4）：92-96.

[90] 刘增文，李雅素. 生态系统稳定性研究的历史与现状 [J]. 生态学杂志，1997，（2）：59-62.

[91] 卢慧敏. 风景名胜区游憩适宜度评价研究 [D]. 同济大学，2011.

[92] 卢松，陈思屹，潘蕙. 古村落旅游可持续性评估的初步研究——以世界文化遗产地宏村为例 [J]. 旅游学刊. 2010，（1）：17-25.

[93] 卢天玲. 社区居民对九寨沟民族歌舞表演的真实性认知 [J]. 旅游学刊，2007，22（10）：89-94.

[94] 卢永毅. 历史保护与原真性的困惑 [J]. 同济大学学报（社会科学版），2006，（5）：24-29.

[95] 陆林，宣国富，章锦河，等. 海滨型与山岳型旅游地

客流季节性比较——以三亚、北海、普陀山、黄山、九华山为例 [J]. 地理学报, 2002,（6）: 731-740.

[96] 罗小未. 上海新天地: 旧区改造的建筑历史、人文历史与开发模式的研究 [M]. 南京: 东南大学出版社, 2002.

[97] 吕国昭. 从保护法规的角度探讨上海太平桥地区及新天地地块的开发与保护 [J]. 时代建筑, 2007,（5）: 130-133.

[98] 吕舟. 面对挑战的中国文化遗产保护 [J]. 世界建筑, 2014,（12）: 24-27+122.

[99] 马林志. 旅游规划中旅游市场预测方法研究 [D]. 同济大学, 2009.

[100] 孟德拉斯 H., 李培林. 农民的终结 [M]. 北京: 社会科学文献出版社, 2010.

[101] 莫天伟, 岑伟. 新天地地段——淮海中路东段城市旧式里弄再开发与生活形态重建 [J]. 城市规划汇刊, 2001,（4）: 1-3.

[102] 帕特里克·米勒, 姜珊. 美国的风景管理: 克莱特湖风景管理研究 [J]. 中国园林, 2012, 28,（3）: 15-21.

[103] 潘金瓶. 保护地风景社区可持续性评价与调控研究 [D]. 同济大学, 2015.

[104] 潘竟虎, 董晓峰, 鱼腾飞, 等. 基于 GIS 的甘肃省城市势力圈测度与分析 [J]. 西北师范大学学报（自然科学版）, 2007, 43（3）: 85-91.

[105] 秦红增. 乡土变迁与重塑——文化农民与民族地区和谐乡村建设研究 [M]. 北京: 商务印书馆, 2012.

[106] 裘亦书, 高峻, 詹起林. 山地视觉景观的 GIS 评价——以广东南昆山国家森林公园为例 [J]. 生态学报, 2011, 31,（4）: 1009-1020.

[107] 任啸. 自然保护区的社区参与管理模式探索——以九寨沟自然保护区为例 [J]. 旅游科学, 2005,（3）: 16-19.

[108] 阮仪三, 孙萌. 我国历史街区保护与规划的若干问题研究 [J]. 城市规划, 2001,（10）: 25-32.

[109] 阮仪三, 吴承照. 历史城镇可持续发展机制与对策 [J]. 城市发展研究, 2001,（5）: 15-17+57.

[110] 阮仪三, 肖建莉. 寻求遗产保护和旅游发展的"双赢"之路 [J]. 城市规划. 2003,（6）: 86-90.

[111] 阮仪三, 严国泰. 历史名城资源的合理利用与旅游发展 [J]. 城市规划, 2003,（4）: 48-51.

[112] 阮仪三. 城市遗产保护论 [M]. 上海: 上海科学技术出版社, 2005.

[113] 邵甬, 张兰, 顿明明. 世界文化遗产丽江古城的保护和社会发展——世界文化遗产丽江古城保护规划 [J]. 理想空间, 2004,（6）: 52-55.

[114] 沈禾薇. 基于游憩容量的瘦西湖景区客流调控预警体系研究 [D]. 同济大学, 2016.

[115] 沈清基. 城市生态与城市环境 [M]. 上海: 同济大学出版社, 1998.

[116] 沈孝辉. 开发狂潮中自然保护区向何处去 [A]. 杨东平. 中国环境发展报告 2012[C]. 北京: 社会科学文献出版社, 2012.

[117] 蜀冈-瘦西湖风景名胜区总体规划（2011-2030）[R]. 上海: 上海同济城市规划设计研究院, 2012.

[118] 宋峰, 熊忻恺. 国家遗产·集体记忆·文化认同 [J]. 中国园林. 2012,（11）: 23-26.

[119] 宋长海, 楼嘉军. 上海休闲街商业网点业态结构研究 [J]. 旅游学刊, 2007,（5）: 79-84.

[120] 苏涛. 遗产旅游的可持续发展评价研究 [D]. 首都师范大学, 2011.

[121] 苏为华. 综合评价学 [M]. 北京: 中国市场出版社, 2005.

[122] 苏杨. 保护、服务、经营, 孰重孰轻?——我国自然文化遗产管理任重道远 [J]. 环境经济. 2006,（12）: 28-33.

[123] 孙九霞, 保继刚. 从缺失到凸显: 社区参与旅游发展研究脉络 [J]. 旅游学刊, 2006,（7）: 63-68.

[124] 孙森. 上海游憩街区研究 [D]. 上海师范大学, 2008.

[125] 孙施文, 董轶群. 偏离与错置——上海多伦路文化休闲步行街的规划评论 [J]. 城市规划, 2008,（12）: 68-78.

[126] 孙施文. 公共空间的嵌入与空间模式的翻转——上海"新天地"的规划评论 [J]. 城市规划, 2007,（8）: 80-87.

[127] 汤晓敏, 王云, 咸进国, 王祥荣. 基于 RS-GIS 的长江三峡景观视觉敏感度模糊评价 [J]. 同济大学学报（自然科学版）, 2008, 36,（12）: 1679-1685.

[128] 汤晓敏, 王云, 咸进国, 王祥荣. 基于 RS-GIS 的长江三峡景观视觉敏感度模糊评价 [J]. 同济大学学报

（自然科学版），2008，36，（12）：1679-1685.

[129] 汤晓敏. 景观视觉环境评价的理论、方法与应用研究——以长江三峡（重庆段）为例 [D]. 上海：复旦大学，2007.

[130] 陶伟. 中国"世界遗产"的可持续旅游发展研究 [J]. 旅游学刊，2000，（5）：35-41.

[131] 陶伟. 中国世界遗产地的旅游研究进展 [J]. 城市规划汇刊，2002，（3）：54-56.

[132] 田枫，李宏玉，吴云编. 信息论 [M]. 哈尔滨：哈尔滨工程大学出版社，2009.

[133] 王秉洛. 国家自然文化遗产及其所处环境的分类价值 [M]. 北京：社会科学文献出版社，2001.

[134] 王德，程国辉. 我国省会城市势力圈划分及与其行政范围的叠合分析 [J]. 现代城市研究，2006，21（6）：4-9.

[135] 王德，郭洁. 高速公路建设对长三角城市势力圈的影响分析——城镇势力圈（网络）分析系统的开发与应用 [J]. 城市规划学刊，2011，（6）：54-59.

[136] 王德，赵锦华. 城镇势力圈划分计算机系统的开发研究与应用——兼论势力圈的空间结构特征 [J]. 城市规划，2000，（12）：37-41.

[137] 王德，刘律. 基于农户视角的农村居民点整理政策效果研究 [J]. 城市规划. 2012，（6）：47-54.

[138] 王德刚，田芸. 旅游化生存：非物质文化遗产的现代生存模式 [J]. 北京第二外国语学院学报，2010，（1）：16-21.

[139] 王峨嵋. 风景名胜区视觉质量评价 [D]. 同济大学，2013.

[140] 王桂圆，陈眉舞. 基于 GIS 的城市势力圈测度研究——以长江三角洲地区为例 [J]. 地理与地理信息科学，2004，20（3）：69-73.

[141] 王会. 主体性价值：地缘性村落农民的生活世界——基于鄂西花湾村的考察 [J]. 中共南京市委党校学报，2011，（2）：92-97.

[142] 王剑，赵媛. 风景名胜区旅游发展与农村社区居民权益受损分析——以樟江风景名胜区为例 [J]. 人文地理，2009，（2）：120-124.

[143] 王景慧，阮仪三，王林. 历史文化名城保护理论与规划 [M]. 上海：同济大学出版社，1999.

[144] 王丕琢，张士闪. 非物质文化遗产知识读本 [M]. 青岛：青岛出版社，2010.

[145] 王萍. 基于人工神经网络的旅游需求预测理论与实证研究 [D]. 兰州：西北师范大学，2004.

[146] 王小璘，邱江利. 游憩路线选址视觉景观资源评估方法之研究 [J]. 造园学报（台湾），1995，2（1）：61-82.

[147] 王晓俊. 风景资源管理和视觉影响评估方法初探 [J]. 南京林业大学学报（自然科学版），1992，（3）：70-76.

[148] 王艳平. 温泉旅游真实性研究 [J]. 旅游学刊，2006，21（1）：59-63.

[149] 魏玛旅游网：http：//www.weimar.de/nc/en/tourism/homepage/

[150] 魏玛政务网：http：//www.weimar.de

[151] 魏民. 关于风景资源价值核算的思考 [J]. 中国园林，2009，（12）：11-14.

[152] 翁钢民. 旅游环境承载力动态测评及管理研究 [D]. 天津大学，2007.

[153] 吴必虎，高向平，邓冰. 国内外环境解说研究综述 [J]. 地理科学进展，2003，22（3）：326-334.

[154] 吴必虎. 旅游规划原理 [M]. 中国旅游出版社，2010.

[155] 吴必虎等. 旅游解说系统研究——以北京为例 [J]. 人文地理，1996，（6）：27-29.

[156] 吴承照，曹霞. 景观资源量化评价的主要方法（模型）——综述及比较 [J]. 旅游科学，2005（1）：32-39.

[157] 吴承照，王婧. 游客真实性感知与文化遗产资源持续利用策略研究 [J]. 城市规划学刊，2012，（4）：98-104.

[158] 吴承照，徐杰. 风景名胜区边缘地带的类型与特征 [J]. 中国园林，2005，21（5）：35-38.

[159] 吴承照，杨戈骏. 基于 NPIC 的风景名胜区解说系统有效性研究——以蜀冈–瘦西湖风景名胜区为例 [A]. 中国风景园林学会 2015 年会论文集 [C]. 中国风景园林学会，2015，7.

[160] 吴承照. 历史城镇发展的文化经济分析——以平遥古城为例 [J]. 同济大学学报（社会科学版），2003，14（3）：28-32.

[161] 吴承照. 旅游发展红线与旅游规划标准 [J]. 旅游学刊，2014，（5）：5-7.

[162] 吴承照. 现代城市游憩规划设计理论与方法 [M]. 北

京：中国建筑工业出版社，2002.

[163] 吴承照. 现代旅游规划设计原理与方法 [M]. 青岛：青岛出版社，1998.

[164] 吴承照. 中国旅游规划30年回顾与展望 [J]. 旅游学刊，2009，24（1）：13-18.

[165] 吴忠才. 旅游活动中文化的真实性与表演性研究 [J]. 旅游科学，2002，（2）：15-18.

[166] 谢凝高. 风景遗产科学的核心论题 [J]. 北京大学学报（哲学社会科学版），2011，（3）：104-108.

[167] 谢贤政，马中. 应用旅行费用法评估环境资源价值的研究进展 [J]. 合肥工业大学学报（自然科学版），2005，（7）：730-737.

[168] 谢彦君. 旅游体验研究 [M]. 天津：南开大学出版社，2005.

[169] 辛琨，刘和忠，丁萍. 海南省生态旅游价值估算研究 [J]. 海南师范学院学报（自然科学版），2005，（1）：81-83.

[170] 徐杰，吴承照，王莫迪. 非物质文化遗产主题式开发的实践与思索——以石林民俗文化主题园为例 [J]. 中国园林，2013，29，（1）：60-64.

[171] 徐明前. 上海太平桥地区改造理念及运作机制探讨 [J]. 城市规划，2002，（7）：47-53.

[172] 徐嵩龄. 遗产原真性–旅游者价值观偏好–遗产旅游原真性 [J]. 旅游学刊，2008，23（4）：35-42.

[173] 严国泰. 历史城镇旅游规划理论与实务 [M]. 北京：中国旅游出版社，2005.

[174] 杨荻荣. 城市历史街区保护中的游憩利用研究 [D]. 同济大学，2005.

[175] 杨锐. 从游客环境容量到LAC理论——环境容量概念的新发展 [J]. 旅游学刊，2003，18（5）：62-65.

[176] 杨文祥. 信息资源价值论——信息文明的价值思考（第一版）[M]. 北京：科学出版社，2007.

[177] 杨振之，胡海霞. 关于旅游真实性问题的批判 [J]. 旅游学刊，2011，26（12）：78-83.

[178] 殷帆，刘鲁，汪芳. 历史地段保护和更新的原真性研究 [J]. 国际城市规划，2010，25（3）：76-80.

[179] 尹小珂，宋兰萍. 小议非物质文化遗产的旅游开发与保护 [J]. 聊城大学学报（社会科学版），2006，（3）：281-282.

[180] 俞孔坚，吉庆萍. 专家与公众景观审美差异研究及对策 [J]. 中国园林，1990，（2）：19-23.

[181] 翟宝华. 信息交互服务在文化遗产解说中的应用 [A]. 中国城市规划学会. 城乡治理与规划改革——2014中国城市规划年会论文集 [C]. 中国城市规划学会，2014，11.

[182] 张朝枝，马凌，王晓晓，于德珍. 符号化的"原真"与遗产地商业化——基于乌镇、周庄的案例研究 [J]. 旅游科学，2008，22（5）：59-66.

[183] 张澈. 基于GIS技术的森林游憩资源评价 [D]. 上海：同济大学，2008.

[184] 张成渝，谢凝高."真实性和完整性"原则与世界遗产保护 [J]. 北京大学学报（哲学社会科学版），2003，（2）：62-68.

[185] 张成渝.《世界遗产公约》中两个重要概念的解析与引申——论世界遗产的"真实性"和"完整性" [J]. 北京大学学报（自然科学版），2004，（1）：129-138.

[186] 张红霞，苏勤，王群. 国外有关旅游资源游憩价值评估的研究综述 [J]. 旅游学刊，2006，21（1）：31-35.

[187] 张宏，杨新军，李邵刚. 自然保护区社区共管对我国发展生态旅游的启示——兼论太白山大湾村实例 [J]. 人文地理，2005，（3）：103-6+66.

[188] 张金泉. 基于CVM的黄山旅游资源非使用价值评估研究 [D]. 上海：上海师范大学，2007.

[189] 张林波，王维，吴春旭，熊严军. 基于GIS的视觉景观影响定量评价方法理论与实践 [J]. 生态学报，2008，（6）：2784-2791.

[190] 张脉贤. 徽州文化价值与旅游 [J]. 旅游学刊，1994（3）：41-44.

[191] 张娜，吴承照. 自然保护区的现实问题与分区模式创新研究 [J]. 风景园林，2014，（2）：126-131.

[192] 张秋菊，傅伯杰，陈利顶. 关于景观格局演变研究的几个问题 [J]. 地理科学，2003，（3）：264-270.

[193] 张松，周俭. 丽江城市发展概念规划 [J]. 理想空间，2004，（6）：47-51.

[194] 张松. 城市文化遗产保护国际宪章与国内法规选编 [G]. 上海：同济大学出版社，2007.

[195] 张松. 历史城市保护学导论：文化遗产和历史环境保护的一种整体性方法 [M]. 上海：同济大学出版社，2008.

[196] 张晓萍，李鑫. 旅游产业开发与旅游化生存——以大理白族绕三灵节日开发为例 [J]. 经济问题探索，2009，（12）：115-119.

[197] 张笑楠. 突出普遍价值评估与遗产构成分析方法研究——以大运河为例 [J]. 文物保护与考古科学，2009，21（2）：1-8.

[198] 张瑛，高云. 少数民族非物质文化遗产保护与旅游行政管理研究——以云南民族歌舞为例 [J]. 贵州民族研究，2006，（4）：79-84.

[199] 赵西萍，王磊，邹慧萍. 旅游目的地国国际旅游需求预测方法综述 [J]. 旅游学刊，1996，（6）：28-32.

[200] 赵夏，张艳红. 洛阳历史文化名城与旅游业的协调发展 [J]. 城市发展研究，2000，（5）：48-51.

[201] 郑正. 上海市多伦路商业文化休闲步行街区保护更新规划 [J]. 城市规划汇刊，2003，（5）：34-40+96.

[202] 中国历史文化遗产保护网：http://www.wenbao.net/index.asp

[203] 中华人民共和国环境保护部 - 自然生态保护司 - 全国自然保护区名录 [EB/OL]. http://sts.mep.gov.cn/zrbhq/zrbhq/

[204] 中华人民共和国建设部. 风景名胜区规划规范（GB50298-1999）[S]. 中国建筑工业出版社，1999.

[205] 钟林生，肖笃宁，赵士洞. 乌苏里江国家森林公园生态旅游适宜度评价 [J]. 自然资源学报，2002，（1）：71-77.

[206] 钟永德，罗芬. 国内外旅游解说研究进展综述 [J]. 世界地理研究，2006，15（4）：87-93.

[207] 周俭，张松，王骏. 保护中求发展，发展中守特色——世界遗产城市丽江发展概念规划要略 [J]. 城市规划汇刊，2003，（2）：32-38.

[208] 周岚，何流. 中国城市规划的挑战和改革——探索国家规划体系下的地方特色之路 [J]. 城市规划，2005，（3）：9-13.

[209] 周霖，吴卫新. 浅谈传统聚落"原真性"本质与价值主体——以大研于束河古镇对比为例 [J]. 建筑师，2010，（4）：57-62.

[210] 周庆山. 传播学概论 [M]. 北京：北京大学出版社，2004.

[211] 朱娜. 上海石库门旅游开发比较研究——以新天地和田子坊为例 [D]. 上海师范大学，2010.

[212] 朱荣林. 解读田子坊 [M]. 上海：文汇出版社，2009.

[213] 朱晓华，杨秀春，蔡运龙. 基于灰色系统理论的旅游客源预测模型——以中国入境旅游客源为例 [J]. 经济地理，2005，（2）：232-235.